entdecken und verstehen

Unter Verwendung von Beiträgen von: Dr. Thomas Berger-von der Heide, Kathrin Figge, Wolfgang Humann, Dr. Elisabeth Köster, Ulrich Mittelstädt, Dr. Dieter Potente
Projektleitung: Dr. Uwe Andrae
Redaktion: Jürgen Patner
Bildassistenz: Bettina Hamann

Umschlaggestaltung: Rosendahl, Berlin
Layout und technische Umsetzung: zweiband.media GmbH, Berlin
Coverbilder: Shutterstock.com/sdecoret (Android); Shutterstock.com/BEST-BACKGROUNDS (HTML-Code)

Die kostenlosen Zusatzangebote in der Cornelsen Lernen App sind nicht Gegenstand der Prüfung und Genehmigung des Schulbuchs durch das Kultusministerium.

www.cornelsen.de

1. Auflage, 2025

Alle Drucke dieser Auflage sind inhaltlich unverändert und können im Unterricht nebeneinander verwendet werden.

Druck und Bindung: Livonia Print, Riga

ISBN 978-3-06-066291-3 (Schülerbuch)
ISBN 1100027805 (E-Book)

PEFC
PEFC/12-31-006

PEFC zertifiziert
Dieses Produkt stammt aus nachhaltig bewirtschafteten Wäldern und kontrollierten Quellen.

www.pefc.de

Inhaltsverzeichnis

Kapitel 3 Leben in zwei deutschen Staaten 72

Kapitel 4 Der Weg zur deutschen Einheit 102

Kapitel 5 Begegnungen der Kulturen in Europa 132

Kapitel 6 Demokratie leben 156

Kapitel 7 Die Europäische Union 186

Kapitel 8 Umwelt und Wirtschaft 214

Kapitel 9 Kriege und Frieden 242

Anhang

So arbeitet ihr mit diesem Buch ...

Liebe Schülerinnen, liebe Schüler,
wir möchten euch kurz die unterschiedlichen Seiten dieses Buchs vorstellen.

Auftaktseiten
Jedes Kapitel startet mit einem großen Bild, das einen historischen Schauplatz oder etwas Interessantes zum jeweiligen Thema zeigt. Ihr könnt Eindrücke sammeln und Vorwissen zusammentragen.

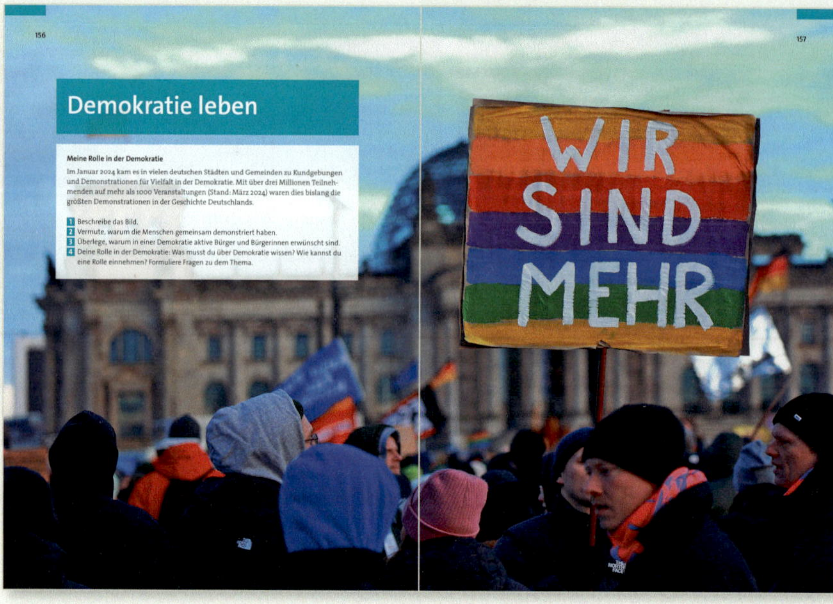

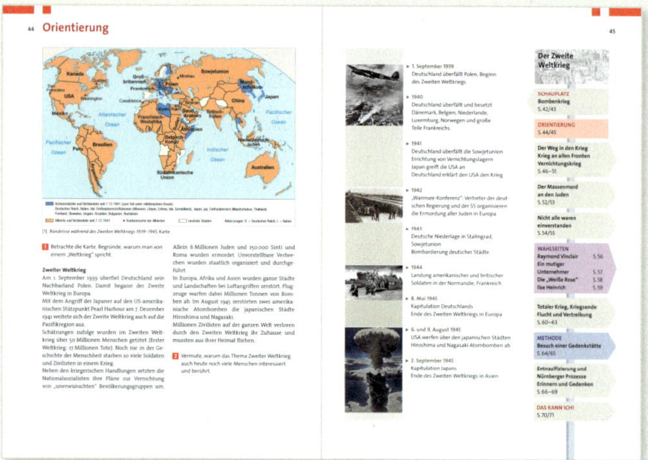

Orientierung
Hier könnt ihr euch einen zeitlichen und räumlichen Überblick verschaffen. Ein Wegweiser zeigt euch den Weg durch das Kapitel.

Methode
Diese Seiten unterstützen euch bei der Informationsbeschaffung. Ihr könnt Schritt für Schritt erlernen, wie ihr aus verschiedenen Quellen Informationen entnehmen, diese verarbeiten und schließlich eure Lernergebnisse präsentieren könnt.

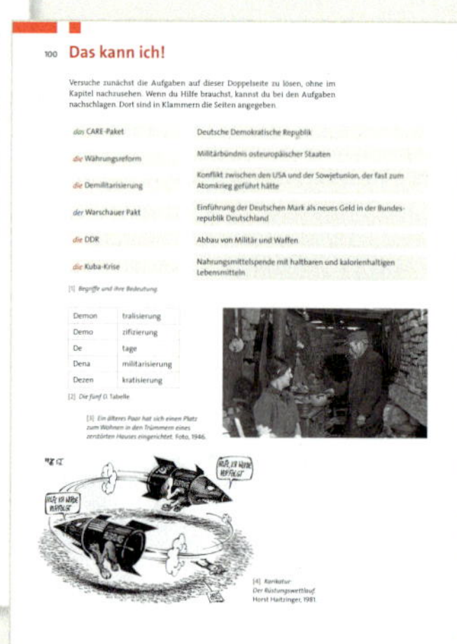

Das kann ich!
Jedes Kapitel endet mit einem „Kompetenzcheck“. Hier könnt ihr euer Wissen und Können testen und die neu erworbenen Kompetenzen anwenden.

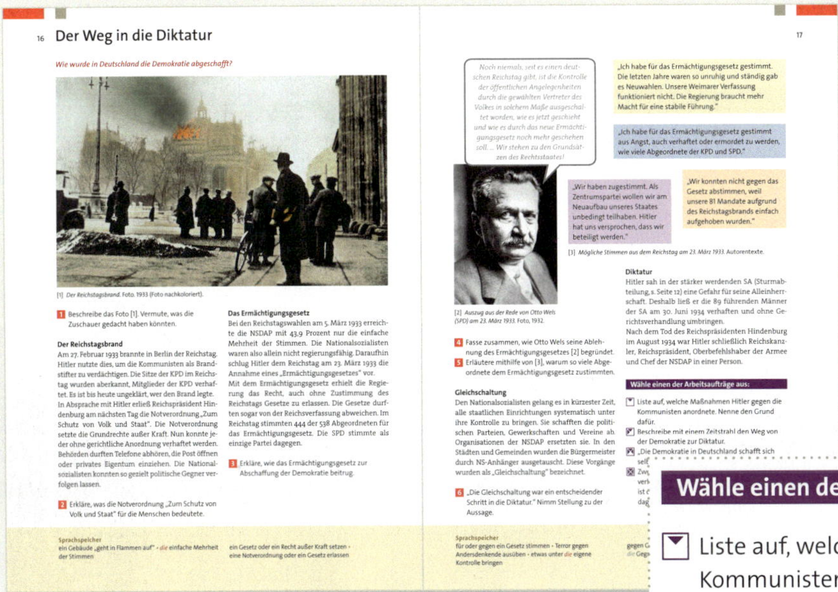

Differenzierungs- und Förderangebot

Auf vielen Doppelseiten gibt es einen Kasten mit Wahlaufgaben. Hier könnt ihr einen Arbeitsauftrag auswählen. Die Aufgaben mit ◩ sind etwas leichter, die Aufgaben mit ⊠ oder ⊠ etwas schwieriger zu lösen. Die Aufgaben mit ◸ sind für das Förderniveau. Außerdem findet ihr noch unter „Was du noch tun kannst …" weiterführende Anregungen.

Wähle einen der Arbeitsaufträge aus:

◸ Liste auf, welche Maßnahmen Hitler gegen die Kommunisten anordnete. Nenne den Grund dafür.

◩ Beschreibe mit einem Zeitstrahl den Weg von der Demokratie zur Diktatur.

⊠ „Die Demokratie in Deutschland schafft sich selbst ab!" Erkläre diese Aussage.

⊠ Zwei Freundinnen überlegen, ob sie sich für ihren verhafteten Nachbarn einsetzen sollen. Eine ist dafür, die andere hat Angst und argumentiert dagegen. Schreibe das Gespräch.

Themendoppelseiten

Oben auf der linken Seite findet ihr eine Leitfrage, worum es auf dieser Doppelseite geht. Oft kommen in den Texten Begriffe vor, die näher erklärt werden müssen. Diese Begriffe sind mit einem Sternchen* versehen und werden in einem Kasten ausführlich erklärt. Auf jeder Inhaltsseite findet ihr Bilder, Schaubilder oder Diagramme. Alle Materialien könnt ihr mithilfe der Aufgaben erarbeiten. Außerdem findet ihr auf den Seiten unten einen gelben **Sprachspeicher**. Hier stehen Wörter, Wortgruppen oder Hinweise als sprachliche Unterstützung zum Textverständnis oder zur Bearbeitung der Aufgaben.

Cornelsen Lernen-App

Mit der neuen Cornelsen Lernen-App könnt ihr digitales Begleitmaterial zu den Schulbuchseiten herunterladen.

Das Lexikon

Das Lexikon bietet euch alle wichtigen Fachbegriffe in alphabetischer Reihenfolge mit Erklärungen. Hier könnt ihr nachlesen und euch informieren.

A

Abgeordneten, *die:* Politikerinnen und Politiker, die im Parlament (z. B. Landtag, Bundestag, Europäisches Parlament) sitzen, um dort die Interessen ihrer Partei und der Menschen, die sie gewählt haben, zu vertreten.

Achsen|mächte, *die:* Verbündete des Deutsches Reichs während des Zweiten Weltkriegs wie Italien, Japan und weitere Länder.

Agenda, *die:* Tagesordnung einer Sitzung oder die Themenschwerpunkte für ein Vorhaben

Alliierten, *die:* Verbündete; im Ersten Weltkrieg traten beispiels-

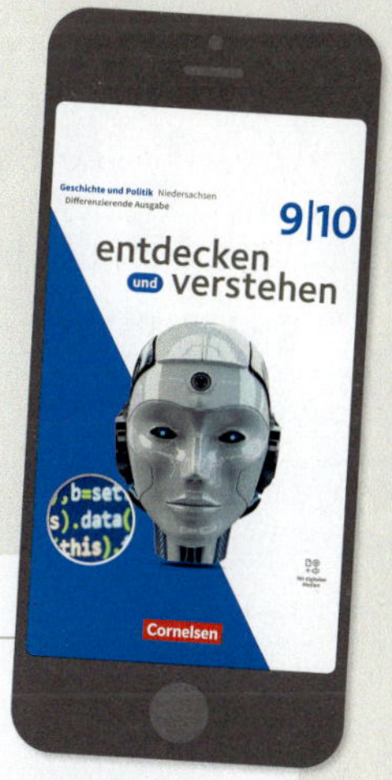

Dein Buch findest du auch in der Cornelsen Lernen App

Siehst du eines dieser Symbole in deinem Buch, kannst du in deiner App …

🔊 ▭	Üben	Teste Dich	🔑
alle Hörspiele und Videos zu deinem Buch aufrufen.	interaktive Übungen zur Fachsprache in Geschichte und Politik machen.	dein Wissen am Ende des Kapitels überprüfen.	die Lösungen zu den Aufgaben der „Das kann ich!"-Seiten finden.

Nationalsozialismus

30. Januar 1933

Am 30. Januar 1933 wurde Adolf Hitler zum Reichskanzler ernannt. Noch am selben Abend veranstalteten seine Anhänger einen Fackelzug durch das Brandenburger Tor in Berlin, um dieses Ereignis zu feiern.

1. Beschreibe das Bild.
2. Was weißt du schon über den „Nationalsozialismus"? Notiere Stichworte.
3. Sammele deine Fragen zum Thema.

Schauplatz 30. Januar 1933

[1] *Die Ernennung der „Regierung Hitler" am 30. Januar 1933.* Foto, 1933.

1 Beschreibe die Bilder [1] und [2].

Hitler wird Reichskanzler

Am 30. Januar 1933 wurde Adolf Hitler von Reichspräsident Hindenburg zum Reichskanzler ernannt. Die Nationalsozialistische Deutsche Arbeiterpartei (NSDAP) war bei der vorangegangenen Reichstagswahl zwar zur stärksten Partei geworden, hatte aber die absolute Mehrheit (50 %) nicht erreicht. Deshalb musste sie mit anderen Parteien zusammen die Regierung bilden. Viele Menschen glaubten nicht an eine lange Regierungszeit des neuen Reichskanzlers. Noch am Abend seiner Ernennung veranstalteten Hitlers Anhänger einen Fackelzug durch das Brandenburger Tor, um seinen Amtsantritt zu feiern. Danach zogen sie weiter zur Reichskanzlei in der Wilhelmstraße. Hitler zeigte sich am Fenster und nahm den Jubel seiner Anhänger entgegen.

2 Fasse die Ereignisse vom 30. Januar 1933 mit eigenen Worten zusammen.

[2] *Die Mitglieder der „Regierung Hitler". Sitzende von links: Hermann Göring (NSDAP), Adolf Hitler (NSDAP) und Franz von Papen (parteilos).* Foto, 30.1.1933.

Die SA

Die SA (Sturmabteilung) war die bewaffnete Kampforganisation der NSDAP. Sie ging als Schlägertrupp aggressiv und radikal gegen politische Gegner vor. 1934 waren vier Millionen Menschen Mitglied der SA. SA-Männer verfolgten gezielt Mitglieder der SPD oder der KPD, aber auch der Gewerkschaften. Sie organisierten Mordaktionen und Bombenanschläge.

3 Benenne die Funktion der SA für die NSDAP.

Radioreportage des Propagandachefs* der NSDAP Joseph Goebbels vom 30.1.1933

„Das, was wir unten erleben, diese Tausende und Tausende und Zehntausende und Zehntausende von Menschen, die in einem sinnlosen Taumel von Jubel und Begeisterung der neuen Staatsführung entgegenrufen – das ist wirklich die Erfüllung unseres geheimsten Wunsches, das ist die Krönung unserer Arbeit. Man kann mit Fug und Recht sagen: Deutschland ist im Erwachen!"

[3] *zit. n.: Benz, Wolfgang: Geschichte des Dritten Reiches, München 2000, S. 19.*

4 Erkläre, welchen Eindruck Goebbels vermittelt.
Starthilfe: *Suche Ausdrücke, die den 30.1.1933 als einen ganz besonderen Tag darstellen.*

5 Stelle Vermutungen an, was Goebbels mit „Deutschland ist im Erwachen" meint.

[4] *Nach Adolf Hitlers Ernennung zum Reichskanzler hat sich eine begeisterte Menschenmenge eingefunden. Am Fenster der Reichskanzlei steht Adolf Hitler.* Foto, 30.1.1933 in Berlin.

Eine Zeitzeugin erinnerte sich 20 Jahre später an den Fackelzug, bei dem sie 15 Jahre alt war:

Am Abend des 30. Januar nahmen meine Eltern uns Kinder mit in das Stadtzentrum. Dort erlebten wir den Fackelzug, mit dem die Nationalsozialisten ihren Sieg feierten. Etwas Unheimliches ist mir von dieser Nacht her gegenwärtig geblieben. Das Hämmern der Schritte, die düstere Feierlichkeit roter und schwarzer Fahnen, zuckender Widerschein der Fackeln auf den Gesichtern und Lieder, deren Melodien aufpeitschend und sentimental (gefühlvoll) zugleich klangen. Stundenlang marschierten die Kolonnen vorüber. ... Irgendwann sprang plötzlich irgendjemand aus der Marschkolonne und schlug auf einen Mann ein, der nur wenige Schritte von uns entfernt gestanden hatte. Vielleicht hatte er eine feindliche Bemerkung gemacht ...

[5] *Matschmann, Melitta: Fazit. Kein Rechtfertigungsversuch, Stuttgart 1963, S. 17f.*

6 Schildere, wie die Zeitzeugin den Fackelzug erlebt hat [5]. Was war für die Beobachterin so unheimlich an dem Ereignis?

Radioreportage vom 30.1.1933

Reporter Heinz von Lichberg: „Wir sind nun herübergegangen aus dem Zimmer, in dem wir den Herrn Reichspräsidenten sehen konnten in das Zimmer, in dem sich der neue Reichskanzler Adolf Hitler befindet. Wir stehen am offenen Fenster. Sie können jetzt besonders gut hören, wie die Menge jubelt. Wir lassen Ihnen noch einen Augenblick die Musik von draußen durchs Fenster hereinschallen."

Reporter Wulf Bley: „Über dieses erwachende Deutschland, über diese Massen von Menschen aus allen Ständen, aus allen Schichten der Bevölkerung, die hier vorbeimarschieren, Arbeiter der Stirn und der Faust, alle Klassenunterschiede sind verwischt. [...] Und so erleben wir es jetzt hier auch: Das ganz Große, dass wir einen geschichtlichen Moment, über dessen Bedeutung wir uns heute vielleicht noch gar nicht klar sind, in diesem Augenblick durch den Rundfunk miterleben." ...

von Lichberg: „Sie hören jetzt, immer jubelt es zu den Fenstern herauf; und immer weiter die Fackeln, der ganze Platz, der ganze Kaiserplatz ist wie in Tageshelle getaucht. Ein wunderbares Bild, ein Bild, was man so bald jedenfalls nicht wieder erleben wird." ...

Bley: „Ja, als die Leute hörten, dass Hitler zum Reichskanzler ernannt worden war, dass die Einigung Hitler – Hindenburg vollzogen war, da ahnten und hofften sie wohl etwas." ...

von Lichberg: „Herr Bley, wir müssen schließen. Wir wollen vor dem Mikrofon uns verabschieden mit dem Wort Heil Deutschland!"

Bley: „Heil Deutschland!"

[6] *Lichberg, Heinz von; Bley, Wulf: Reportage am 30.1.1933, Deutscher Rundfunk,. Deutsches Rundfunk Archiv, Wiesbaden.*

Wähle einen der Arbeitsaufträge aus:

- Erkläre: Warum ernannte Reichspräsident Hindenburg Adolf Hitler zum Reichskanzler?
- Gib mit deinen Worten wieder, wie die beiden Radioreporter [6] die Szene vom 30. Januar 1933 beschreiben.
- Diskutiert, ob sich heute ein neuer Regierungschef so feiern lassen würde.

[1] *Politische Systeme in Europa um 1930*, Karte.

1 Werte die Karte [1] aus. Welche Staaten sind noch demokratisch?

Der Nationalsozialismus

Von 1933 bis 1945 herrschte in Deutschland die Diktatur des Nationalsozialismus. Heute wird diese Zeit meist als „NS-Zeit" bezeichnet, manchmal auch als „Drittes Reich*". Die Diktatur war auf die Leitfigur des „Führers" Adolf Hitler ausgerichtet. Unter seiner Herrschaft wurde die Demokratie abgeschafft. Menschenrechte wurden nicht mehr geachtet. Juden und andere Minderheiten wie Homosexuelle, Menschen mit Behinderung oder psychischer Erkrankung sowie politische Gegner wurden ausgegrenzt, verfolgt und oftmals ermordet. Die nationalsozialistische Ideologie* hatte tiefgreifenden Einfluss auf alle Lebensbereiche.

In der Zeit des Nationalsozialismus spielten Symbole eine große Rolle: Das Hakenkreuz war überall zu sehen. Flaggen hingen an Gebäuden. Es verzierte Münzen und Geldscheine, offizielle Briefe erhielten einen Hakenkreuzstempel. Hitlers Fotografie hing in den Klassenzimmern der Schulen und den Esszimmern vieler Wohnungen. Zur Begrüßung sagte man „Heil Hitler" und hob dazu den rechten Arm („Hitlergruß").

Die ideologische Ausrichtung des Nationalsozialismus führte zum Krieg: Sechs Jahre nachdem Hitler in Deutschland zum Reichskanzler ernannt worden war, begann Deutschland den Zweiten Weltkrieg (1939–1945).

2 Vermute, warum das Thema „Nationalsozialismus" auch heute noch so viele Menschen interessiert und berührt.

* *das* **Dritte Reich:** Bezeichnung für die Zeit des Nationalsozialismus. Heute wird der Begriff nicht mehr verwendet, weil es ein Begriff für die politischen Ziele der Nationalsozialisten war und die Ereignisse der Epoche verharmlost.

die **Ideologie:** Das ist eine fest verwurzelte Weltanschauung, die oft zur Staatsideologie wird. Sie verspricht Lösungen für die Probleme einer Gesellschaft.

das **Regime:** eine Regierung, die diktatorisch ist

- **Anfang 1932**
  über 6 Millionen Arbeitslose
- **31. Juli**
  Reichstagswahl: NSDAP wird stärkste Partei
- **30. Januar 1933**
  Hitler wird Reichskanzler
- **3. Februar**
  Hitler verkündet Ziel: „Eroberung neuen Lebensraums im Osten"
- **27. Februar**
  Brand des Reichstags

- **28. Februar**
  Grundrechte werden außer Kraft gesetzt
- **März**
  Bau von Konzentrationslagern beginnt, Entmachtung des Parlaments

- **1. April**
  Aufruf zum Boykott jüdischer Geschäfte
- **10. Mai**
  Bücherverbrennungen in ganz Deutschland
- **14. Juli**
  Verbot aller Parteien außer der NSDAP
- **2. August 1934**
  Reichspräsident Hindenburg stirbt, Hitler übernimmt auch dessen Amt
- **1935**
  „Nürnberger Gesetze" nehmen Juden die Rechte und führen zu ihrer Verfolgung
- **1938**
  „Anschluss" Österreichs an das Deutsche Reich, Besetzung von Teilen der Tschechoslowakei

- **9. November**
  Reichspogromnacht: Angriff auf Synagogen und jüdische Mitbürgerinnen und Mitbürger
- **1. September 1939**
  Deutschland überfällt Polen, Beginn des Zweiten Weltkriegs

Nationalsozialismus

Der Weg in die Diktatur

Wie wurde in Deutschland die Demokratie abgeschafft?

[1] *Der Reichstagsbrand.* Foto. 1933 (Foto nachkoloriert).

1 Beschreibe das Foto [1]. Vermute, was die Zuschauer gedacht haben könnten.

Der Reichstagsbrand

Am 27. Februar 1933 brannte in Berlin der Reichstag. Hitler nutzte dies, um die Kommunisten als Brandstifter zu verdächtigen. Die Sitze der KPD im Reichstag wurden aberkannt, Mitglieder der KPD verhaftet. Es ist bis heute ungeklärt, wer den Brand legte.
In Absprache mit Hitler erließ Reichspräsident Hindenburg am nächsten Tag die Notverordnung „Zum Schutz von Volk und Staat". Die Notverordnung setzte die Grundrechte außer Kraft. Nun konnte jeder ohne gerichtliche Anordnung verhaftet werden. Behörden durften Telefone abhören, die Post öffnen oder privates Eigentum einziehen. Die Nationalsozialisten konnten so gezielt politische Gegner verfolgen lassen.

2 Erkläre, was die Notverordnung „Zum Schutz von Volk und Staat" für die Menschen bedeutete.

Das Ermächtigungsgesetz

Bei den Reichstagswahlen am 5. März 1933 erreichte die NSDAP mit 43,9 Prozent nur die einfache Mehrheit der Stimmen. Die Nationalsozialisten waren also allein nicht regierungsfähig. Daraufhin schlug Hitler dem Reichstag am 23. März 1933 die Annahme eines „Ermächtigungsgesetzes" vor.
Mit dem Ermächtigungsgesetz erhielt die Regierung das Recht, auch ohne Zustimmung des Reichstags Gesetze zu erlassen. Die Gesetze durften sogar von der Reichsverfassung abweichen. Im Reichstag stimmten 444 der 538 Abgeordneten für das Ermächtigungsgesetz. Die SPD stimmte als einzige Partei dagegen.

3 Erkläre, wie das Ermächtigungsgesetz zur Abschaffung der Demokratie beitrug.

Sprachspeicher
ein Gebäude „geht in Flammen auf" • *die* einfache Mehrheit der Stimmen
ein Gesetz oder ein Recht außer Kraft setzen • eine Notverordnung oder ein Gesetz erlassen

Noch niemals, seit es einen deutschen Reichstag gibt, ist die Kontrolle der öffentlichen Angelegenheiten durch die gewählten Vertreter des Volkes in solchem Maße ausgeschaltet worden, wie es jetzt geschieht und wie es durch das neue Ermächtigungsgesetz noch mehr geschehen soll. ... Wir stehen zu den Grundsätzen des Rechtsstaates!

[2] *Auszug aus der Rede von Otto Wels (SPD) am 23. März 1933.* Foto, 1932.

„Ich habe für das Ermächtigungsgesetz gestimmt. Die letzten Jahre waren so unruhig und ständig gab es Neuwahlen. Unsere Weimarer Verfassung funktioniert nicht. Die Regierung braucht mehr Macht für eine stabile Führung."

„Ich habe für das Ermächtigungsgesetz gestimmt aus Angst, auch verhaftet oder ermordet zu werden, wie viele Abgeordnete der KPD und SPD."

„Wir haben zugestimmt. Als Zentrumspartei wollen wir am Neuaufbau unseres Staates unbedingt teilhaben. Hitler hat uns versprochen, dass wir beteiligt werden."

„Wir konnten nicht gegen das Gesetz abstimmen, weil unsere 81 Mandate aufgrund des Reichstagsbrands einfach aufgehoben wurden."

[3] *Mögliche Stimmen aus dem Reichstag am 23. März 1933.* Autorentexte.

4 Fasse zusammen, wie Otto Wels seine Ablehnung des Ermächtigungsgesetzes [2] begründet.

5 Erläutere mithilfe von [3], warum so viele Abgeordnete dem Ermächtigungsgesetz zustimmten.

Gleichschaltung

Den Nationalsozialisten gelang es in kürzester Zeit, alle staatlichen Einrichtungen systematisch unter ihre Kontrolle zu bringen. Sie schafften die politischen Parteien, Gewerkschaften und Vereine ab. Organisationen der NSDAP ersetzten sie. In den Städten und Gemeinden wurden die Bürgermeister durch NS-Anhänger ausgetauscht. Diese Vorgänge wurden als „Gleichschaltung" bezeichnet.

6 „Die Gleichschaltung war ein entscheidender Schritt in die Diktatur." Nimm Stellung zu der Aussage.

Diktatur

Hitler sah in der stärker werdenden SA (Sturmabteilung, s. Seite 12) eine Gefahr für seine Alleinherrschaft. Deshalb ließ er die 89 führenden Männer der SA am 30. Juni 1934 verhaften und ohne Gerichtsverhandlung umbringen.
Nach dem Tod des Reichspräsidenten Hindenburg im August 1934 war Hitler schließlich Reichskanzler, Reichspräsident, Oberbefehlshaber der Armee und Chef der NSDAP in einer Person.

Wähle einen der Arbeitsaufträge aus:

- Liste auf, welche Maßnahmen Hitler gegen die Kommunisten anordnete. Nenne den Grund dafür.
- Beschreibe mit einem Zeitstrahl den Weg von der Demokratie zur Diktatur.
- „Die Demokratie in Deutschland schafft sich selbst ab!" Erkläre diese Aussage.
- Zwei Freundinnen überlegen, ob sie sich für ihren verhafteten Nachbarn einsetzen sollen. Eine ist dafür, die andere hat Angst und argumentiert dagegen. Schreibe das Gespräch.

Sprachspeicher

für oder gegen ein Gesetz stimmen ▪ Terror gegen Andersdenkende ausüben ▪ etwas unter *die* eigene Kontrolle bringen

gegen Gegner vorgehen ▪ *die* Gegner einschüchtern ▪ *die* Gegner umbringen

Üben

Methode Propaganda erkennen und entschlüsseln

Was ist Propaganda?

„Propaganda" ist der Versuch, die Meinung von Menschen zu beeinflussen. Dadurch soll das Verhalten der Menschen in eine bestimmte Richtung gelenkt werden.

Die politische Propaganda bekämpft Gegner oder Andersdenkende und versucht, sie lächerlich zu machen, auszugrenzen oder gegen sie zu hetzen. Deshalb werden in der Propaganda oft Ereignisse oder Vorgänge in irreführender Sprache dargestellt. Bei Fotos werden Perspektiven gewählt, die alles schöner, gewaltiger oder auch abschreckender erscheinen lassen, als es in Wirklichkeit ist. Meist werden zusätzlich Symbole oder Zeichen (z. B. Hakenkreuz, Abzeichen, Fahnen) verwendet. Die folgenden Arbeitsschritte können dir helfen, Propaganda zu erkennen und zu entschlüsseln.

1 Untersuche die Fotografie [1] mithilfe dieser Methode.

2 Untersuche die Rede von Goebbels auf der Seite 12 mithilfe dieser Methode.

3 Beurteile, ob die Radioreportage von Seite 13 auch Propaganda ist.

1. Schritt Erster Eindruck

- Welche Gedanken und Gefühle löst die Propaganda in dir aus?

2. Schritt Propagandaform bestimmen

- Um welches Medium handelt es sich (z. B. Foto, Plakat, Spielfilm, Rede im Radio)?
- Wer hat das Propagandamedium erstellt?
- Von wann ist das Propagandamedium?
- Bei welcher Gelegenheit kam es zum Einsatz?

3. Schritt Propaganda beschreiben

Bei Bildquellen:

- Was ist zu sehen? (Personen, Gebäude ...)
- Wie ist es abgebildet? (Farben, Vorder- und Hintergrund, Symbole ...)
- Was verstehe ich nicht?

Bei Textquellen:

- Worum geht es in dem Text?
- Wie wird berichtet (z. B. symbolhafte Sprache, Begriffe ...)?
- Was verstehe ich nicht?

Sprachliche Formulierungshilfen/Tipps

- Die ... wirkt Angst einflößend, mitreißend, sympathisch, abschreckend, ...
  Tipp: Benutze Adjektive!
- Es handelt sich um ein/eine ...
- Das Medium stammt von ...
- Das Medium ist aus dem Jahr ...
- Der Anlass war ...

Zu den Bildquellen:

- Auf dem Foto/Plakat ... sind ... zu sehen.
- Im Vordergrund/Hintergrund/Zentrum sind ...
- Die gewählten Farben sind ...
- Die Person links steht ... und guckt ...
- Der Gegenstand ... ist nicht zu identifizieren.
- Das Symbol ... verstehe ich nicht.

Zu den Textquellen:

- In dem Text geht es um ...
- Die Sprache ist ideologisch aufgeladen. Die typischen NS-Propagandabegriffe ... tauchen auf. Die Lesenden werden direkt angesprochen, indem ... Übertreibungen werden genutzt.
- Ich verstehe nicht, was mit ... gemeint ist.

4. Schritt Propaganda einordnen

- Welche Bedeutung haben die verwendeten Begriffe (z. B. „Volk“, „Verräter“)?
- Welche Ziele verfolgt die Propaganda (z. B. begeistern, Sympathie wecken, aufhetzen, jemanden ehren)?
- Mit welchen Mitteln wird gearbeitet (z. B. Lügen, Übertreibungen, irreführende Sprache)?
- Was weißt du über die Ereignisse oder Probleme der Zeit, zu der das Propagandamedium entstanden ist?

- Das Hakenkreuz steht für... Der Mensch mit dem Davidstern soll ein Jude sein.
- „Tausende und Zehntausende und Zehntausende“ soll bedeuten, dass sehr viele Menschen dahinterstehen.
- Die Propagandafotografie soll beeindruckend wirken und Hitler als ... darstellen.
- Die übertrieben positive Sprache wirkt ...
- Am 30.1.1933 wurde Hitler... Mit der Radioreportage ...
- Das Reichserntedankfest war ... Das Foto ...

5. Schritt Propaganda beurteilen

- Wie wirkt die Propaganda auf dich?
- Wie könnte sie auf die Menschen damals gewirkt haben?
- Welche Absicht verfolgte die Propaganda?
- Welche Botschaft wird vermittelt?

- Der Text wirkt ..., weil ...
- Das Bild wirkt beeindruckend, weil ...
- Die Menschen haben vermutlich ...
- Die Propaganda sollte vermutlich ...
- Der Text soll zusammengefasst den Eindruck erwecken, dass ... Das Bild soll vermitteln, dass ...

[1] *Hitler beim Reichserntedankfest auf dem Bückeberg bei Hameln.* Foto von Hitlers Fotografen Heinrich Hoffmann, 1934.

„Führer“ und Volk

Warum waren so viele Menschen begeistert von Hitler?

[1] *Veranstaltung zu Hitlers Geburtstag am 20. April 1937 in Berlin.* Foto von Heinrich Hoffmann.

1 Beschreibe Bild [1]. Welche Gefühle kommen in dem Foto zum Ausdruck?

Der „Führer“

„Ein Volk – ein Reich – ein Führer“ – so lautete der Leitspruch im nationalsozialistischen Deutschland, seit Adolf Hitler Diktator war.
Alle politischen und wirtschaftlichen Erfolge Deutschlands seit 1933 wurden der Person Adolf Hitlers zugeschrieben. Viele Deutsche betrachteten Hitler als einen Menschen mit außergewöhnlichen, fast übernatürlichen Fähigkeiten.
Ein beliebter Spruch war: „Führer befiehl, wir folgen!“ Statt „Guten Tag“ sagte man jetzt: „Heil Hitler!“ Dazu wurde der rechte Arm zum „deutschen Gruß“ gehoben.
Hitler selbst beschrieb sein Verhältnis zur Bevölkerung 1936 so: „Das ist das Wunder unserer Zeit, dass ihr mich gefunden habt ... unter so vielen Millionen! Und dass ich euch gefunden habe, das ist Deutschlands Glück!“

Das Volk

Überall, wo Hitler auftrat – bei den Reichsparteitagen, bei Sportveranstaltungen oder Festen –, jubelten ihm die Massen zu. Laut tönten die „Heil“-Rufe durch fahnengeschmückte Stadien und Sporthallen. Stundenlang warteten die Menschen an den Straßen, um einen Blick auf Hitler zu erhaschen. Junge Mädchen warfen ihm Blumen zu, Mütter streckten ihm ihre Kinder entgegen. Was brachte so viele Deutsche dazu, Hitler zu lieben und zu verehren?
Ein großer Teil der Menschen glaubte Hitlers Propaganda, wenn er von einer Volksgemeinschaft sprach, in der es keine Unterschiede zwischen den Bevölkerungsschichten mehr geben sollte. Sie trauten ihm zu, dass er nach all den Entbehrungen nach dem Ersten Weltkrieg ein neues, mächtiges Deutschland aufbauen könnte. Viele Menschen folgten ihm aber auch nur, weil sie Angst hatten, selbst verfolgt oder verhaftet zu werden.

2 Beurteile das Verhältnis von „Führer“ und Volk im NS-Staat. Welche Bedeutung hat Hitler für das Volk? > **Sprachspeicher**

Sprachspeicher
den Erfolg jemandem zuschreiben • jemandem zujubeln • jemandem etwas zutrauen • einen Blick von etwas/von jemandem erhaschen

2: Beantworte für dich zunächst diese Fragen: Wie sieht Hitler sich selbst und das deutsche Volk? Wie steht das deutsche Volk zu Hitler?

[2] *Sammeln für das Winterhilfswerk in Berlin.* Foto, 1936.

3 Beschreibe Bild [2]. Vermute, warum die Uniformträger anwesend sind.

Die „Volksgemeinschaft"

Die Nationalsozialisten bezeichneten alle Deutschen damals als „Volksgenossen". Sie sollten eine Einheit bilden, in der alle Unterschiede wie Beruf, Vermögen oder Bildung aufgehoben waren. In der „Volksgemeinschaft" sollten alle zusammenhalten und sich gegenseitig helfen.
Allerdings schlossen die Nationalsozialisten viele Menschen aus der „Volksgemeinschaft" aus: zum Beispiel Juden, Sinti und Roma oder Andersdenkende.

Winterhilfswerk

Um das Zusammengehörigkeitsgefühl der sogenannten „Volksgemeinschaft" zu stärken, wurde 1933 das Winterhilfswerk gegründet. Es unterstützte Arme und Arbeitslose. Mehr als eine Million Freiwillige zogen von Haus zu Haus und sammelten Geld oder Kleidung. Kaum jemand traute sich, die Spende zu verweigern. Vor allem das Auftreten von SA-Leuten wirkte oft einschüchternd.

Eintopfsonntag

Beim „Eintopfsonntag" waren alle Menschen aufgerufen, auf ein aufwendiges Sonntagsessen zu verzichten. Stattdessen sollte es nur Suppe geben. Das gesparte Geld sollte an das Winterhilfswerk gespendet werden. In größeren Städten wurden Gemeinschaftsessen auf öffentlichen Plätzen veranstaltet, zu denen auch hohe NSDAP-Mitglieder kamen. Juden und andere sogenannte „Gemeinschaftsfremde" wurden ausgeschlossen.

4 Erläutere den Begriff „Volksgemeinschaft". Was bedeutete es, wenn man ausgeschlossen war?

5 Bewerte den Begriff „Volksgemeinschaft".

Wähle einen der Arbeitsaufträge aus:

- Zähle auf, wer nicht zur „Volksgemeinschaft" gehörte. Lies dazu den Text „Die Volksgemeinschaft".
- Erstelle kurze Begriffserklärungen für „Führer", „Volksgemeinschaft", „Winterhilfswerk".
- Erläutere das Ziel des „Eintopfsonntags" und nimm kritisch Stellung dazu.

Sprachspeicher

eine Einheit bilden ▪ sich gegenseitig helfen ▪ *die* Unterschiede sind aufgehoben

jemanden aus der Gemeinschaft ausschließen ▪ Spenden sammeln ▪ ein Hilfswerk gründen

Üben

Jugend unterm Hakenkreuz

Warum wurden so viele Jugendliche von der nationalsozialistischen Ideologie verführt?

[1] *Werbeplakat für den Bund Deutscher Mädel.* Plakat, 1937.

1 Beschreibe das Plakat. > Sprachspeicher

Adolf Hitler sagte über die Ziele der Jugenderziehung:
Eine herrische, unerschrockene, grausame Jugend will ich. Jugend muss das alles sein. Schmerzen muss sie ertragen. Es darf nichts Schwaches und Zärtliches an ihr sein. Das freie, herrliche Raubtier muss erst wieder aus ihren Augen blitzen. Stark und schön will ich meine Jugend. Ich werde sie in allen Leibesübungen ausbilden lassen. Ich will eine athletische Jugend. Das ist das Erste und Wichtigste ... Mit Wissen verderbe ich mir die Jugend ... Aber Beherrschung müssen sie lernen. Sie sollen mir in den schwierigsten Proben die Todesfurcht besiegen lernen.

[2] *zit. n.: Rauschning, Hermann: Gespräche mit Hitler, Zürich und New York, 1940, S. 237*

Die Hitlerjugend

Die Hitlerjugend (HJ) wurde 1926 von der NSDAP gegründet. Nach der Machtübernahme 1933 wurden alle anderen Jugendverbände, z. B. kirchliche Gruppen, verboten oder in die HJ eingegliedert. Anfangs war die Mitgliedschaft in der HJ freiwillig. 1936 wurde ein Gesetz erlassen. Alle Jugendlichen mussten nun in die HJ eintreten. Wer nicht eintrat, wurde von Lehrkräften, Mitschülerinnen und Mitschülern ausgegrenzt. Auch die Eltern bekamen Probleme.

Marschieren mit Musikbegleitung, Sport, Ausflüge und Zeltlager machten die HJ für viele Jugendliche interessant. Die Jugendlichen sollten zu einer Gemeinschaft zusammenwachsen. Gleichzeitig wollte man sie für die Armee vorbereiten und ihr Denken beeinflussen. Gruppen der HJ trafen sich mindestens einmal pro Woche. Gemeinsam hörten sie Radiosendungen oder Vorträge über Hitler und die Partei oder lasen aus Zeitungen und Büchern vor, die gegen Juden und Andersdenkende hetzten.

Alter	Jungen	Mädchen
10–14 Jahre	Jungvolk: Pimpfe	Jungmädelbund
14–18 Jahre	Hitlerjugend (HJ)	Bund Deutscher Mädel
ab 18 Jahre	Arbeitsdienst, danach Wehrdienst in der Armee	Arbeitsdienst

[3] *Der Aufbau der NS-Jugendorganisationen.* Tabelle.

2 Arbeite aus Textquelle [2] in Stichworten heraus, wie Hitler die Jugend sah und wie sie sein sollte.

3 Erkläre mit Tabelle [3], wie die NSDAP sicherstellte, dass die Jugend möglichst lange unter ihrem Einfluss blieb.

Sprachspeicher
1: Wie wirkt das Plakat auf dich? Was denkst du darüber? Was sagt der Spruch aus?
in eine Organisation eintreten • gegen jemanden hetzen

das Mädel > *das* Mädchen • *die* Leibesübungen > *der* Sport, *das* Turnen • Beherrschung lernen • Todesfurcht besiegen

[4] *Berliner Schülerinnen üben für eine Aufführung im Rahmen des „Tags des deutschen Volkstums".* Foto, 1934.

[5] *Jungen der Hitlerjugend beim Sport an der Führerschule in Potsdam.* Foto, um 1935.

Zeitzeuge Wolfgang Frank, Jahrgang 1928:
1938 war ich zehn Jahre alt und bin natürlich in das deutsche Jungvolk eingetreten, zum Leidwesen meines Vaters, der immer versucht hatte, mich davon abzubringen. Es gab große Konflikte zwischen meinem Vater und mir. Das ging so weit, dass ich mir überlegt habe, meinen Vater zu denunzieren.

[7] *Freyberg, Jutta, u. a.: Wir hatten andere Träume, Frankfurt/M., 1995.*

Zeitzeuge Uwe Holmer, Jahrgang 1929:
Es gab ja eine Kameradschaft, die war wirklich schön. Also der Sohn des Bankdirektors und der Sohn des Arbeiter, die marschierten in einem Schritt ... Wir waren EINE Kameradschaft. ... Und sportlich, ... da war ich in der Motor-HJ. Wir waren 14, 15 Jahre und durften schon Motorrad fahren, wurden darin geübt. ... Das hat uns schon fasziniert, da wurde auch was gelernt. ... Für uns war das, das ist die Zukunft, da musst du dabei sein. Und wir haben fröhliche Heimspiele gemacht und dann Erntelager, Lagerleben: marschiert und übernachtet in Scheunen auf Heu und Stroh. Also das alles war irgendwie ein Jugendleben, das gesellig war. Und das hat uns schon gefallen.

[8] *zit. n.: https://www.zeitzeugen-portal.de/zeitraeume/jahrzehnte/1930/die-hitler-jugend-und-der-bdm/08OS8w9rNyk, Zugriff: 24.4.2024.*

[6] *Während eines Zeltlagers der Hitlerjugend an der Ostsee.* Foto, 1938.

4 Erkläre, warum viele Jugendliche die Hitlerjugend mochten.

Wähle einen der Arbeitsaufträge aus:

- Formuliere einen Gedanken eines Mädchens in Foto [4] oder eines Jungen in Foto [5] oder [6].
- Stelle Organisation, Aktivitäten und Ziele der Hitlerjugend in einer Mindmap dar.
- Schreibe ein Streitgespräch zwischen Vater und Sohn – wie in [7] angedeutet – über die Hitlerjugend auf. **Starthilfe:** *Vater Frank: „In der HJ sollt ihr doch nur ..." Sohn Wolfgang: „Aber Vater, ich möchte ein Pimpf sein. Wir ..."*

Sprachspeicher
jemanden denunzieren > jemanden anzeigen, öffentlich bloßstellen

Arbeit für alle

Wie gelang es, die Arbeitslosigkeit zu beseitigen?

[1] *Beim Reichsarbeitsdienst.* Foto, 1930er-Jahre.

[2] *Werbeplakat für Reichsautobahnen,* 1933.

1 Beschreibe die Bilder [1] und [2].

Massenarbeitslosigkeit

In Folge der Weltwirtschaftskrise 1929 waren in Deutschland rund sechs Millionen Menschen arbeitslos. 20 Millionen lebten in Armut. Die NSDAP hatte den Menschen bessere Lebensbedingungen versprochen. 1933 begann die NS-Regierung mit dem „Angriff auf die Arbeitslosigkeit". Sie investierte in Wohnungsbau, Landwirtschaft und Industrie.

Arbeit in der Rüstungsindustrie

Ab 1935 wurde immer mehr Geld in die Aufrüstung gesteckt. Kasernen und Flugplätze wurden gebaut, zahlreiche Panzer und Flugzeuge produziert. Dies nützte den Rüstungsunternehmen. Dadurch sanken aber auch die Arbeitslosenzahlen, denn die Fabriken brauchten zur Produktion Arbeitskräfte. Viele Menschen beachteten dabei nicht, dass das investierte Geld nicht vorhanden war und Deutschland riesige Schulden machte.

2 Erkläre, wieso die Aufrüstung dazu beitrug, dass viele Menschen für den Nationalsozialismus gewonnen wurden.

Der Autobahnbau

Im Mai 1933 verkündete Hitler ein Programm zum Bau vierspuriger Autobahnen. Es sollte die Arbeitslosigkeit senken. Im Kriegsfall konnten Militärfahrzeuge zudem auf den neuen Straßen schnell vorankommen. Die Idee des Autobahnbaus stammte jedoch bereits aus der Zeit vor 1933. Im Mai 1935 eröffnete Hitler das erste Autobahnteilstück Frankfurt – Darmstadt. Von geplanten 6 900 Kilometern Autobahn wurden bis 1945 rund 3 800 Kilometer gebaut.

3 Erkläre die Bedeutung des Autobahnbaus für das Ansehen Hitlers sowie für die Entwicklung der Arbeitslosigkeit.

Sprachspeicher

in Armut leben ▪ arm sein ▪
Geld investieren > Geld für etwas ausgegeben

die Arbeitslosigkeit senken ▪ *die* Arbeitslosenzahlen sinken oder steigen ▪ ein Programm verkünden

[3] *Frauen beim Arbeitsdienst.* Foto, 1930er-Jahre.

Reichsarbeitsdienst

1935 wurde in Deutschland der Arbeitsdienst eingeführt. Er dauerte ein halbes Jahr und war für Männer von 18 bis 25 Jahren verpflichtend. Mädchen konnten sich bis 1939 freiwillig melden. Sie wurden in der Landwirtschaft oder in kinderreichen Familien eingesetzt. Die jungen Männer wurden meist bei Bauarbeiten eingesetzt, halfen zum Beispiel beim Autobahnbau. Später wurden sie auch zu militärischen Arbeiten herangezogen.

Ende der Weltwirtschaftskrise

Die große, weltweite Wirtschaftskrise dauerte von 1929 bis 1933. In den Jahren nach 1933 normalisierte sich in den Industriestaaten die Wirtschaft, so auch im Deutschen Reich. Die Nachfrage nach Arbeitskräften stieg wieder an. Zugleich waren durch die Krise die Löhne stark gefallen. Die Arbeitslosigkeit ging auch durch diese Einflüsse zurück.

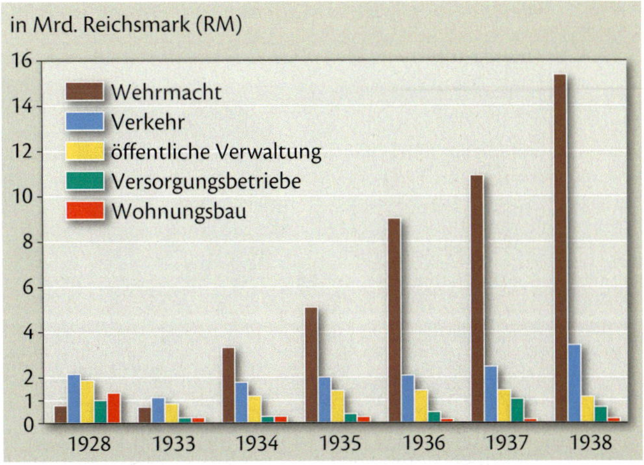

[4] *Die öffentlichen Ausgaben im Deutschen Reich 1928–1938,* Schaubild.

Jahr	Anzahl Arbeitslose
1933	4 800 000
1934	2 700 000
1936	1 600 000
1937	900 000
1938	400 000

[5] *Die Entwicklung der Arbeitslosigkeit im Deutschen Reich 1933–1938.* Statistisches Jahrbuch für das Deutsche Reich, 1939/40. Tabelle.

4 Werte das Schaubild [4] aus:
– Wofür wurde das meiste Geld ausgegeben?
– Welche Ausgaben gingen deutlich zurück?

5 Werte die Tabelle [5] aus.

Wähle einen der Arbeitsaufträge aus:

- Die Nationalsozialisten versprachen den Menschen „Arbeit und Brot". Erkläre mit dem Text „Massenarbeitslosigkeit", was damit gemeint war.
- Stelle die Entwicklung der Arbeitslosigkeit von 1933 bis 1938 in einem Säulendiagramm dar.
- Erkläre, wie die Arbeitslosigkeit beseitigt wurde.
- „Aber unter Hitler hatten wenigstens alle Arbeit!" Nimm Stellung mithilfe der Doppelseite.

Sprachspeicher

jemanden als Helfer oder Helferin einsetzen ▪ als Helfer oder Helferin eingesetzt werden ▪ Arbeitsdienst leisten

die Ausgaben steigen ▪ *die* Ausgaben gehen zurück ▪ unter Hitler > als Hitler an der Macht war

Frau und Familie

Welche Rolle hatten Mädchen und Frauen im NS-Staat?

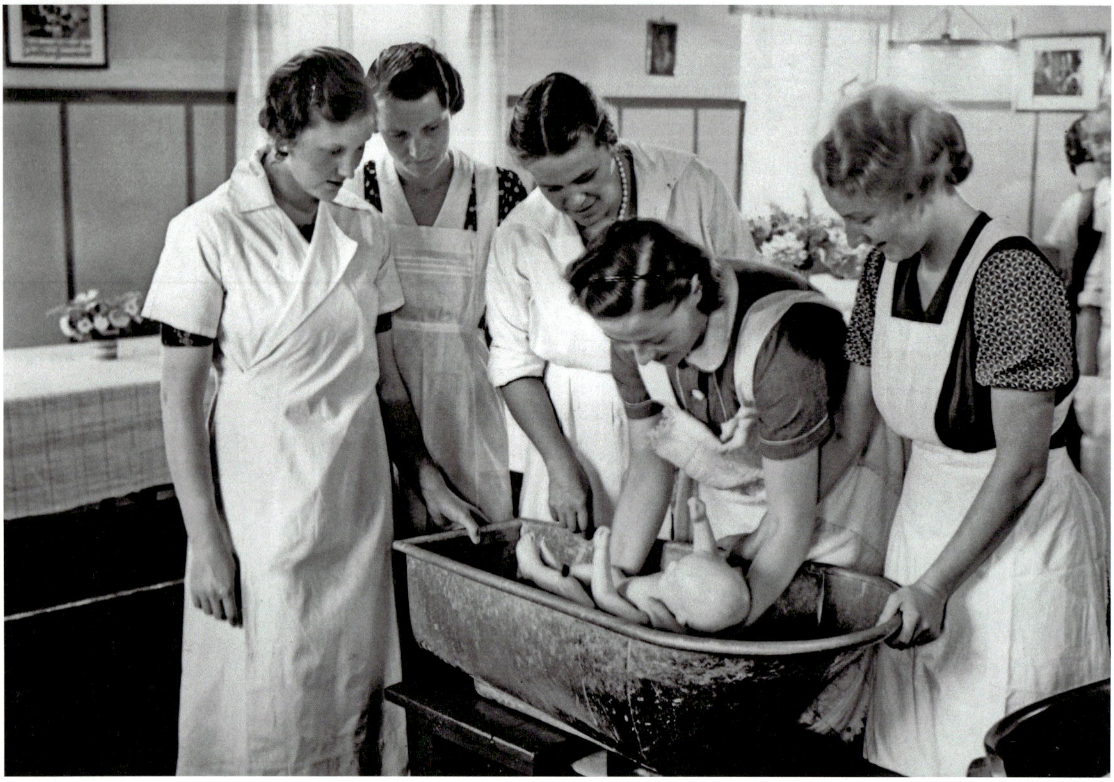

[1] *Junge Frauen bei einem Säuglingslehrgang in einer nationalsozialistischen „Bräuteschule".* Foto, 1930er-Jahre.

1 Beschreibe das Foto [1].

2 Stelle Vermutungen an, wieso keine Jungen auf dem Foto zu sehen sind.

Die Rolle der Frau im Nationalsozialismus

Der NS-Staat war eine Männergesellschaft. Die Nationalsozialisten betonten „typisch männliche" Eigenschaften wie Härte und Entschlossenheit. Frauen sollten vor allem Hausfrau und Mutter sein und möglichst viele Kinder bekommen. Sie sollten ihrem Mann dienen und die Kinder im Sinne des Nationalsozialismus erziehen.

Von früh an wurden Mädchen auf die Rolle der Mutter vorbereitet. In der Schule lernten sie Nähen und Stricken, Kochen und Säuglingspflege. In sogenannten „SS-Bräuteschulen" wurden Mädchen, die ein Mitglied der SS heiraten wollten, in Kinderpflege, Haushaltsführung und Rassenlehre unterrichtet.

Förderung von Ehe und Familie

Um Eheschließungen zu fördern und die Berufstätigkeit von Frauen einzuschränken, wurden seit 1933 „Ehestandsdarlehen" an Heiratswillige vergeben. Das bedeutete, der Staat lieh Paaren Geld mit der Bedingung, dass die Frau nach der Heirat auf eine Berufstätigkeit verzichtete. Gleichzeitig sollte damit die Zahl der Geburten erhöht werden. Das Darlehen konnte bis zu 1000 Reichsmark betragen – das war damals viel Geld. Bei der Geburt des ersten Kindes musste man nur noch 750 Reichsmark zurückzahlen, beim zweiten nur noch 500 und so weiter.

3 Fasse in Stichworten zusammen, welche Rolle der Frau im Nationalsozialismus zugewiesen wurde.

Sprachspeicher

Hausfrau und Mutter sein ▪ auf *die* Berufstätigkeit verzichten

Eheschließungen fördern ▪ ein Darlehen vergeben ▪ *die* Zahl *der* Geburten soll erhöht werden

[2] *Mutterkreuzträgerin mit Familie.* Propagandafoto, 1940.

[3] *Arbeiterin in einer Munitionsfabrik während des Kriegs.* Foto, 1941.

4 Analysiere Foto [2]. Erkläre, warum es sich aus Sicht der Nationalsozialisten um eine „ideale" Familie handelte.

Öffentliche Anerkennung

Der Muttertag wurde schon 1914 in den USA eingeführt und seit 1922 auch in Deutschland gefeiert. Aber die Nationalsozialisten machten daraus ein politisches Fest. 1934 wurde der Muttertag erstmals als „Gedenk- und Ehrentag der deutschen Mutter" gefeiert. Besonders kinderreiche Mütter wurden als „Heldinnen des Volkes" geehrt.
1938 führte Hitler ein besonderes „Ehrenzeichen" ein: das Mutterkreuz. Frauen, die vier und mehr Kinder hatten, konnten es bekommen. Jüdische Frauen waren allerdings ausgeschlossen.
Ein Jahr später wurde das Mutterkreuz in öffentlichen Feierstunden erstmals an drei Millionen Mütter vergeben.

5 Erkläre die Bedeutung des Muttertags und des Mutterkreuzes für die Frauen in der NS-Zeit.

Berufstätigkeit von Frauen im Krieg

Als 1939 der Zweite Weltkrieg begann, wurden wieder mehr Frauen berufstätig. Sie nahmen die Arbeitsplätze von Männern ein, die als Soldaten eingesetzt waren. Frauen arbeiteten vor allem in der Rüstungsindustrie, in der Landwirtschaft, bei der Reichsbahn und in der Verwaltung. Von 1939 bis 1944 stieg die Zahl der weiblichen Arbeitskräfte von 4,6 Millionen auf 14,9 Millionen. Viele Frauen waren jetzt durch Berufs- und Familienarbeit besonders stark belastet.

Wähle einen der Arbeitsaufträge aus:

- Stell dir vor, die Frau auf Bild [3] hat zwei Kinder und ihr Mann ist Soldat im Krieg. Wie könnte ihr Alltag aussehen?
- Erkläre, wieso der Muttertag von den Nationalsozialisten für ihre Zwecke genutzt wurde.
- Verfasse aus heutiger Sicht eine Kritik an der Frauenpolitik der Nationalsozialisten.
  > Sprachspeicher

Sprachspeicher
Mütter als „Heldinnen des Volkes" ehren • einen „Ehrentag" haben

Überlege zunächst, welche Rolle Mädchen und Frauen heute in Deutschland haben.

Judenverfolgung 1933–1939

Warum wurden die Juden verfolgt?

[1] *Ein SA- und ein SS-Mann bekleben ein Schaufenster mit einem Boykottplakat: „Deutsche! Wehrt Euch! Kauft nicht bei Juden!“* Foto, April 1933.

1 Beschreibe das Foto [1]. Was war vermutlich Ziel dieser Aktion?

Judenfeindlichkeit

Seit 1871 waren die Juden in Deutschland gleichberechtigte Bürgerinnen und Bürger. Sie konnten ihre Religion frei ausüben, sich politisch beteiligen und alle Berufe ergreifen. Im Ersten Weltkrieg kämpften viele jüdische Männer als Soldaten für Deutschland. Dennoch gab es Menschen, die ihre jüdischen Mitmenschen nach wie vor für alles Schlechte in der Welt verantwortlich machten.

Der Rassismus der Nationalsozialisten

Viele Nationalsozialisten hatten die Ansicht, dass es verschiedene menschliche „Rassen“ gibt. Sie behaupteten, dass sich diese „Rassen“ durch Hautfarbe oder Kopfform unterschieden. Außerdem seien nicht alle „Rassen“ gleich intelligent und hätten verschiedene Charaktereigenschaften. Menschen aus Nord- und Mitteleuropa mit blonden Haaren und heller Haut nannten die Nationalsozialisten „Arier“. Sie behaupteten, diese seien den anderen „Rassen“ überlegen.

Die etwa 500 000 Juden in Deutschland wurden nicht mehr wegen ihrer Religion, sondern wegen ihrer angeblich anderen „Rasse“ verfolgt. Sie galten bei den Nationalsozialisten als besonders minderwertig und wurden als Gefahr für das deutsche Volk dargestellt. Judenfeindlichkeit und Judenhass werden auch als Antisemitismus bezeichnet.

2 Erläutere das Rassendenken der Nationalsozialisten.

Sprachspeicher

benachteiligt sein ▪ verfolgt sein ▪ einen Beruf ausüben ▪ gleichberechtigt sein ▪ jemanden als „minderwertig“ ansehen

Menschen ausgrenzen und verfolgen ▪ sich überlegen fühlen

3 Beschreibe die Fotos [2] und [3]. Stelle Vermutungen an, warum beide Fotos am selben Tag aufgenommen wurden.

Ausgrenzung

Schon 1933 wurden jüdische Beamte aus dem Staatsdienst entlassen. Im selben Jahr wurde zum Boykott* jüdischer Geschäfte aufgerufen. Die „Nürnberger Gesetze" von 1935 verboten die Eheschließung und alle Sexualbeziehungen zwischen Juden und Nichtjuden. Im Jahr darauf verhängte der NS-Staat Berufsverbote für jüdische Ärzte und Apotheker. Der Druck auf die Juden, ihren Besitz (Häuser, Grundstücke usw.) unter Wert an „Arier" zu verkaufen, verstärkte sich.
Ab 1939 mussten alle Juden den zweiten Vornamen „Israel" oder „Sara" offiziell im Pass stehen haben. Ab 1941 mussten sie in der Öffentlichkeit einen gelben Stern tragen.

Das Novemberpogrom

In der Nacht vom 9. auf den 10. November 1938 wurden in ganz Deutschland 1400 jüdische Gotteshäuser (Synagogen) angezündet. Die SA zerstörte jüdische Geschäfte, Friedhöfe und Wohnungen, jüdische Männer und Frauen wurden verhaftet. Kaum ein Bürger unternahm etwas dagegen. Es gab sogar manche, die sich von der Gewalt anstecken ließen und wie in einem Rausch beim Zerstören und Morden mitmachten. In der Pogromnacht* starben mehrere Hundert Menschen.

4 Im April 2024 wurde in Oldenburg ein Brandanschlag auf die Synagoge verübt. Erkläre, warum es sich dabei um eine antisemitische Straftat handelt.

* *der* **Boykott:** Ausschluss von politischen, wirtschaftlichen oder sozialen Beziehungen; wer ein Geschäft boykottiert, kauft dort nicht mehr.

das **Pogrom:** gewalttätige Aktion (Hetze und Verfolgung) gegen Menschen, die einer Minderheit angehören

[2] *Brennende Synagoge in Hannover.* Foto, 10.11.1938.

[3] *Jüdischer Männer werden in Regensburg durch die Stadt geführt. Sie werden dann in das KZ Dachau transportiert.* Foto, 10.11.1938.

Wähle einen der Arbeitsaufträge aus:

- Liste in einer Tabelle die Stationen der Judenverfolgung mit Jahreszahlen auf.
- Formuliere den Gedanken eines Schaulustigen in Bild [3].
- Lege ein Lexikon mit kurzen Erklärungen zu folgenden Begriffen an: Antisemitismus, Rassismus, Arier, Synagoge, Novemberpogrom.
- Recherchiere die Ereignisse der Pogromnacht in deiner Stadt oder Region und berichte darüber in der Klasse.

Sprachspeicher
jemanden aus dem Dienst entlassen • Berufsverbote verhängen • etwas unter Wert verkaufen > zu wenig Geld für etwas bekommen

Verfolgung von Minderheiten

Was geschah mit Menschen in Konzentrationslagern oder „Heilanstalten"?

[1] *Eines der ersten Konzentrationslager: Oranienburg; Häftlinge beim Appell.* Foto, März/April 1933.

1 Beschreibe Foto [1].
2 Berichte, was du über Konzentrationslager bereits gehört hast.

Verfolgte Minderheiten

Die Nationalsozialisten erklärten Menschen, die nach ihren Vorstellungen nicht zur deutschen Volksgemeinschaft gehörten, zu „Volks- und Reichsfeinden". Dazu zählten in erster Linie Juden, Sinti und Roma. Sie wurden damals als „Zigeuner" bezeichnet. In der NS-Zeit wurden sie genauso schlecht behandelt wie die Juden. Sie hatten keine Rechte, wurden verfolgt, inhaftiert und später oft getötet. Von 30 000 Sinti und Roma in Deutschland überlebten nur 5 000.

In der NS-Zeit wurden auch andere Minderheiten wie die religiöse Gruppe der „Zeugen Jehovas" sowie Homosexuelle verfolgt, misshandelt und getötet. Einige Priester setzten sich für verfolgte Minderheiten ein oder protestierten gegen das Unrecht. Viele von ihnen wurden ebenfalls verhaftet und in ein Konzentrationslager gebracht.

3 Nenne Gruppen, die in der NS-Zeit verfolgt wurden, und die Gründe dafür.

Konzentrationslager

Konzentrationslager (KZ) wurden überall in Deutschland gebaut, um die große Zahl von Verfolgten, Minderheiten und politischen Gegnern einzusperren. Schon im Frühjahr 1933 wurden die ersten Konzentrationslager errichtet. Ein KZ bestand aus Holzbaracken. Sie waren primitiv eingerichtet. Um das Lager herum gab es einen Stacheldrahtzaun und Wachtürme. Die Häftlinge durften auch im Winter nur einen dünnen, gestreiften Anzug, z.B. aus Papierfasern, tragen. Meist gab es nur eine dünne Suppe und etwas Brot zu essen. Trotzdem mussten die Menschen bis zur totalen Erschöpfung arbeiten, sie wurden willkürlich schikaniert und misshandelt.

Schon bei den kleinsten Fehlern gab es harte Strafen: Essensentzug, langes Stehen oder Peitschenschläge. Ab 1941 wurden zusätzlich „Vernichtungslager" im von Deutschland eroberten Polen errichtet. Die Menschen wurden nun aus den KZ in die Vernichtungslager transportiert und dort in speziell dafür errichteten Anlagen mit Giftgas ermordet.

Sprachspeicher

inhaftiert > eingesperrt sein • sich für etwas einsetzen • gegen etwas protestieren • willkürlich > zufällig, ohne Grund

die Stimme erheben > Widerstand leisten • schikanieren > jemanden Schwierigkeiten bereiten oder quälen

[2] *Denkmal „Der Graue Bus" von Horst Hoheisel und Andreas Knitz. Es erinnert an die Morde an Menschen, die psychisch krank waren oder eine geistige oder körperliche Behinderung hatten, durch das NS-Regime. Solche Busdenkmäler stehen an verschiedenen Orten.*
Foto, Berlin 2008.

4 Stelle Vermutungen an, wohin die Menschen mit den Bussen transportiert wurden.

Zwangssterilisationen

1935 erließen die Nationalsozialisten das „Gesetz über die Verhütung erbkranken Nachwuchses". Es erlaubte Ärzten, Menschen gegen ihren Willen und ohne ihr Wissen zu sterilisieren. Sie konnten dann keine Kinder mehr bekommen. Die Nationalsozialisten wollten, dass sich nur gesunde Menschen fortpflanzen, um die „Rasse" zu erhalten. Betroffen waren Personen mit Behinderung und Alkoholkranke sowie „Arbeitsscheue". So bezeichneten die Nationalsozialisten Menschen, die keine regelmäßige Arbeit hatten, z. B. Obdachlose oder Prostituierte. Diese Menschen wurden oft unter einem falschen Vorwand zu einem Arzt bestellt. Man schätzt die Gesamtzahl der zwangssterilisierten Frauen und Männer auf etwa 400 000.

Mord an Menschen mit Behinderung

Menschen mit psychischen Krankheiten oder einer geistigen Behinderung galten bei den Nationalsozialisten als „lebensunwert". Sie nannten sie „Erbkranke". Deshalb begann das NS-Regime 1939 unter größter Geheimhaltung, diese Menschen aus ihren Pflegeheimen zu holen. Sie wurden mit Bussen in Kliniken gefahren und dort von Ärzten mit Gas getötet. Diese Mordaktion nannte man „Euthanasie". Um Spuren zu verwischen, wurden die Leichen sofort verbrannt. Die Angehörigen erhielten Todesnachrichten mit gefälschten Angaben.
Der Bischof von Münster, Clemens August Graf von Galen, predigte am 3. August 1941 öffentlich gegen die Tötung „der armen, wehrlosen Geisteskranken". Daraufhin wurde die Aktion offiziell eingestellt. Die Menschen, die in die sogenannten „Heilanstalten" transportiert wurden, wurden aber weiterhin ermordet. Essensentzug oder überdosierte Medikamente waren nun die Mordinstrumente. Insgesamt wurden im Rahmen der Euthanasie zwischen 1933 und 1945 etwa 200 000 Menschen ermordet.

5 Erläutere, wie die Nationalsozialisten mit psychisch kranken Menschen und Menschen mit Behinderung umgingen.

Wähle einen der Arbeitsaufträge aus:

- Beschreibe, was die Menschen im KZ ertragen mussten. Lies dazu den Text „Konzentrationslager" auf Seite 32.
- Schreibe Worterklärungen zu den Begriffen „Konzentrationslager" und „Euthanasie".

Sprachspeicher
als minderwertig gelten • *die* Verfolgung und Tötung von Minderheiten • Menschen gegen ihren Willen behandeln • mit Menschen umgehen • Menschen mit Behinderungen

Wahlseite Verfolgt: Johann Trollmann

1 Lies den Text und fasse die Inhalte der Seite mit deinen Worten zusammen. Verwende den Lese-Profi.

2 Erstelle ein Plakat. Schreibe die Jahreszahlen aus dem Text heraus. Schreibe dahinter, was passiert ist.

[1] *Johann Wilhelm „Rukeli" Trollmann. Man sagt, Trollmann habe beim Boxen getanzt, weil er sich so leichtfüßig bewegte.* Foto, o. J.

[2] *Dieser Stolperstein in Berlin erinnert an den Boxer Johann Trollmann.* Foto, 2010.

Trollmanns Leben bis 1933

Johann Trollmann wurde 1907 in Wilsche bei Gifhorn in Niedersachsen geboren. Er gehörte zur Minderheit der Sinti, die man damals als „Zigeuner" bezeichnete. Trollmann wurde „Rukeli" genannt. „Ruk" bedeutet in der Sprache seiner Eltern „Baum", denn er war schön und groß gewachsen. Trollmann wuchs in Hannover auf. Mit acht Jahren begann er zu **boxen**. Mehrmals wurde er **Regionalmeister** und sogar **Norddeutscher Meister**. 1933 wurde er **Deutscher Meister** im Boxen. Nur acht Tage später wurde ihm der Titel von den Nationalsozialisten aber wieder aberkannt. Als Sinto durfte er nun nicht mehr boxen und keinem Boxclub angehören. Seine Profikarriere war damit beendet.

Trollmann zur NS-Zeit

In Berlin heiratete Trollmann 1935 seine Freundin, mit der er eine Tochter hatte. Im selben Jahr wurde er verhaftet und in einem Gefängnis **zwangssterilisiert**. Mehrere Jahre trat er auf Jahrmärkten auf, um Geld zu verdienen. 1939 wurde er zur Wehrmacht eingezogen und kämpfte als Soldat. Im **Krieg** wurde er **verwundet**. 1942 wurde er erneut **verhaftet**, **misshandelt** und in das **KZ Neuengamme** in Hamburg gebracht. Dort musste er gegen SS-Männer und Mithäftlinge boxen. 1944 wurde er in einem Außenlager des KZ Neuengamme **ermordet**. Ein Mithäftling, der als Aufseher arbeitete, erschlug ihn. Seit 2003 ist Johann Trollmann wieder **offiziell „Deutscher Meister im Halbschwergewicht"** von 1933.

Tipp für die Erarbeitung

- Schreibe dir Stichworte zum Leben von Johann Trollmann auf.

Tipp für die Präsentation

- Erzähle die Lebensgeschichte von Johann Trollmann mit deinen Worten.

Wahlseite Verfolgt: Sally Perel

1 Informiere dich über das Schicksal von Sally Perel.
2 Präsentiere deine Ergebnisse der Klasse.

[1] *Sally Perel mit einem Bild von ihm, das ihn als Hitlerjunge Salomon zeigt*. Foto, 1992.

Sally Perel aus Peine

Salomon Perel, genannt Sally, wurde am 21. April 1926 in Peine in Niedersachsen geboren. 1935 floh die jüdische Familie nach Polen. 1939 überfiel Deutschland Polen. Die Juden wurden von den Deutschen in Ghettos zusammengetrieben. Sally und sein älterer Bruder flohen, seine Eltern und die anderen beiden Geschwister blieben zurück.

Jupp, der „Volksdeutsche"

Auf der Flucht wurden die Brüder getrennt. Sally Perel wurde von der Wehrmacht aufgegriffen. Auf die Frage, ob er Jude sei, antwortete er, er sei „Volksdeutscher". Denn er wusste, dass die Juden deportiert wurden. Dabei dachte er, so Sally Perel selbst, an die Abschiedsworte seiner Mutter. Diese habe ihm gesagt: „Du sollst leben!"
Die Soldaten glaubten Sally Perel. Unter dem Namen Josef Perjell, genannt Jupp, arbeitete er zwei Jahre lang für die Wehrmacht als deutsch-russischer Übersetzer. Danach wurde er an die „Akademie für Jugendführung" in Braunschweig geschickt – eine Schule zur Ausbildung der nationalsozialistischen Elite. Später machte er eine Ausbildung bei Volkswagen. Sally Perel war ständig in Angst, dass jemand seine wahre Identität herausfindet. Hinzu kam die Trauer um seine Familie. Als Jude lebte er als Nationalsozialist und begann, sich dafür selbst zu hassen.

Einsatz für Weltoffenheit nach 1945

Sally Perel überlebte den Holocaust. Nach dem Krieg emigrierte er nach Israel. Seinem Überleben wollte er einen Sinn geben. Er wollte die jungen Menschen aufklären, ihnen die Augen öffnen für Bedrohungen von rechts und mit ihnen kämpfen gegen Antisemitismus und Rassismus. Seine Erfahrungen veröffentlichte er 1990 in der Autobiografie „Ich war Hitlerjunge Salomon". Sie wurde noch im selben Jahr verfilmt.
Sally Perel starb am 2. Februar 2023. Bis kurz vor seinem Tod besuchte er regelmäßig Schulen, um Schülerinnen und Schülern als Zeitzeuge des Holocaust von seiner Geschichte zu berichten und sich für Toleranz und Weltoffenheit einzusetzen.

Tipp für die Erarbeitung
- Du kannst einen Lebenslauf von Sally Perel verfassen.
- Mehrere Schulen tragen den Namen Sally Perels. Sammele Argumente, die dafür sprechen, eine Schule nach einem Holocaust-Überlebenden zu benennen.

Tipp für die Präsentation
- Von Sally Perel gibt es zahlreiche Videointerviews. Du kannst eines auswählen und der Klasse vorstellen.

Wahlseite Verfolgt: Heinrich Jasper

1 Informiere dich auf dieser Seite über das Schicksal des Politikers Heinrich Jasper.

2 Präsentiere deine Ergebnisse in geeigneter Form in der Klasse.

Karriere als Politiker

Heinrich Jasper wurde am 21. August 1875 geboren, wuchs in Hildesheim auf und ging in Braunschweig zur Schule. Nach dem Studium arbeitete er als Rechtsanwalt. 1903 begann sein politisches Engagement in der SPD.

Während des Ersten Weltkriegs war er als Soldat in Russland. Nach der Novemberrevolution 1918 wurde Jasper zum ersten Präsidenten des Landtags des Landes Braunschweig gewählt. Bis 1933 war er Mitglied des Braunschweigischen Landtags und viermal Braunschweigischer Ministerpräsident.

Als Ministerpräsident setzte sich Jasper für den Ausbau von Sozialeinrichtungen, eine stabile Wirtschaft und eine moderne Schul- und Bildungspolitik ein.

Überfall auf die SPD-Zentrale

Am 9. März 1933 überfielen SA und SS das „Volksfreund-Haus“ in Braunschweig. Dort hatten die SPD, deren Parteizeitung und Gewerkschaften ihren Sitz. SA und SS trieben die Menschen auf die Straße und misshandelten sie. Das Ermächtigungsgesetz ermöglichte dies. Bücher, Zeitungen, Fahnen sowie sämtliche Akten wurden drei Tage lang öffentlich auf der Straße verbrannt.

Heinrich Jasper zeigte den verantwortlichen SS-Mann bei der Polizei an, legte Beschwerde beim Innenminister und sogar bei Reichspräsident Hindenburg ein. Er wurde immer zurückgewiesen. Das Volksfreundhaus wurde von der NSDAP in ein „Schutzgefängnis“ verwandelt, in dem Juden und politische Gegner gefoltert wurden.

[1] *Heinrich Jasper.* Foto, 1927.

Jasper wird verhaftet

Am 17. März 1933 wurde Jasper von den Nationalsozialisten unter einem Vorwand verhaftet, ins Volksfreundhaus gebracht und gefoltert, damit er sein Landtagsmandat niederlegte. Viele seiner Genossen stimmten dieser Forderung unter Folter zu. Jasper weigerte sich. Im Juni 1933 wurde er erneut verhaftet und ins KZ Dachau gebracht.

Als er 1938 freigelassen wurde, durfte er nicht mehr als Rechtsanwalt arbeiten und wurde von der Geheimen Staatspolizei überwacht. 1944 wurde er schließlich ins KZ Sachsenhausen und im Februar 1945 ins KZ Bergen-Belsen gebracht. Dort starb er am 19. Februar 1945 im Alter von 69 Jahren an Erschöpfung.

Tipp für die Erarbeitung

- Du kannst einen Lebenslauf von Heinrich Jasper verfassen.
- Du kannst auch noch einmal nachlesen, was das Ermächtigungsgesetz war.

Tipp für die Präsentation

- Zeige die Stationen von Jaspers Verfolgung 1933–1945 auf.

☒ Wahlseite Verfolgt: Benjamin Traub

1 Informiere dich über das Schicksal von Benjamin Traub.

2 Präsentiere deine Ergebnisse der Klasse.

„Euthanasie“

Für die Nationalsozialisten galten Menschen mit Behinderungen als „lebensunwert“. Unter großer Geheimhaltung wurden ca. 100 000 Menschen abgeholt und in Kliniken ermordet. Die Nazis nannten das „Euthanasie“. Eines der Opfer war Benjamin Traub.

Die Kindheit von Benjamin Traub

Benjamin Traub wurde am 25. November 1914 als viertes Kind des Predigers Karl Friedrich Traub und seiner Ehefrau Karoline in Mülheim an der Ruhr geboren. Während des Ersten Weltkriegs lebte die Familie in Bremerhaven, danach für ein paar Jahre in Köln, wo Benjamin eingeschult wurde. 1923 zogen die Traubs wieder nach Mülheim. Dort besuchte Benjamin die Oberrealschule. Er war ein begabter Junge, der sehr gut Klavier spielte. Er sammelte Briefmarken und spielte leidenschaftlich gern Schach. Aufgrund seiner besonderen Schulleistungen konnte er sogar eine Klasse überspringen.

[1] *Die Familie Traub im Garten. Benjamin sitzt ganz links.* Foto um 1927.

Krankheit und Ermordung

1931 hackte sich Benjamin beim Holzhacken versehentlich ein Stück des Fingers ab. Der Unfall stürzte ihn in eine schwere innere Krise. Nachdem Benjamin mehrfach angekündigt hatte, sich selbst umzubringen, brachten ihn die Eltern im August 1931 in die Heil- und Pflegeanstalt Bedburg-Hau am Niederrhein, wo er neun Jahre lang behandelt wurde. Er erhielt häufig Besuch von den Eltern und Geschwistern oder fuhr selbst zu Besuch nach Hause. 1940 wurde Benjamin für ein Jahr nach Weilmünster in Hessen verlegt.

Wie man später herausfand, wurde er am 13. März 1941 abgeholt und in die „Heil- und Pflegeanstalt Hadamar“ in Hessen gebracht. Dort bestätigte ein Arzt auf einem Totenschein eine „natürliche Todesursache“. Unmittelbar danach wurde Benjamin im Keller der Anstalt durch Giftgas umgebracht. Sein Leichnam wurde verbrannt.

Im April 1941 erhielten die Eltern die Nachricht, ihr Sohn sei „plötzlich und unerwartet an einer Hirnhautentzündung“ verstorben. Niemand in der Familie konnte das glauben. Kurz danach wurde eine Urne zugesandt, die angeblich die Asche von Benjamin enthielt.

Tipps für die Erarbeitung

- Erstelle eine Stichwortliste zum Leben von Benjamin Traub.

Tipps für die Präsentation

- Beschreibe die Lebensgeschichte von Benjamin Traub mit eigenen Worten.
- Verfasse einen Text für einen Gedenkstein.

Das kann ich!

Versuche zunächst, die Aufgaben dieser Doppelseite zu lösen, ohne im Kapitel nachzusehen. Wenn du Hilfe brauchst, kannst du bei den Aufgaben nachschlagen. Dort sind in Klammern die Seiten angegeben.

Begriff	Bedeutung
die Diktatur	Zerstörung jüdischen Eigentums und Brandstiftung an Synagogen im gesamten Deutschen Reich
die Hitlerjugend	ab 1933 errichtetes Lager, in dem Verfolgte arbeiten mussten und misshandelt wurden
die Pogromnacht	politische Meinungsmache, oft hetzerisch
der Antisemitismus	Tötungsaktion von Menschen mit Behinderungen oder psychischen Krankheiten durch die Nationalsozialisten
die Euthanasie	Alleinherrschaft
die Propaganda	Judenfeindschaft, Judenhass
das Konzentrationslager	NS-Jugendorganisation

[1] *Begriffe und ihre Bedeutung.*

Datum	Ereignis
30. Januar 1933	Hitler wird Reichspräsident
August 1934	Mehrheit für das Ermächtigungsgesetz im Reichstag
ab März 1933	Hitler wird Reichskanzler
23. März 1933	Pogromnacht
9./10. November 1938	erste Konzentrationslager werden errichtet

[2] *Daten und Ereignisse.*

[3] *Hitler im Olympiastadion in Berlin: Anlass war eine Kundgebung der Hitlerjugend zum nationalen Feiertag des Deutschen Volkes am 1. Mai 1939.* Foto.

[4] *„Dem Führer – die Jugend"*. Postkarte, 1939.

[5] *Trommler der Hitlerjugend*. Foto, um 1935.

Sachkompetenz

1. Ordne den Begriffen in [1] die richtige Erklärung zu.
2. Ordne den Daten in [2] die entsprechenden Ereignisse zu.
3. Beschreibe den Weg von der Demokratie zur Diktatur in den Jahren 1933–1934. Benutze dafür folgende Stichworte: Hitler wird Reichskanzler, Reichstagsbrand, Ermächtigungsgesetz, Gleichschaltung, Terror gegen Andersdenkende. (S. 12, 16/17)
4. Erläutere, wie es den Nationalsozialisten gelang, die Arbeitslosigkeit zu verringern. (S. 26/27)
5. Beschreibe die Hitlerjugend [5]: Organisation, Aktionen bzw. Unternehmungen, Ausrichtung. (S. 22/23)
6. Erläutere den Begriff Konzentrationslager. (S. 32)
7. Erkläre, warum Begriffe, die die Nationalsozialisten geprägt haben (z. B. „Drittes Reich" oder „Rasse"), heute nicht mehr genutzt werden. (S. 14, 32)

Methodenkompetenz

8. Analysiere das Foto [3] mithilfe der Methodenseite „Propaganda erkennen und entschlüsseln". (S. 18/19)
9. Erläutere mit Plakat [4] die Rolle der Frau im Nationalsozialismus. (S. 28/29)

Urteilskompetenz

10. Beurteile, warum viele Kinder und Jugendliche gerne zur Hitlerjugend oder zum Bund Deutscher Mädel gingen. Beachte dabei auch Foto [5]. (S. 22/23)

Teste dich

Der Zweite Weltkrieg

9. Oktober 1943

In der Nacht vom 8. auf den 9. Oktober 1943 erlebte Hannover den schwersten Luftangriff. Weite Teile der Innenstadt wurden zerbombt. Bei Kriegsende war das Zentrum zu 90 Prozent zerstört. 52 Prozent aller Gebäude im Stadtgebiet waren völlig zerstört oder schwer beschädigt.

1 Beschreibe das Bild.

2 Was weißt du über den „Zweiten Weltkrieg"?

3 Welche Fragen hast du zum Thema?

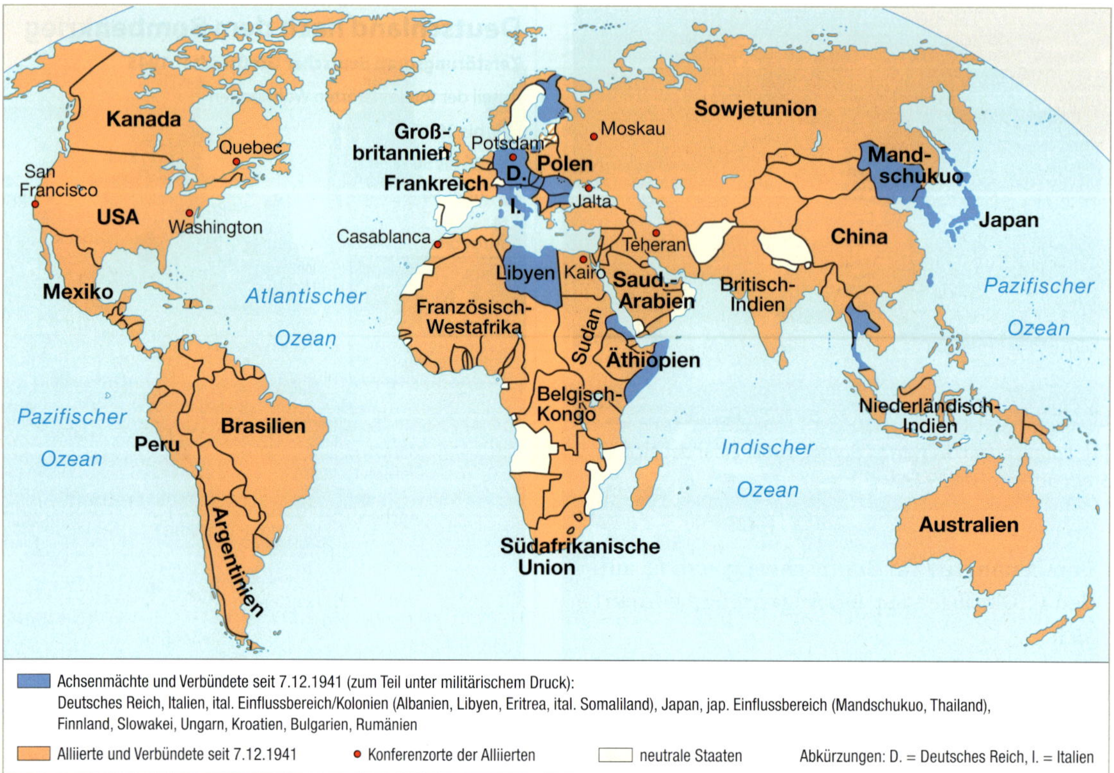

[1] *Bündnisse während des Zweiten Weltkriegs 1939–1945.* Karte.

1 Betrachte die Karte. Begründe, warum man von einem „Weltkrieg“ spricht.

Zweiter Weltkrieg

Am 1. September 1939 überfiel Deutschland sein Nachbarland Polen. Damit begann der Zweite Weltkrieg in Europa.

Mit dem Angriff der Japaner auf den US-amerikanischen Stützpunkt Pearl Harbour am 7. Dezember 1941 weitete sich der Zweite Weltkrieg auch auf die Pazifikregion aus.

Schätzungen zufolge wurden im Zweiten Weltkrieg über 50 Millionen Menschen getötet (Erster Weltkrieg: 17 Millionen Tote). Noch nie in der Geschichte der Menschheit starben so viele Soldaten und Zivilisten in einem Krieg.

Neben den kriegerischen Handlungen setzten die Nationalsozialisten ihre Pläne zur Vernichtung von „unerwünschten“ Bevölkerungsgruppen um. Allein 6 Millionen Juden und 250 000 Sinti und Roma wurden ermordet. Unvorstellbare Verbrechen wurden staatlich organisiert und durchgeführt.

In Europa, Afrika und Asien wurden ganze Städte und Landschaften bei Luftangriffen zerstört. Flugzeuge warfen dabei Millionen Tonnen von Bomben ab. Im August 1945 zerstörten zwei amerikanische Atombomben die japanischen Städte Hiroshima und Nagasaki.

Millionen Zivilisten auf der ganzen Welt verloren durch den Zweiten Weltkrieg ihr Zuhause und mussten aus ihrer Heimat fliehen.

2 Vermute, warum das Thema Zweiter Weltkrieg auch heute noch viele Menschen interessiert und berührt.

- **1. September 1939**
  Deutschland überfällt Polen, Beginn des Zweiten Weltkriegs
- **1940**
  Deutschland überfällt und besetzt Dänemark, Belgien, Niederlande, Luxemburg, Norwegen und große Teile Frankreichs
- **1941**
  Deutschland überfällt die Sowjetunion
  Errichtung von Vernichtungslagern
  Japan greift die USA an
  Deutschland erklärt den USA den Krieg

- **1942**
  „Wannsee-Konferenz“: Vertreter der deutschen Regierung und der SS organisieren die Ermordung aller Juden in Europa
- **1943**
  Deutsche Niederlage in Stalingrad, Sowjetunion
  Bombardierung deutscher Städte

- **1944**
  Landung amerikanischer und britischer Soldaten in der Normandie, Frankreich
- **8. Mai 1945**
  Kapitulation Deutschlands
  Ende des Zweiten Weltkriegs in Europa

- **6. und 9. August 1945**
  USA werfen über den japanischen Städten Hiroshima und Nagasaki Atombomben ab
- **2. September 1945**
  Kapitulation Japans
  Ende des Zweiten Weltkriegs in Asien

Der Zweite Weltkrieg

Der Weg in den Krieg

Wie kam es zum Zweiten Weltkrieg?

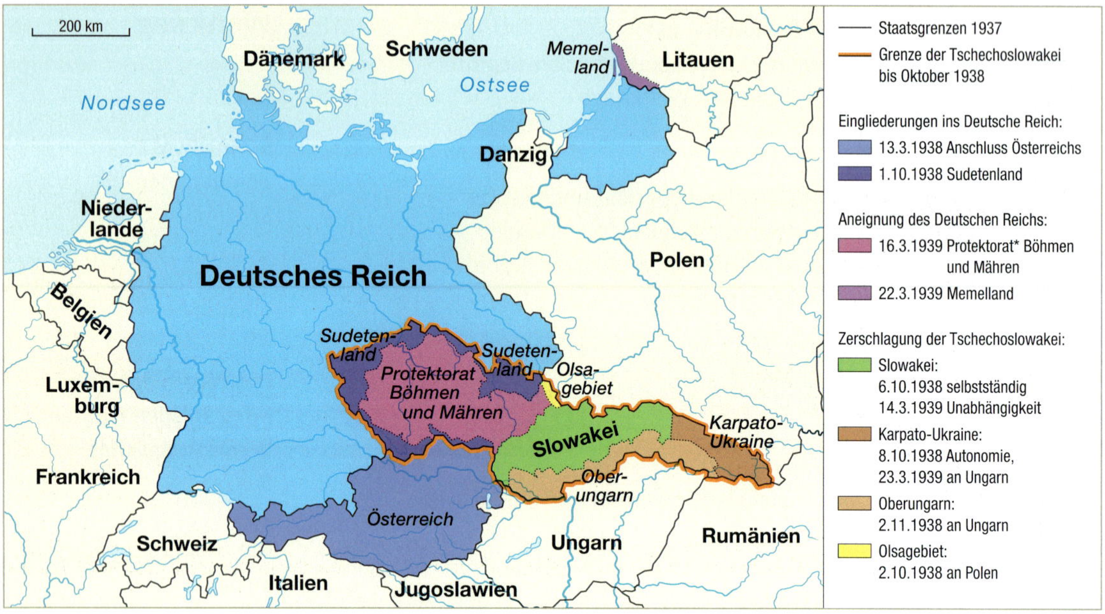

[1] *Erweiterung des deutschen Machtbereichs bis 1939.* Karte.

1 Werte die Karte [1] aus: Welche Gebiete wurden bis 1939 an das Deutsche Reich „angeschlossen“?

Krieg als Mittel der Herrschaft

Schon 1926 forderte Hitler in seinem Buch „Mein Kampf“ Land im Osten für das deutsche Volk. Kurz nach seiner Machtergreifung im Jahre 1933 machte er vor hohen Vertretern der Reichswehr folgende Aussage: „… das Ziel der Ausweitung des Lebensraumes des deutschen Volkes wird auch mit bewaffneter Hand erreicht werden.“ Krieg war somit im Denken Hitlers ein fester Bestandteil.
Öffentlich gab sich das Naziregime jedoch zunächst friedfertig. Ein Grund hierfür war die Tatsache, dass Deutschland 1933 militärisch noch sehr schwach war. So erklärte Hitler 1933 im Reichstag, dass er die Rechte anderer Völker respektieren und in Frieden und Freundschaft mit ihnen leben wolle. Die militärische Aufrüstung war aber zu diesem Zeitpunkt bereits beschlossen.

2 Erkläre, warum Hitler gegensätzliche Aussagen zum Thema „Krieg und Frieden“ machte.

Schritt für Schritt dem Krieg entgegen

Während Hitler auf der einen Seite beteuerte, den Frieden zu wollen, versuchte er gleichzeitig, dem Krieg immer näher zu kommen. Dazu unternahm er folgende Schritte:

- 1933: Deutschland verlässt den Völkerbund.
- 1934: Beginn der Wiederaufrüstung: Das Heer wird auf 250 000 Soldaten vergrößert, es werden Flugzeuge und Panzer gebaut.
- 1935: Wiedereinführung der Wehrpflicht
- 1936: Einmarsch deutscher Truppen in das entmilitarisierte Rheinland
- 1938: Einmarsch deutscher Truppen in Österreich; Eingliederung Österreichs in das Deutsche Reich
- 1938: Anschluss des Sudetenlands an das Deutsche Reich
- 1939: Besetzung weiterer Gebiete der Tschechoslowakei und Angliederung von Böhmen und Mähren

3 Arbeite heraus, welche Schritte Hitlers seinen Friedensversprechungen widersprachen.

Sprachspeicher
etwas (eine Botschaft) verkünden • *die* Rechte anderer Völker respektieren
etwas beteuern (= betonen) • etwas unternehmen • dem Krieg immer näher kommen

[2] *Karikatur aus der amerikanischen Zeitschrift „The Nation“,* 1933.

[3] *Bürger von Prag protestieren während des Einmarschs deutscher Truppen.* Foto, 1939.

4 Beschreibe und deute die Karikatur [2].
Starthilfe: *Hitler redet vom Frieden, was man daran erkennen kann, dass ...*

5 Beschreibe das Bild [3].

6 Beurteile die Friedenspolitik der europäischen Großmächte: *Richtig, weil ... Falsch, weil ...*

Friedenspolitik der westlichen Großmächte

Großbritannien und Frankreich wollten Krieg unbedingt vermeiden. Sie versuchten durch Zugeständnisse und Zurückhaltung, politische Kräfte in Deutschland zu stärken, die sich für Frieden einsetzen sollten. Man nannte dies Beschwichtigungspolitik. Deshalb protestierten sie nur schwach, als deutsche Truppen das Rheinland und Österreich besetzten. 1938 trafen sich die Regierungschefs von Großbritannien, Frankreich und Italien in München mit Hitler. Im Münchener Abkommen entschieden sie, das Sudetenland an Deutschland zu übergeben. In diesem Gebiet, das zur Tschechoslowakei gehörte, lebten auch drei Millionen Deutsche. Deutschland versprach im Abkommen, auf weitere Gebietsansprüche zu verzichten. Schon im März 1939 besetzten deutsche Truppen weitere Teile der Tschechoslowakei. Frankreich und Großbritannien verurteilten den Einmarsch, unternahmen aber sonst nichts.

„Hitler-Stalin Pakt“

Am 23. August schlossen Hitler und der sowjetische Diktator Stalin einen „Nichtangriffspakt“. In einem geheimen Zusatzprotokoll vereinbarten sie für den Fall des Kriegs eine Aufteilung Polens in einen deutschen und einen sowjetischen Teil. Mit diesem als „Hitler-Stalin-Pakt“ bezeichneten Vertrag sah sich Hitler in seinen kriegerischen Plänen bestätigt.

Wähle einen der Arbeitsaufträge aus:

- Lies den Abschnitt „Schritt für Schritt dem Krieg entgegen“ und trage die Ereignisse auf einem Zeitstrahl ein.
- Verfasse einen Tagebucheintrag als Person, deren Land von Deutschland besetzt wurde.
- Sammele Vermutungen, warum weite Teile der deutschen Bevölkerung nicht gegen einen Angriff auf Polen demonstrierten.

Sprachspeicher
Krieg vermeiden • abrüsten • ein Abkommen schließen • Gebietsansprüche > ein Gebiet haben wollen
eine Grenze überschreiten • den Krieg erklären

Krieg an allen Fronten

Wie breitete sich der Krieg über Europa aus?

[1] *Deutscher Vormarsch in Jugoslawien.* Foto, April 1941.

1 Beschreibe Bild [1] und vermute, welche Folgen der Vormarsch für die Bevölkerung des Ortes hatte.

Deutsche Angriffskriege bis 1942

Am 1. September 1939 griffen deutsche Soldaten Polen an. Zwei Tage später erklärten Frankreich und Großbritannien Deutschland den Krieg, griffen aber militärisch nicht ein. Die deutsche Wehrmacht versuchte, große Gebiete möglichst schnell einzunehmen. Man wollte einen Stellungskrieg wie im Ersten Weltkrieg unbedingt vermeiden. Flugzeuge, Panzer und motorisierte Truppen sollten ein schnelles Vorrücken ermöglichen. Diese Taktik wurde „Blitzkrieg" genannt. Mit „Blitzkriegen" wurden 1940 Dänemark, Norwegen, die Niederlande, Belgien und Luxemburg besetzt. Im Mai 1940 marschierte die deutsche Wehrmacht in Frankreich ein. Innerhalb weniger Wochen kapitulierte Frankreich. Nach diesem Sieg sollte auch Großbritannien erobert werden. Begünstigt durch die Insellage wehrte sich das Land aber erfolgreich. Mit seinem Verbündeten Italien besetzte die Wehrmacht den Balkan, Griechenland und Nordafrika. Im Sommer 1941 brach Hitler den Pakt mit Stalin und griff die Sowjetunion an.

2 Zähle auf, welche Länder durch Deutschland besetzt wurden. Nutze die Karte [2].

Verbündete Deutschlands: die Achsenmächte

Bereits 1936 hatten Deutschland und Italien einen Freundschaftspakt geschlossen. Kurz nach dem Sieg über Frankreich trat Italien als Verbündeter Deutschlands in den Krieg ein. Japan schloss sich im „Dreimächtepakt" an. Weitere Länder in Europa (siehe Karte 2) folgten. „Achsenmächte" waren Deutschland und seine Verbündeten.

3 Nenne Länder, die auf der Seite der Achsenmächte kämpften. Nutze die Karte [2].

Sprachspeicher

der Widerstand bricht zusammen • Gebiete erobern • ein Land (den Gegner) besiegen • an etwas scheitern • den Kampf einstellen • mit einem Vorstoß beginnen • „Blitzkrieg" > ein schneller Krieg, schnell, wie ein Blitz

Gegner Deutschlands: die Alliierten

Nach dem Angriff auf Polen erklärten neben Großbritannien und Frankreich auch Länder wie Australien, Kanada, Indien, Südafrika und Neuseeland Deutschland den Krieg. Hinzu kamen die 1940/41 besetzen Gebiete Norwegen, Dänemark, die Beneluxstaaten, Jugoslawien und Griechenland.

Der Angriff auf die Sowjetunion im Sommer 1941 machte auch dieses Land zum Kriegsgegner. Ende 1941 traten die bisher neutralen USA in den Krieg gegen das Deutsche Reich ein. Die Gegner der „Achsenmächte" wurden als „Alliierte" (Verbündete) bezeichnet. Einige Länder Europas blieben im Verlauf des Kriegs neutral. Dazu zählten die Schweiz, Spanien, Portugal, Irland, Schweden und bis Februar 1945 die Türkei.

4 Vermute, warum sich die Gegner der Achsenmächte als „Alliierte" bezeichneten.

Wähle einen der Arbeitsaufträge aus:

- Erkläre die Strategie des sogenannten Blitzkriegs.
- Lege einen Zeitstrahl des Zweiten Weltkriegs von 1939 bis 1941 an.

[2] *Ausdehnung des Deutschen Reichs im Zweiten Weltkrieg (bis 1942)*, Karte.

[3] *Russisches Dorf nach dem Durchmarsch der Deutschen Armee.* Foto, 1941.

[4] *Einwohner der Stadt Kertsch auf der Krim, damals Sowjetunion, suchen auf dem Schlachtfeld nach getöteten Angehörigen.* Foto, 1942.

Sprachspeicher

die Verbündeten Deutschlands waren ... • Das Deutsche Reich hat folgende Gebiete erobert:

ein Dorf verwüsten > es wurde zerstört

Üben

Wahlseite Raymond Vinclair leistet Widerstand

1 Lies den Text und nutze dazu den Lese-Profi hinten im Buch. Arbeite gemeinsam mit deinem Lernpartner oder deiner Lernpartnerin.

2 Entwerft ein Plakat zu folgenden Stichworten: Lebensdaten, Zwangsarbeit, Fluchthelfer, Verurteilung, Andenken heute.

[1] *Raymond Vinclair.* Foto.

Raymond Vinclair

Am **21. Mai 1918** wurde Raymond Vinclair in Betton in der **Bretagne in Frankreich geboren**. Seine beiden Eltern arbeiteten bei der **französischen Eisenbahn**. Er begann eine Ausbildung als Zimmermann, brach diese allerdings im August 1935 ab und ging mit 17 Jahren zur Marine. Ab 1940 arbeitete er bei der Eisenbahn.

Zwangsarbeit in Osnabrück

1940 hatte die deutsche Armee Frankreich angegriffen und erobert. Im **Dezember 1942** wurde Raymond zur **Zwangsarbeit** nach **Osnabrück verschleppt**. Zu dieser Zeit gab es Millionen Zwangsarbeitende in ganz Deutschland, die unfreiwillig und unter schlimmsten Bedingungen arbeiten mussten. Raymond war zu dieser Zeit 24 Jahre alt. Er wurde in einem Lager für ausländische Zwangsarbeiter untergebracht. Er musste bei der deutschen Reichsbahn auf dem **Osnabrücker Güterbahnhof** eine **gefährliche Arbeit durchführen**. Kurz bevor ein Zug anhielt, musste er einen Unterlegkeil aus Metall zum Abbremsen und Anhalten vor den fahrenden Wagen legen.

Über 150 Zwangsarbeitende flohen

Viele Zwangsarbeitende versuchten zu fliehen. In den Lagern um den Güterbahnhof fiel auf, dass **viele Zwangsarbeitende aus Frankreich, Belgien und den Niederlanden fehlten**. Raymond und andere hatten ihnen zur Flucht verholfen. Sie hatten die Menschen in **Eisenbahnwaggons** gebracht und diese von außen verschlossen. In den Waggons konnten sie dann unbemerkt **in ihre Heimat** gebracht worden.

„Als Verbrechen habe ich es nicht aufgefasst"

Raymond und seine Helfer wurden jedoch verraten. Am 2. Dezember 1943 wurde er sechs Stunden lang verhört. In einem anderen Verhör sagte ein Freund und Helfer über ihn: **„Wenn er Kriegsgefangenen zur Flucht verholfen hat, so tat er das aus Mitgefühl und Kameradschaft und als guter Franzose."** In den Verhören beteuerte Raymond immer wieder, dass er seine Fluchthilfe **nicht als Verbrechen** ansah. Er wurde im Mai 1944 nach Berlin in die Justizvollzugsanstalt Plötzensee verlegt und dort im **Juli 1944** mit 26 Jahren **hingerichtet**.
Heute ist in der **Gedenkstätte Gestapokeller** im Osnabrücker Schloss ein Film von seinem Großneffen Jean-Marie Vinclair zu sehen. Er ist Autor, Filmregisseur und hat drei Filme über seinen Großonkel gedreht: zwei Kurzfilme für die Osnabrücker Gedenkstätten Gestapokeller und Augustaschacht im Jahr 2020 und einen Spielfilm mit dem Titel „8 Sekunden" im Jahr 2024. In dem Film geht es darum, wie seine Familie das Schicksal von Raymond Vinclair entdeckt.

[2] *In seiner Heimatstadt Betton wurde der Bahnhofsvorplatz nach Raymond Vinclair benannt.* Foto.

Tipp für die Erarbeitung

- Was hast du über Raymond Vinclair erfahren? Wie hat er seinen Landsleuten geholfen? Tipp: Durch die fehlenden Arbeitskräfte wurde die deutsche Kriegswirtschaft geschwächt.

Tipp für die Präsentation

- Erkläre, warum in der Heimatstadt Betton der Bahnhofsvorplatz nach Raymond Vinclair benannt worden ist.

Wahlseite Ein mutiger Unternehmer

1 Informiere dich auf dieser Seite über das Leben und Wirken von Oskar Schindler.

2 Präsentiere deine Ergebnisse der Klasse.

[1] *Originalschreibtisch aus dem Museum in Krakau und die Schreibmaschine, auf der die Liste getippt wurde. Porträt von Oskar Schindler.* Fotos.

Oskar Schindler

Oskar Schindler (1908–1974) war der Sohn eines Fabrikanten. Nach dem Abbruch der Realschule machte er eine Ausbildung im Maschinenbau und arbeitete anschließend in der Fabrik seines Vaters. Von 1936 bis 1939 war er als Spion für den deutschen Geheimdienst tätig. Nach dem Einmarsch der deutschen Truppen in Polen kaufte Schindler ehemalige jüdische Metallfabriken. Schindler nahm während des Kriegs Kontakt zu jüdischen Organisationen auf und wurde vorübergehend festgenommen. Als die Deutschen 1943 das Wohnviertel der Juden in Krakau brutal auflösten, gelang es Schindler durch Bestechung, jüdische Arbeiter als „kriegswichtig" zu erklären und in seinem eigenen Unternehmen zu beschäftigen. 1944 schaffte es Schindler, 800 bereits in Konzentrationslager gebrachte Männer und 300 nach Auschwitz abtransportierte Frauen in seine Fabrik zurückzuholen. Insgesamt hat Oskar Schindler zusammen mit seiner Frau 1200 Juden vor dem sicheren Tod bewahrt.

Für seine Verdienste wurde er – nach seinem Tod – vom Staat Israel mit dem Ehrentitel „Gerechter unter den Völkern" ausgezeichnet.

Durch den Film „Schindlers Liste" (1993) erlangte die Geschichte der Rettung von Juden durch Oskar Schindler eine weltweite Aufmerksamkeit.

Tipp für die Erarbeitung
- einen Lebenslauf von Oskar Schindler verfassen
- einen Text für eine Erinnerungstafel formulieren

Tipp für die Präsentation
- den Film „Schindlers Liste" ansehen und (in Teilen) der Klasse vorstellen

Wahlseite Die „Weiße Rose“

1 Informiere dich auf dieser Seite über die Widerstandsgruppe „Weiße Rose“.
2 Präsentiere deine Ergebnisse in geeigneter Form in der Klasse.

[1] *Alexander Schmorell, Mitbegründer der „Weißen Rose“.* Foto.

[2] *links: Die Geschwister Hans (von links) und Sophie Scholl mit Christoph Probst von der „Weißen Rose“.* Foto, 1942.

Die „Weiße Rose“

Die „Weiße Rose“ war eine Widerstandsgruppe um die Münchener Studenten Hans Scholl und Alexander Schmorell. Weitere bekannte Mitglieder waren Sophie Scholl, Willi Graf und Christoph Probst. Nicht alle Mitglieder der Gruppe waren von Beginn an Gegner des Nationalsozialismus. So glaubten Hans und Sophie Scholl zunächst an das von den Nationalsozialisten propagierte Gemeinschaftsideal. Beide traten der HJ bzw. dem BDM bei. An der Universität in München lernten sich die späteren Mitglieder der Gruppe kennen. Viele von ihnen studierten Medizin. Im Verlaufe ihres Medizinstudiums wurden die jungen Studenten als Hilfsärzte an die Ostfront abkommandiert. Die verbrecherischen Eindrücke des Kriegs führten zu dem Entschluss, Widerstand gegen das Naziregime zu leisten.

Flugblätter und Parolen

Die Gruppe verschickte zunächst Flugblätter per Post an Intellektuelle* im Raum München. Nach der Niederlage von Stalingrad intensivierte die Gruppe ihre Proteste und druckte und verteilte mehrere Tausend Flugblätter. Das letzte Flugblatt der Gruppe gelangte über Umwege nach England. Flugzeuge der Engländer warfen es tausendfach über Deutschland ab.

Neben den Flugblättern schrieb die Gruppe auch Parolen an Hauswände: „Massenmörder Hitler“, „Freiheit“ oder „Nieder mit Hitler“ sind in Polizeiakten überliefert.

Verhaftung und Todesurteile

Am 18. Februar 1943 wurden die Geschwister Scholl dabei beobachtet, wie sie Flugblätter in der Universität auslegten. Sie wurden sofort von der Gestapo* verhaftet. Weitere Mitglieder der Gruppe wurden in den nächsten Tagen verhaftetet. Am 22. Februar 1943 wurden Christoph Probst und die Geschwister Scholl zum Tode verurteilt. Das Urteil wurde am selben Tag vollstreckt. Drei weitere Mitglieder der Gruppe wurden zu einem späteren Zeitpunkt hingerichtet, andere Mitglieder zu langen Haftstrafen verurteilt.

* *der/die* **Intellektuelle**: ein Mensch mit hoher Bildung, der seinen Verstand benutzt

die **Gestapo:** Abkürzung für Geheime Staatspolizei. Sie war die politische Polizei des Naziregimes, die alle politischen Gegner und Minderheiten verfolgte.

Tipp für die Erarbeitung
- Beschreibe mit eigenen Worten, wie die Mitglieder der „Weißen Rose“ Widerstand geleistet haben.

Tipp für die Präsentation
- Gestalte ein Lernplakat über die „Weiße Rose“.

☒ Wahlseite Ilse Heinrich wird verfolgt

1 Informiere dich auf dieser Seite über das Schicksal von Ilse Heinrich.
2 Präsentiere deine Ergebnisse in geeigneter Form in der Klasse.

[1] *Ilse Heinrich.* Foto, um 1944.

Ilse Heinrich wurde am 17. Juli 1924 in der Nähe von Wismar geboren. Ihre Familie lebte in einfachen Verhältnissen. Als Ilse sechs Jahre alt war, starb ihre Mutter an der Lungenkrankheit Tuberkulose. Ilse musste schon als Kind regelmäßig auf dem Feld mithelfen und hatte wenig Zeit, sich auf die Schule vorzubereiten. 1939 verließ sie mit einem Volksschulabschluss die Schule. Ihr Wunsch, eine Ausbildung als Krankenschwester zu beginnen, scheiterte an ihrer schlechten Schulbildung. Sie musste stattdessen wieder auf einem Bauernhof arbeiten. Mit dieser Situation war sie sehr unglücklich. Um der Arbeits- und Lebenssituation zu entkommen, floh sie mehrmals.
Doch die Polizei suchte und fand sie jedes Mal. Durch ihre wiederholten Fluchtversuche wurde sie als „arbeitsscheu" klassifiziert und 1943 ins Arbeitshaus im Schloss Güstrow eingeliefert.

Ilse Heinrich erinnert sich:
Ins Arbeitshaus gebracht hat mich die Kriminalpolizei, die war ja auch schon so eine halbe Gestapo ... In deren Augen galt ich als arbeitsscheu, Rumtreiberin oder was. Ja, so kam ich 1943 ins Arbeitshaus nach Güstrow in das Schloss. Jeden Morgen sind wir geschlossen marschiert aufs Feld zum Bauern. Wir hatten unseren schwarzen Rock mit weißen Schürzen an ...

[2] *zit n.: https://zumfeindgemacht.de/fall/ilse-heinrich/, Zugriff 16.5.2024*

Im August 1944 wurde Ilse in das Frauen-KZ Ravensbrück überstellt. Sie wurde in einer überfüllten Baracke untergebracht, musste schwer arbeiten und Hunger leiden.

Ilse Heinrich erzählt weiter:
Gleich hinter dem Tor war das Bad, so wurde das genannt, da wurden die Haare runtergeschoren, die Klamotten ausgezogen und dann kriegten wir unsere gestreiften Kleider an, die Nummer drauf – wir waren ab dann ja nur noch Nummern ... Die wollten uns mit der Kälte, mit der Arbeit und dem Hunger kaputt machen.

[3] *zit n.: https://zumfeindgemacht.de/fall/ilse-heinrich/*

Kurz vor Kriegsende erkrankt sie schwer und wurde ins Krankenlager eingeliefert. Da die Front näher rückte, wurde das Lager geräumt. Ilse wurde geschwächt auf der Krankenstation zurückgelassen. Ihr Leiden war jedoch noch nicht vorbei. Russische Soldaten, die im Konzentrationslager eintrafen, vergewaltigten sie.
Ilse überlebte den Krieg. Als Zeitzeugin berichtete sie offen über die erlebten Gräuel. Neben dieser Tätigkeit kämpfte sie lange für eine Entschädigung. Erst ab 1995 erhielt sie eine Zusatzrente. Ilse Heinrich starb im August 2023 in Berlin.

Tipp für die Erarbeitung
- Erstelle eine Stichwortliste zum Leben von Ilse Heinrich.

Tipp für die Präsentation
- Recherchiere nach zusätzlichen Informationen im Internet.

Methode Besuch einer Gedenkstätte

In Deutschland gibt es an vielen Orten Gedenkstätten, die an Menschen oder Ereignisse erinnern. Oft wird dort der Opfer des Nationalsozialismus gedacht. Es sind meistens Orte, an denen etwas geschehen ist. Die Gedenkstätten laden uns ein, uns über die Geschehnisse zu informieren. Sie helfen uns, die Erinnerung zu erhalten. Sie ermahnen uns, unsere Mitmenschen, unsere Freiheit und unsere Demokratie zu schützen.

Es gibt einige sehr bekannte Gedenkstätten. Aber es gibt auch sehr viele fast unscheinbare Erinnerungsorte, die uns verdeutlichen, dass das System des Nationalsozialismus überall unterdrückt, gestraft und gemordet hat. Bestimmt gibt es auch in eurer Nähe Erinnerungsorte und Gedenkstätten.

1 Recherchiere, ob es Gedenkstätten in deiner Umgebung gibt.

Schritt	Tipps
1. Schritt Vorbereitung	
▪ Welche Gedenkstätten gibt es in der Umgebung?	▪ Internetrecherche nach Gedenkstätten
▪ Wo finde ich Informationen über die Gedenkstätte?	▪ offizielle Internetseite der Gedenkstätte
▪ Wann ist die Gedenkstätte geöffnet? Gibt es Führungen? ▪ Muss ein Termin reserviert werden?	▪ telefonisch oder per E-Mail Kontakt zur Gedenkstätte aufnehmen
▪ Wie komme ich zu der Gedenkstätte?	▪ App zum öffentlichen Nahverkehr
2. Schritt inhaltliche Planung	
▪ An was wird in der Gedenkstätte erinnert? ▪ Wie ist die Gedenkstätte aufgebaut? Was kann ich besichtigen?	▪ Internetrecherche ▪ offizielle Internetseite der Gedenkstätte
▪ Gibt es Materialien zur Vorbereitung wie einen Katalog oder Internetseiten?	▪ telefonisch oder per E-Mail Kontakt zur Gedenkstätte aufnehmen
▪ Welche Fragen habe ich zu der Gedenkstätte?	▪ in der Klasse gemeinsam Fragen sammeln
▪ Welche Verhaltensregeln gelten für den Besuch der Gedenkstätte?	▪ Gespräch mit der Lehrkraft
3. Schritt Besuch vor Ort	
▪ Wie läuft der Besuch vor Ort genau ab?	▪ Pläne, Infobereich, Broschüren, Kataloge und Hinweise beachten
▪ Dürfen Fotos gemacht werden?	▪ Kontakt zum Personal der Gedenkstätte aufnehmen
▪ Wie dokumentiere ich den Besuch?	▪ Notizen, Arbeitsaufträge, Fotos (wenn erlaubt)
4. Schritt Auswertung	
▪ Welche Fragen müssen noch geklärt werden?	▪ Austausch mit der Lehrkraft, Recherche
▪ Wie präsentiere ich Ergebnisse?	▪ Arbeitsaufträge, Vorträge, Austausch, Diskussion
▪ Wie arbeite ich das Erlebte auf?	▪ Sammlung und Aussprache über erlebte Gefühle und Eindrücke
▪ Was ist bei dem Besuch gut oder weniger gut gelaufen?	▪ Reflexionsgespräch

[1] *Die Hotclub Combo aus Frankfurt: Diese Jugendlichen spielten heimlich Swing*. Foto, 1940.

[2] *Jazz galt während der NS-Zeit als undeutsch und „entartet". Karikatur, Ludwig Tersch, auf einer Broschüre zur Propaganda-Ausstellung „Entartete Musik", 1938.*

Jugend-Konzentrationslager Moringen

Sich von der Erwachsenenwelt abzugrenzen, eigene Vorlieben und Werte zu entwickeln gehört zur Lebensphase der Jugend dazu. In der NS-Zeit konnte das lebensgefährlich sein. Wer einer anderen Jugendbewegung als der Hitlerjugend (HJ) angehörte, wurde verfolgt. Jugendliche, die sich auflehnten oder Swing* hörten und dazu tanzten, wurden von den Nationalsozialisten als „verwildert" oder „verwahrlost" bezeichnet. Die Gestapo war hinter ihnen her.

Wurden sie aufgegriffen, wurden sie streng verhört und dabei geschlagen, wenn sie nicht sofort antworteten. Wer etwa auf die Frage warum er nicht zu HJ will, sagte „Ich möchte nicht zur HJ, ich möchte ein freier Mensch sein!", dem drohte die Einweisung ins Jugend-KZ. Die Jugendlichen wurden dort gequält und ausgebeutet. Viele starben an Entkräftung und Unterernährung. In der Gedenkstätte Moringen in der Nähe von Northeim wird an diese Jugendlichen erinnert.

* *der* **Swing:** Stilrichtung des Jazz, zu der schwungvoll getanzt wurde; galt unter den Nationalsozialisten als „entartete Musik".

2 Vergleiche die Checkliste der H9 mit den 4 Schritten links. Hat die Klasse alles Wichtige beachtet? Würdest du noch etwas ergänzen?

Checkliste H9: Exkursion nach Moringen

- Informationsbeschaffung auf der Website der Gedenkstätte
- Kontaktaufnahme mit der Gedenkstätte: freie Termine, Angebote, Dauer und Preis
- Barrierefreiheit: prüfen, ob man mit dem Rollstuhl überall hinkommt
- Anfahrt und Abfahrt klären
- Recherche im Unterricht zum Thema Swingjugend, Fragen sammeln
- Vereinbarung über die Dokumentation unserer Fahrt; Ziel: Präsentation erstellen, Zuteilung einzelner Themen
- Verteilung von Aufgaben: kleine Themen für den Besuch zuweisen z.B. Einzelschicksale vorstellen, wer macht Fotos?
- Absprache von Verhaltensregeln
- Vorstellung der Präsentation in der Parallelklasse
- ein Swing-Musikstück aussuchen und in der Klasse vorspielen

[3] *Checkliste*, Autorentext.

Das kann ich!

Versuche zunächst, die Aufgaben auf dieser Doppelseite zu lösen, ohne im Kapitel nachzusehen. Wenn du Hilfe brauchst, kannst du bei den Aufgaben nachschlagen. Dort sind in Klammern die Seiten angegeben.

der Blitzkrieg	vom Nationalsozialismus befreien
der Holocaust	Form des Angriffskriegs
die Kapitulation	Verbündete gegen Deutschland
die Alliierten	Judenvernichtung
die Entnazifizierung	erzwungene Arbeit
die Zwangsarbeit	Niederlage im Krieg

[1] *Begriffe und ihre Bedeutung.*

September 1939	Kriegseintritt der USA
Juni 1941	Kriegsende in Europa
Dezember 1941	Abwurf von zwei Atombomben auf Japan
Mai 1945	Angriff auf die Sowjetunion
August 1945	deutscher Angriff auf Polen

[2] *Daten und Ereignisse.*

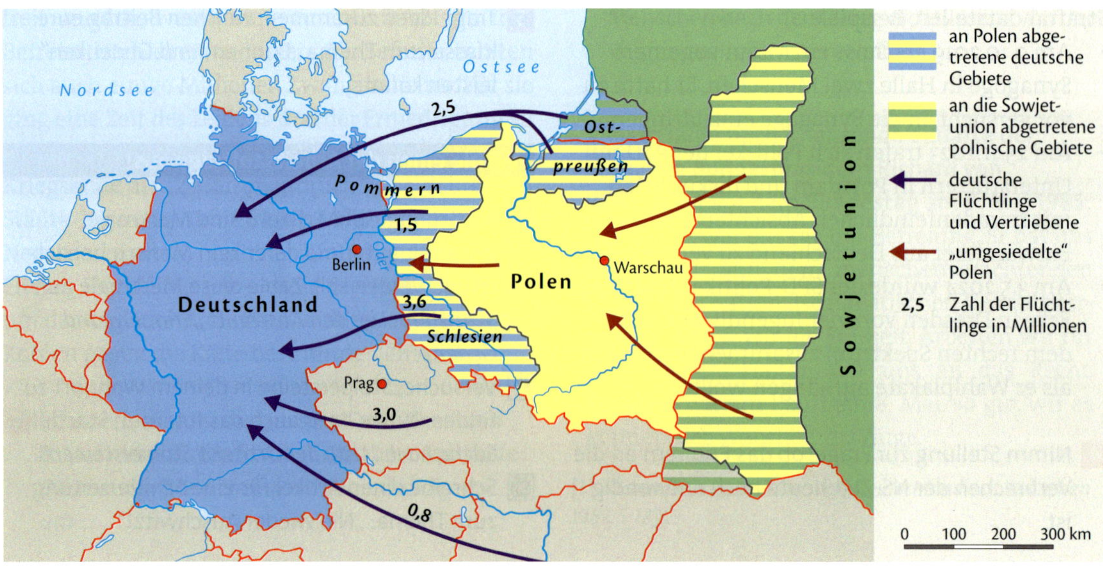

[3] *Flucht und Vertreibung von Deutschen und Polen nach dem Zweiten Weltkrieg.* Karte.

[4] *Karikatur aus der amerikanischen Zeitschrift „The Nation“,* 1933.

[5] *Ermordung von Zivilisten durch die Wehrmacht in Jugoslawien.* Foto, 1941.

[6] *Konzentrationslager Auschwitz. Gefangene Juden aus Ungarn sind angekommen und warten auf der Bahnrampe; davor stehen SS-Aufseher.* Foto, 1944.

Sachkompetenz

1 Ordne den Begriffen in [1] die richtige Erklärung zu.

2 Ordne den Daten in [2] die entsprechenden Ereignisse zu.

3 Erläutere, wie es zum Zweiten Weltkrieg kam. (S. 46/47)

4 Zähle auf, welche Auswirkungen der Bombenkrieg für viele Zivilisten hatte. (S. 42/43)

5 Berichte über den „Vernichtungskrieg“ und erläutere, was er für die Menschen in Osteuropa bedeutete. Nimm dazu auch das Foto [5] zu Hilfe. (S. 50/51)

6 Berichte über den „Holocaust“: Opfer, Täter, Lager, Selektion, Massenmord usw. Nimm dazu auch das Foto [6] zu Hilfe. (S. 52/53)

Methodenkompetenz

7 Erläutere mithilfe der Karikatur [4] die frühe Außenpolitik Hitlers. (S. 46/47)

8 Werte die Karte [3] aus. (S. 62/63)

Urteilskompetenz

9 Beurteile, warum der Widerstand in der NS-Zeit für die Widerstandskämpfer so gefährlich war. (S. 54/55)

10 Beurteile, ob das Kriegsende am 8. Mai 1945 eine Niederlage oder eine Befreiung war. (S. 68/69)

Handlungskompetenz

11 Plane den Besuch einer Gedenkstätte. Welcher Ort käme infrage? Nutze die Methodenseite 64/65.

12 Entwirf Ideen, wie deine Schule den Gedenktag am 27. Januar (Tag der Befreiung von Auschwitz) begehen könnte. (S. 69)

Teste dich

Hier waren Deutschland und
Europa bis zum 12. November 1989
um 7:58 Uhr geteilt.

Leben in zwei deutschen Staaten

Die innerdeutsche Grenze
Solche Schilder, die dich auf die frühere Teilung Deutschlands und Europas hinweisen, kannst du in einigen Bundesländern sehen.

1. Fasse zusammen, was du aus dem Bild über die Geschichte erfährst.
2. Vermute, welche Folgen die Teilung für die Menschen gehabt haben könnte.
3. Sammelt in der Klasse eure Fragen zum Thema „Leben in zwei deutschen Staaten".

Orientierung

[1] *Deutschland nach dem Zweiten Weltkrieg.* Karte.

1 Untersuche die Karte [1]:
- Welche Besatzungszonen gab es?
- Welche Amtssprachen wurden in Hannover, Freiburg, Frankfurt und Leipzig gesprochen?

Deutschland nach 1945

Die Geschichte Deutschlands nach 1945 lässt sich in die folgenden Phasen einteilen.

1945–1949: Die Besatzungszeit

Am 8. Mai 1945 war in Europa der Krieg vorbei. Deutschland war besiegt. Die Siegermächte USA, Sowjetunion, Großbritannien und Frankreich teilten Deutschland in vier Besatzungszonen auf. Dort übernahm jeweils eine der Mächte die Kontrolle und Verwaltung. Das Ziel der Siegermächte war, dass Deutschland nie wieder groß und mächtig werden durfte. Das Land sollte nie mehr zur Gefahr für die übrige Welt werden.
Die Stadt Berlin wurde aufgrund ihrer besonderen Bedeutung in vier „Sektoren“ (Bereiche) aufgeteilt. Jede Besatzungsmacht erhielt die Kontrolle über einen Sektor.

1949–89: Existenz zweier deutschen Staaten

1949 wurden zwei deutsche Staaten gegründet: Aus den westlichen Besatzungszonen, die von Großbritannien, den USA und Frankreich verwaltet wurden, entstand die Bundesrepublik Deutschland. In der von der UdSSR verwalteten Ostzone wurde die DDR gegründet. Beide Staaten existierten etwa 40 Jahre lang nebeneinander.

1961: Bau der Berliner Mauer

Mit dem Bau einer Mauer in Berlin wollte die Regierung der DDR ihre Bürgerinnen und Bürger daran hindern, die DDR in Richtung Westen zu verlassen. Fluchtversuche wurden mit Gefängnis bestraft. DDR-Grenzsoldaten hatten den Befehl, auf Flüchtende zu schießen.

1989/90: Die Wiedervereinigung

Nach dem Fall der Berliner Mauer im November 1989 gab es in der DDR zum ersten Mal freie, demokratische Wahlen. Im März 1990 gewann die Partei die Wahl, die einen Zusammenschluss von beiden deutschen Staaten befürwortete.
Bald darauf kam es zur Währungsunion (1. Juli) und am 3. Oktober zum Anschluss der DDR an die Bundesrepublik Deutschland. Dieses Ereignis wird bis heute als „Tag der Deutschen Einheit“ gefeiert.

2 Wie weit liegt dein Schulort ungefähr von der ehemaligen deutsch-deutschen Grenze entfernt? Nutze deinen Atlas.

- **6. August 1945**
  erster militärischer Einsatz einer Atombombe durch die USA auf die japanische Stadt Hiroshima
- **1945**
  Endes des Zweiten Weltkriegs
- **1945/46**
  Flucht und Vertreibung von 12 Millionen Menschen
- **1945–1949**
  Besatzungszeit
- **1949**
  Gründung der Bundesrepublik Deutschland und der DDR
  erste Zündung einer sowjetischen Atombombe zu Testzwecken
- **17. Juni 1953**
  Volksaufstand in der DDR
- **ab 1955**
  BRD beginnt Anwerbung von „Gastarbeitern“
  Wiederbewaffnung beider deutscher Staaten
- **13. August 1961**
  Bau der Berliner Mauer
- **1962**
  Kuba-Krise
- **1969–1975**
  „Ostverträge“ und „Konferenz für Sicherheit und Zusammenarbeit in Europa“ (KSZE)
- **9. November 1989**
  Fall der Berliner Mauer
- **3. Oktober 1990**
  Wiedervereinigung beider deutscher Staaten

Leben in zwei deutschen Staaten

Die Nachkriegszeit

Ist nach dem Kriegsende alles wieder gut?

[1] *Kochen und leben in den Ruinen der Nürnberger Innenstadt.* Foto, Tony Vaccaro, August 1945.

[2] *In solchen Notunterkünften, sogenannten Nissenhütten, lebten Menschen, die keine richtige Wohnung mehr hatten.* Foto, 1953 in Hamburg.

Kriegszerstörungen und Wohnungsnot

Als im Mai 1945 die Waffen schwiegen und der Krieg in Europa beendet war, lagen viele Städte und Landstriche in Schutt und Asche. Das Leben und Denken der Menschen in Ost- und Westeuropa waren bestimmt von den Sorgen um:

- das eigene Überleben und das Überleben der Angehörigen
- das Schicksal der Gefangenen, Vertriebenen und Vermissten
- ausreichenden Wohnraum
- eine ausreichende Versorgung mit Lebensmitteln

Mit Ausnahme der Schweiz und Schweden herrschte in Europa große Not. Schlechte Ernten führten in Osteuropa zu einer großen Hungersnot. Aber auch im Westen Europas wurde gehungert, da auch hier Missernten und der Zusammenbruch des Versorgungssystems in den Jahren 1946 und 1947 das Angebot an Lebensmitteln deutlich verknappte.

1947 schrieb ein amerikanischer Journalist über die Situation in Europa:

... Von allem gibt es zu wenig – zu wenig Züge, Straßenbahnen, Omnibusse und Autos, mit denen die Menschen pünktlich zur Arbeit kommen. Zu wenig Mehl, um Brot ohne Zusatzstoffe backen zu können, und nicht genug Brot, das Energie für schwere Arbeit liefern würde. Zu wenig Papier, als dass die Zeitungen über mehr als nur einen Bruchteil der Weltgeschehnisse berichten könnten; zu wenig Saatgut und zu wenig Dünger; zu wenig Wohnhäuser und nicht genug Glas für Fenster, zu wenig Leder für Schuhe, Wolle für Pullover, Gas zum Kochen, Baumwolle für Windeln, Zucker für Marmelade, Fett zum Braten, Milch für Babys, Seife zum Waschen.

[3] *Fish, Hamilton, zit. n.: Judt, Tony: Die Geschichte Europas seit dem Zweiten Weltkrieg, München (Hanser) 2006, S. 122.*

1 Lies den Text. Formuliere dann 3 Gedanken, die die Frauen auf Bild [1] haben könnten.

2 Beschreibe die in [3] dargestellten Lebensumstände. Was bedeuteten sie konkret für die Menschen in Deutschland nach 1945?

Sprachspeicher

es herrscht Not • etwas wird knapp • *die* Waffen schweigen > *der* Kampf ist vorüber, es wird nicht mehr geschossen • *die* Missernte > eine sehr schlechte Ernte

2: Die Menschen mussten nach dem Krieg damit zurechtkommen, dass ihnen ganz viel fehlte.
Wenn eine Scheibe kaputtging, konnte man nicht ...
Wenn ein Kleidungsstück fehlte, ...

[4] *Eine Frau in Berlin hat ein Care-Paket erhalten. Die Care Pakete aus den USA enthielten kalorienhaltige und lang haltbare Lebensmittel.* Foto, zwischen 1945 und 1949.

[5] *Jungen bieten in Berlin Schuhe auf dem Schwarzmarkt zum Verkauf an. Der Handel auf dem Schwarzmarkt war verboten, aber für viele lebenswichtig.* Foto, 1945.

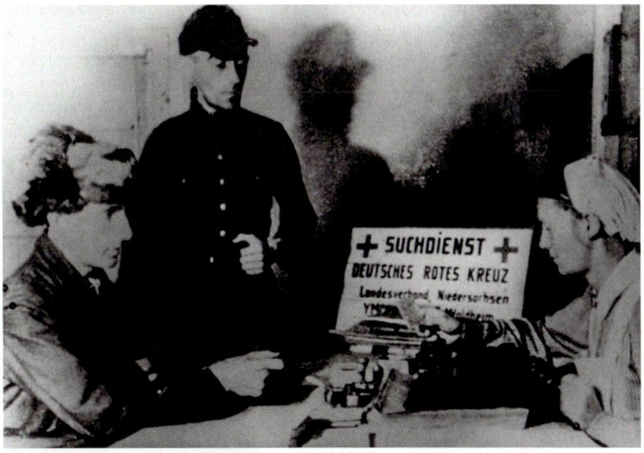

[6] *Soldaten, die aus dem Krieg heimkehren, werden von einer Mitarbeiterin des Roten Kreuzes in Hannover befragt. Nicht nur Soldaten, sondern auch auf der Flucht verloren gegangene Kinder oder Familienangehörige wurden gesucht.* Foto, um 1948.

[7] *Schulspeisung: Sie war wichtig, um die Kinder zu ernähren. Viele ausländische Staaten, z. B. USA, Großbritannien, Schweden, Schweiz, finanzierten Schulspeisungen wie diese in Hamburg.* Foto, 1946.

3 Fasse zusammen, was du aus den Bildern über das Leben in der Nachkriegszeit erfährst.

Wähle einen der Arbeitsaufträge aus:

- Ordne die Bilder den Themen Versorgung, Ernährung, Wohnen und Vermisstensuche zu.
- Recherchiere zum Thema eines Fotos im Internet und erstelle dazu eine Zusammenfassung.
- Formuliere aus der Sicht eines Jugendlichen im Jahr 1946, wie er die Gegenwart in Deutschland erlebt und was er von der Zukunft wünscht.

Sprachspeicher
der Kriegsheimkehrer • vermisste Personen suchen •
die Speisung > etwas zu Essen bekommen

Ein besiegtes und besetztes Land

Wie kann es mit Deutschland weitergehen?

[1] *Berlin: Straßenszene nach dem Kriegsende neben dem Reichstag.* Foto, 1945.

1 Beschreibe das Bild [1].

2 Formuliere mögliche Gedanken oder Gefühle einer abgebildeten Person.

Besatzungsherrschaft

Schon vor der Kapitulation hatten die USA, Großbritannien und die Sowjetunion beschlossen, Deutschland nach dessen Niederlage in Besatzungszonen aufzuteilen (vgl. S. 250). Dasselbe sollte mit Berlin geschehen. Trotz der Aufteilung wollte man das besiegte Land gemeinsam mithilfe eines Alliierten Kontrollrates regieren. Auch Frankreich wurde beteiligt und erhielt Besatzungsgebiete. In den Besatzungszonen regelten die Militärverwaltungen der jeweiligen Besatzungsmacht die Fragen des Alltagslebens, so z. B. die Versorgung mit Wasser, Strom, Heizmaterial und Lebensmitteln. Solche Militärverwaltungen gab es in jeder Stadt und jedem größeren Ort.

3 Fasse den Inhalt dieses Abschnitts in eigenen Worten zusammen. Verwende diese Begriffe: Frankreich, Vertriebene, Alliierter Kontrollrat, Militärregierung, Alltagsleben.

Unterbringung

Besonders wichtig war die Zuteilung von Wohnraum, denn viele Städte waren zerstört und aus den Ostgebieten kamen etwa 12 Millionen Vertriebene, die untergebracht werden mussten. Familien, die Wohnraum hatten, mussten nach dem Krieg zusammenrücken und auf Anweisung der Militärregierung „Ausgebombte“ oder Vertriebene bei sich aufnehmen. Das führte zu Konflikten. In der britischen Besatzungszone war jeder siebte und in der amerikanischen Besatzungszone fast jeder sechste ein Flüchtling.

Gesetz Nr. 18, Artikel VI. Dieses Gesetz erlaubte es den Militärregierungen, auf die Häuser und Wohnungen zuzugreifen und

- Wohnräume, die nicht zum Wohnen genutzt wurden, Flüchtlingen als Wohnraum zuzuweisen,
- einen Wohnungstausch anzuordnen, wenn dies eine bessere Verteilung des Wohnraums bedeutet.

[2] *Amtsblatt des Kontrollrats in Deutschland 1946, Nr. 5, S. 117,* Auszug.

4 Beurteile, wie es für dich wäre, deine Wohnung plötzlich mit einer anderen Familie teilen oder tauschen zu müssen?

Sprachspeicher

die Militärregierungen *der* Besatzungsmächte • Wohnraum zuteilen oder zuweisen • vertrieben werden

ein Flüchtling sein • in einem Lager leben • ausgebombt sein > keine Wohnung mehr haben, weil Bomben sie zerstört haben

[3] *Der Konferenztisch in Potsdam mit Teilnehmern aus den USA, der UdSSR und Großbritannien.* Foto, 1945.

Das Potsdamer Abkommen

Vom 17. Juli 1945 bis zum 2. August 1945 berieten die Sowjetunion, Großbritannien und die USA in Potsdam darüber, welche Ziele sie mit der Besetzung Deutschlands verfolgen. Diese Ziele wurden auch als „5 D" bezeichnet:

- **Demilitarisierung:** In Deutschland darf es keine Waffen, kein Militär und keine Waffenproduktion mehr geben.
- **Demontage:** Produktionsanlagen werden abgebaut. Die Besatzungsmächte erhalten sie als Kriegsentschädigung.
- **Denazifizierung:** Die NSDAP ist verboten, Parteien mit ähnlichen Zielen auch, auch NS-Propaganda wird verboten.
- **Demokratisierung:** Deutschland soll ein demokratisches System erhalten, Kinder sollen durch Bildungseinrichtungen demokratisch geprägt werden.
- **Dezentralisierung:** Wichtige politische Entscheidungen sollen in den Bundesländern der Besatzungszonen gefällt werden.

5 Fasse den Inhalt von jedem „D" in einem Satz zusammen. **Starthilfe:** ***Die Sätze könnten so beginnen: Deutschland soll ...***

6 Ordne drei „D" eine passende Textstelle der Quelle [4] zu.

Aus einer Anweisung für die amerikanische Militärregierung

Das Hauptziel der Alliierten ist es, Deutschland daran zu hindern, je wieder eine Bedrohung des Weltfriedens zu werden. Wichtige Schritte zur Erreichung dieses Zieles sind

- die Ausschaltung des Nazismus und des Militarismus in jeder Form,
- die sofortige Verhaftung der Kriegsverbrecher zum Zwecke der Bestrafung,
- die industrielle Abrüstung und Entmilitarisierung Deutschlands mit langfristiger Kontrolle des deutschen Kriegspotenzials und
- die Vorbereitungen zu einem späteren Wiederaufbau des deutschen politischen Lebens auf demokratischer Grundlage.

[4] *Direktive der Vereinigten Stabschefs der amerikanischen Streitkräfte für die Militärregierung in Deutschland (JCS 1067), Fassung April 1945,* Auszug.

Wähle einen der Arbeitsaufträge aus:

- Erkläre, warum eure Wohnung, euer Haus oder dein Zimmer für dich wichtig ist. Überlege, welche Konflikte es damals geben konnte, als Familien Vertriebene in ihrer Wohnung aufnehmen mussten.
- Beschreibe in deinen Worten die Aufgaben und die Ziele der Besatzungsmächte.
- Diskutiert, welche Vor- und welche Nachteile die Deutschen durch die Besatzungsmächte hatten.

Sprachspeicher

der Abbau von Produktionsanlagen • jemanden demokratisch prägen > jemandem beibringen, wie Demokratie funktioniert

ein Land entmilitarisieren > militärische Anlagen abbauen und *das* Militär auflösen

Üben

Wahlseite Die Hauptstadt Berlin

1 Lies den Text und nutze dazu den Lese-Profi hinten im Buch. Arbeite gemeinsam mit deinem Lernpartner oder deiner Lernpartnerin.

2 Erstellt eine Präsentation. Zeigt darin die Bilder. Recherchiert auch dazu. Informiert zu den Stichworten Wiedervereinigung, Anziehungspunkte für Touristen, Wohnraum.

[1] *Das Brandenburger Tor ist das bekannteste Wahrzeichen Berlins.* Foto, 2020.

[3] *Der Fernsehturm ist mit 368 Metern das höchste Gebäude Deutschlands.* Foto, 2020.

[2] *Die „East Side Gallery", ein erhaltenes Stück der Berliner Mauer mit Graffiti.* Foto, 2020.

[4] *„Checkpoint Charlie", ein ehemaliger Grenzübergang zwischen Ost und West.* Foto, 2020.

Hauptstadt des vereinten Deutschlands

Mit der **Wiedervereinigung** am 3. Oktober 1990 wurde Berlin **Hauptstadt** des wiedervereinten Deutschlands. Seit 1999 ist Berlin auch Sitz des Deutschen Bundestages und der Regierung. Die Verlegung von Parlament und Regierung von Bonn, der alten Hauptstadt, nach Berlin war aufwendig und dauerte einige Zeit. In Berlin befindet sich der **Reichstag**, in dem sich der **Deutsche Bundestag** versammelt, und das Kanzleramt in der Nähe des Brandenburger Tors.

Die Metropole

Mit 3,9 Millionen Einwohnern ist Berlin die **größte Stadt Deutschlands**. Über 170 Museen, 150 Theatern, 3 Opernhäusern und 90 Kinos machen die Metropole zum **kulturellen Zentrum Deutschlands**. Es gibt viele Parks, Restaurants, Cafés und Bars. Deshalb ist die Stadt ein Anziehungspunkt für **Touristen**. Etwa 12 Millionen Menschen besuchten 2023 die Bundeshauptstadt, fast die Hälfte davon kam aus dem Ausland.

Ganze Stadtteile wurden seit der Wiedervereinigung saniert. Daher nannte man Berlin auch „die größte Baustelle Europas". An Orten wie der Bernauer Straße oder der „East Side Gallery" kann man die **frühere Teilung der Stadt** heute noch erkennen.

Starker **Zuzug** ließ die Kaufpreise für Häuser und Wohnungen sowie die **Mieten** in den vergangenen Jahren **stark steigen**. Menschen mit einem normalen Einkommen können hier Wohnraum oft nicht mehr bezahlen.

Tipp für die Erarbeitung

- Was hast du über Berlin erfahren? Seit wann ist Berlin wieder die Hauptstadt des vereinten Deutschlands?
- Erkläre, warum so viele Touristinnen und Touristen in die Stadt kommen.

Wahlseite Volksaufstand in der DDR

1 Informiere dich auf dieser Seite über den 17. Juni 1953.
2 Präsentiere deine Ergebnisse in geeigneter Form der Klasse.

[1] *Demonstranten und sowjetische Panzer in Ostberlin.* Foto, 17. Juni 1953.

Volksaufstand in der DDR

Am 17. Juni 1953 legten in der DDR viele Menschen ihre Arbeit nieder und **protestierten** gegen die Regierung. Dabei waren solche Streiks und **Demonstrationen** eigentlich verboten. Was war geschehen? Bereits einen Tag zuvor hatte es in Ostberlin **Streiks** gegeben, weil die Regierung die „Arbeitsnorm" erhöht hatte. Das bedeutete: Die Menschen sollten für dasselbe Geld mehr arbeiten. In der DDR war der **Lebensstandard** erheblich **schlechter** als in der Bundesrepublik. Viele Menschen waren **unzufrieden**. Die Erhöhung der „Arbeitsnorm" löste nun einen landesweiten Protest aus.
Zunächst verlangten die Demonstranten eine **Rücknahme der Arbeitsnorm**. Doch dann richtete sich der Protest gegen die Regierung selbst. Sie forderten nun den **Rücktritt der Regierung**, die Zulassung anderer Parteien, freie, geheime und direkte Wahlen, die Freilassung aller politischen Gefangenen und die **Abschaffung der Zonengrenze**.

Die Sowjetunion greift ein

Die Regierung der DDR bekam die Situation nicht in den Griff, obwohl sie etwa 8000 Volkspolizisten einsetzte. Schließlich kam ihr **die Sowjetunion** zur Hilfe. Russische Panzer rollten durch die Straßen. Verzweifelte Bürger versuchten, die Panzer zu behindern, indem sie Antennen abknickten oder Balken zwischen die Ketten schoben. Doch es war ein ungleicher Kampf: 20 000 bewaffnete **Soldaten** der Roten Armee **schlugen den Aufstand nieder**.
Es gibt keine genauen Opferzahlen. Man geht davon aus, dass etwa 40 Menschen erschossen wurden. 19 **Aufständische** wurden von sowjetischen Standgerichten **zum Tode verurteilt** und sofort hingerichtet.
Von der DDR-Justiz wurden später über 1500 Menschen vor Gericht gestellt. Zwei erhielten die Todesstrafe, Hunderte wurden zu zum Teil langjährigen Gefängnisstrafen verurteilt.
Der **17. Juni** war in der Bundesrepublik bis 1990 **Gedenktag** für die **Opfer des Aufstands**.

Tipp für die Erarbeitung
- Du kannst beim Lesen die Schritte des Lese-Profis anwenden. Was hast du über den Volksaufstand erfahren?

Tipp für die Präsentation
Gliedere deinen Vortrag unter den Überschriften: „Beginn", „Forderungen", „Niederschlagung" und „Opfer".

☒ Wahlseite Soziale Marktwirtschaft in der BRD

1 Informiere dich auf dieser Seite über die soziale Marktwirtschaft.

2 Präsentiere deine Ergebnisse in geeigneter Form in der Klasse.

Die Wirtschaft boomt

In der Bundesrepublik wurde das Prinzip der „sozialen Marktwirtschaft" eingeführt. Das bedeutet, dass jede Person das Recht hat, Geschäfte zu tätigen und Geld zu verdienen, so lang dies im Rahmen der Gesetze geschieht. Der Staat verpflichtet sich im Gegensatz dazu, alle Bürgerinnen und Bürger durch die Sozialversicherungen abzusichern und zu unterstützen. Häuser und Fabriken wurden gebaut, neue Maschinen gekauft und Firmen gegründet. Die Menschen hatten Arbeit, verdienten Geld, das sie wieder für Waren ausgaben. Das kurbelte die Wirtschaft an. Für viele Menschen stieg seit den 1950er-Jahren der Lebensstandard: Sie konnten sich reichlich Nahrungsmittel, neue Haushalts- und Elektrogeräte leisten. Die Wirtschaft wuchs beständig von Jahr zu Jahr. Später spricht man über diese Zeit vom „Wirtschaftswunder".

Arbeitskräfte gesucht

Die wachsende Wirtschaft und der Bau der innerdeutschen Grenze, die den Zuzug aus der DDR bremste, sorgten dafür, dass immer mehr Arbeitskräfte in der Bundesrepublik benötigt wurden. Aus diesem Grund schloss die Regierung mit mehreren Staaten Abkommen zur Anwerbung von Arbeitskräften.

[1] *Wirtschaftswunder und Wohlstand: Werbung für Kühlschränke aus dem Jahr 1957.* Werbefoto.

Die soziale Marktwirtschaft ist die Grundlage des Wohlstands in Deutschland. Die Bundesrepublik ist eines der reichsten Länder der Erde. Deutschland ist vor allem bekannt für den weltweiten Export von Produkten.

[2] *Ankunft griechischer Arbeitskräfte.* Foto, 1960.

[3] *Das erste eigene Fernsehgerät.* Foto, 1960.

Tipp für die Erarbeitung

- Notiere wichtige Daten und Fakten als Vorbereitung für deinen Vortrag.

Tipp für die Präsentation

- Präsentiere die Fotos [1 bis 3] vergrößert der Klasse.

☒ Wahlseite Planwirtschaft in der DDR

1 Informiere dich auf dieser Seite über die Planwirtschaft der DDR.
2 Präsentiere deine Ergebnisse in geeigneter Form in der Klasse.

[1] *Warteschlange vor einem Obstgeschäft in Erfurt.* Foto, 1985.

Was bedeutet Planwirtschaft?

Wesentlich für die Entwicklung der DDR war die Übernahme des Sozialismus nach sowjetischem Vorbild. Die Regierung entwarf Fünfjahrespläne für die Produktion in Landwirtschaft und Industrie. Die Produktion und die Versorgung der Bevölkerung wurden zentral vom Staat organisiert. Dazu wurden Betriebe und Geschäfte enteignet und in Staatseigentum umgewandelt. Preise für Grundnahrungsmittel wurden vom Staat niedrig gehalten. Die Mieten waren gering. Offiziell herrschte in der DDR immer Vollbeschäftigung: Es gab keine Arbeitslosigkeit. Tatsächlich waren aber in vielen Betrieben mehr Menschen beschäftigt als notwendig.

Mangel an Waren

Die Planwirtschaft funktionierte nicht besonders gut. Produktionsziele wurden nicht erreicht, in Fabriken und auf Baustellen konnte oft nicht weitergearbeitet werden, weil Materialien oder Maschinen fehlten. Das Warenangebot war schmal. Es gab zum Beispiel nur wenige Sorten Waschmittel, Seife oder Tee. Die Qualität war schlechter und die Technik rückständiger als im westlichen Nachbarland. Die Regale der Geschäfte waren oft leer und die Menschen mussten Schlange stehen, um begehrte Waren kaufen zu können. Es mangelte an Obst und Frischgemüse. Auf einen Telefonanschluss mussten die Menschen bis zu 10 Jahre warten, auf einen „Trabant", das häufigste Auto der DDR, etwa 15 Jahre. Seit den 1970er-Jahren verschlechterte sich die wirtschaftliche Situation weiter. Die DDR war auf hohe Kredite aus der Bundesrepublik angewiesen.

Von 100 Haushalten besaßen ...

	DDR			BRD
	1960	1965	1969	1969
Waschmaschine	6	28	48	61
Kühlschrank	6	26	48	84
TV-Gerät	17	49	66	73
Pkw	5	8	14	47

Tipps für die Erarbeitung
- Notiere wichtige Daten und Fakten als Vorbereitung für deinen Vortrag.

Tipps für die Präsentation
- Beschreibe, welche Folgen die Planwirtschaft für die Menschen hatte.
- Arbeite positive und negative Auswirkungen der Planwirtschaft für die Bürgerinnen und Bürger heraus.

Ausländische Arbeitskräfte in West und Ost

Wie arbeiteten und lebten die ausländischen Arbeitskräfte in der BRD und der DDR?

[1] *Ankunft von Arbeiternehmern aus der Türkei auf dem Hauptbahnhof in München.* Foto, 1964.

[2] *Arbeitnehmer aus Spanien in ihrem Mehrbettzimmer in Oberhausen.* Foto, 1965.

1 Beschreibe die Bilder [1] und [2].

Helfer beim Wiederaufbau

Die deutsche Wirtschaft erholte sich aufgrund der Unterstützung der Besatzungsmächte in den Nachkriegsjahren schnell. Es fehlten aber in vielen Bereichen Arbeitskräfte. Aus diesem Grund warb die Bundesrepublik Deutschland (BRD) von 1955 bis 1973 Arbeitskräfte im Ausland an, die z.B. im Bergbau und in Fabriken arbeiteten. Diese Arbeitskräfte wurden „Gastarbeiter" genannt. Viele von ihnen wollten nach wenigen Jahren in ihre Herkunftsländer zurückkehren. Die Wirtschaft der BRD war bis zu Beginn der 1970er-Jahre auf ihre Arbeitskraft angewiesen und die Arbeiter verdienten mehr als in ihren Herkunftsländern.

Viele ausländische Beschäftigte holten nach einiger Zeit ihre Familien nach. Bis zu einer Wirtschaftskrise 1973 kamen 14 Millionen angeworbene Arbeitskräfte in die BRD. 11 Millionen von ihnen kehrten wieder in ihre Heimatländer zurück.

Leben am Rande der Gesellschaft

Viele Arbeitsimmigranten lebten zu Beginn in sehr einfachen Unterkünften [s. Foto 2]. Es gab keine Sprachkurse für sie. Auf gewohnte Nahrungsmittel und Speisen mussten sie oft verzichten. Heimweh nahmen sie in Kauf, um ihre Familien in ihrer Heimat zu unterstützen oder um für die eigene Zukunft zu sparen. Oft blieben die ausländischen Arbeitnehmerinnen und Arbeitnehmer unter sich. Viele Deutsche lehnten die „Gastarbeiter" ab.

Zuwanderung ausländischer Arbeitskräfte in die BRD

Jahr	Insges.	*darunter:*				
		Italiener	Griechen	Spanier	Türken	Jugoslawen
1955	80 000	8 000	600	500	–	–
1960	329 000	144 000	21 000	16 000	3 000	9 000
1965	1 217 000	372 000	187 000	183 000	133 000	64 000
1973	2 595 000	450 000	250 000	190 000	605 000	535 000

[3] *Zuwanderung von Arbeitnehmern: Ausgewählte Jahre und Länder. Quelle: Bundesagentur für Arbeit.* Tabelle.

2 Erkläre, was es bedeutet, von der eigenen Familie getrennt zu leben.

3 Arbeite mithilfe der Tabelle und einer Karte im Atlas die geografische Gemeinsamkeit der Herkunftsländer heraus.

4 Analysiere die Tabelle. Wie entwickelte sich die Zuwanderung insgesamt? Woher kamen 1965 und 1973 die meisten ausländischen Arbeitnehmer?

Sprachspeicher

Arbeitskräfte anwerben • *der* Arbeitsimmigrant > jemand, der ins Ausland geht, um dort zu arbeiten

die Heimat verlassen • Heimweh haben

[4] *Arbeiterin aus Mosambik in einer Baumwollspinnerei in Falkenau.* Foto, 1982.

[5] *Arbeiter aus Vietnam montieren Motoren in einer Fabrik in Chemnitz.* Foto, 1990.

Arbeitskräftemangel in der DDR

Auch in der DDR fehlten Arbeitskräfte. Die DDR schloss daher Verträge mit anderen sozialistischen Staaten ab und warb Vertragsarbeiter und Vertragsarbeiterinnen aus Ungarn, Polen, Korea, Vietnam, Mosambik und Algerien an. Die Arbeitskräfte lernten Deutsch und mussten an politischen Schulungen teilnehmen. Viele dieser angeworbenen Männer und Frauen arbeiteten in der DDR in körperlich anstrengenden, weniger angesehenen Bereichen.

Vertragsarbeiterinnen aus Vietnam

Viele Vertragsarbeiterinnen kamen aus Vietnam. Sie lebten in Massenunterkünften und teilten sich Küche und Waschräume. Von der DDR-Bevölkerung sollten sie getrennt leben. Sie konnten 5 Jahre in der DDR arbeiten und hatten die Möglichkeit, begehrte DDR-Luxusgüter wie Fahrräder oder Mopeds zu kaufen und in die Heimat zu schicken. Während ihres Aufenthalts wurden sie von der Stasi und vietnamesischen Regierungsbeauftragten überwacht. Ein Verstoß gegen die sozialistische Arbeitsdisziplin führte zur Abschiebung.

5 Vergleiche die Situation von ausländischen Arbeitskräften in der BRD und Vertragsarbeitern und Vertragsarbeiterinnen in der DDR. Finde Gemeinsamkeiten und Unterschiede.

Ausschreitungen ab 1991

Angeworbene Arbeiter und Deutsche blieben sich in BRD und DDR oft fremd. Es gab wenig Austausch und oft auch wenig Verständnis für die jeweils andere Kultur. In Zeiten der Krise wurden die ausländischen Arbeitskräfte Konkurrenten um Arbeitsplätze. Hohe Arbeitslosenzahlen im Westen und der Verlust von Arbeit und Sicherheit im Osten des wiedervereinigten Deutschlands führten zu Beginn der 1990er-Jahre zu Übergriffen gegen Ausländer. In Hoyerswerda 1991 und in Rostock-Lichtenhagen 1992 gab es Brandanschläge auf ehemalige Vertragsarbeiterunterkünfte. Anwohner applaudierten, während die Bewohner Todesangst empfanden. Brandanschläge gegen türkische Familien in Mölln 1992 und Solingen 1993 forderten 7 Todesopfer.

Wähle einen der Arbeitsaufträge aus:

- Formuliere die Gefühle und Gedanken für eine Person auf jedem Bild.
- Erstelle aus der Sicht einer angeworbenen Arbeitskraft eine Liste der Vor- und Nachteile deiner Lebenssituation.
- Beurteile die Ausschreitungen von 1991. Berücksichtige auch die Bedeutung der Arbeitskräfte für die BRD und die DDR.

Sprachspeicher

Luxusgüter erwerben • gegen *die* Disziplin verstoßen

Neue Ostpolitik und Wunsch nach Frieden

Wodurch gelingt die Annäherung von West und Ost?

Wandel durch Annäherung

Der Mauerbau und die Kuba-Krise führten zu weltpolitischen Konflikten, in denen sich die USA und Sowjetunion und deren Verbündete gegenüberstanden. Die Konflikte betrafen die Bundesrepublik Deutschland und die DDR besonders. Die ersten Regierungen der Bundesrepublik hatten die DDR nicht als Staat anerkannt. Sie hielten die Teilung Deutschlands für unrechtmäßig. Daher war eine diplomatische Annäherung beider Staaten viele Jahre nicht möglich. 1969 gab es nach der Bundestagswahl erstmals eine Koalition von SPD und FDP. Der neue Regierungschef Willy Brandt (SPD) bemühte sich als erster Bundeskanzler mit seiner Regierung um eine Annäherung an die Staaten im Osten Europas. Sein Vorgehen wurde von der Opposition und Teilen der Bevölkerung stark kritisiert.

Der Grundlagenvertrag

1970 kam es zum ersten Zusammentreffen der Regierungschefs von BRD und DDR in Erfurt und in Kassel. So gelang es, einen Grundlagenvertrag zu formulieren und diplomatische Beziehungen zwischen den beiden Staaten aufzubauen.

[1] *Der Beginn der deutsch-deutschen Annäherung: Der Bundeskanzler der BRD Willy Brandt (links) trifft den Vorsitzenden des Ministerrats der DDR Willi Stoph in Erfurt.* Foto, 19.3.1970.

[2] *Arbeiter demonstrieren für die Ostverträge.* Foto, 1972.

Verträge mit der Sowjetunion, Polen und der Tschechoslowakei führten zu gegenseitigen Gewaltverzichtserklärungen und zur Anerkennung der Grenzen. Mit dem unerwarteten Kniefall vor dem Denkmal für die Helden des Aufstands im Warschauer Ghetto setzte der Bundeskanzler Brandt ein wichtiges Zeichen. Der Kniefall in Polen symbolisierte das Eingeständnis einer Schuld und die Bitte um Vergebung für die von Deutschen begangenen Verbrechen an der jüdischen Bevölkerung in Polen (s. Seite 116).

Aus dem Grundlagenvertrag von 1972:
Artikel 1: Die Bundesrepublik Deutschland und die Deutsche Demokratische Republik entwickeln normale gutnachbarliche Beziehungen zueinander auf der Grundlage der Gleichberechtigung.
Artikel 6: ... Sie respektieren die Unabhängigkeit und Selbstständigkeit jedes der beiden Staaten ...

[3] *Vertrag über die Grundlagen der Beziehungen zwischen der BRD und der DDR vom 21.12.1972.* Auszug.

1 Beschreibe, wie der SPD-Regierung die Annäherung an den Osten gelang.

2 Nimm Stellung zum Kniefall des Bundeskanzlers in Polen. War diese Geste angemessen?

Sprachspeicher
etwas für unrechtmäßig halten ▪ sich diplomatisch annähern ▪ eine Koalition bilden > sich zusammenschließen, um gemeinsame Ziele zu erreichen

eine Gewaltverzichtserklärung abgeben > erklären, dass man keine Gewalt anwenden wird, wenn es Konflikte gibt

[4] *Friedensdemonstration in Hamburg.* Foto, 1980.

[5] *Aufruf zu Friedensgebeten in der Leipziger Nikolaikirche im Herbst 1989.* Plakat/Foto, 1989.

3 Erkläre die Aussageabsicht des Transparents [4] und des Plakats [5].

Die Friedensbewegung im Westen

Immer wenn eine Atommacht neue Waffen entwickelte und sie stationierte, entstanden große Ängste. In den 1970er-Jahren stationierte die Sowjetunion neu entwickelte Raketen mit größerer Sprengkraft, die auf Westeuropa gerichtet waren. Die NATO fasste daraufhin den NATO-Doppelbeschluss. Er besagte, dass die NATO mit der Sowjetunion über den Abbau von Atomwaffen verhandeln wolle. Sollte die Verhandlungen scheitern, würde auch die NATO aufrüsten und Mittelstreckenraketen in Deutschland stationieren.
Diese angespannte Situation ängstigte viele Menschen in der BRD so, dass sie sich aktiv für den Frieden einsetzten. Es entwickelte sich eine große Friedensbewegung, die mit Demonstrationen und Aktionen für ein friedliches Miteinander und Abrüstung eintrat. 1981 kamen in Bonn ca. 300 000 Menschen zusammen, um gegen den NATO-Doppelbeschluss zu demonstrieren.

4 Erkläre mit deinen Worten, wovor die Menschen Angst hatten.

Die Friedensbewegung im Osten

Auch in der DDR gab es eine Friedensbewegung. Da die Friedensbewegung als staatsfeindlich eingeschätzt wurde, konnte sie sich nur im Schutz der Kirche organisieren. Das Motto der Friedensbewegung der DDR „Schwerter zu Pflugscharen“ beruhte auf einem Bibelvers aus dem Alten Testament, Micha 4: „Sie werden ihre Schwerter zu Pflugscharen und ihre Spieße zu Sicheln machen. Es wird kein Volk wider das andere ein Schwert aufheben und sie werden nicht mehr kriegen lernen.“
Einige Vertreter der Friedensbewegung, die außerhalb kirchlicher Veranstaltungen die Abrüstung oder die Abschaffung von Atomwaffen forderten, wurden vom Staat verfolgt, verhaftet und gezwungen, das Land zu verlassen.
Das Staatsoberhaupt der DDR, Erich Honecker, erklärte in einem Bericht zur Lage der Nation 1985: Die Bundesrepublik Deutschland und die DDR stehen in einer Verantwortungsgemeinschaft für den Frieden und die Sicherheit in Europa, beide müssen sich um eine Entschärfung der internationalen Lage bemühen.

Wähle einen der Arbeitsaufträge aus:

- Zeichne ein Plakat für eine Friedensdemonstration.
- Benenne die Vorteile der Annäherung. Nenne aber auch mögliche Nachteile.
- Nimm Stellung zur Verfolgung von Anhängern der Friedensbewegung in der DDR und zur Aussage Honeckers.

Sprachspeicher
gemeinsam für den Frieden eintreten • als staatsfeindlich eingeschätzt werden • *die* Abrüstung > Soldaten, Waffen, Ausrüstung kontrollieren und ganz oder teilweise abschaffen

die Pflugschar > das ist *die* Schneide eines Pflugs, mit dem ein Feld bearbeitet wird

Üben

Methode Zeitzeugen befragen

Wie befrage ich Zeitzeugen?
Ein Zeitzeuge ist jemand, der von seinen persönlichen Erlebnissen, Handlungen oder Beobachtungen in einer bestimmten Zeit berichtet. Die Befragung von Zeitzeugen ermöglicht es, ein sehr anschauliches, lebendiges Bild von einer bereits vergangenen Zeit zu erhalten. Zeitzeugen berichten oft spannend, aber sie berichten nur aus ihrer eigenen Perspektive.

Deshalb ist es wichtig, Aussagen von Zeitzeugen nicht als geschichtliche Wahrheit aufzufassen. Zeitzeugenaussagen sind oft gefiltert und, wie die meisten Erinnerungen, unvollständig. Zeitzeugenaussagen müssen überprüft und eingeordnet werden, genau wie die Aussagen schriftlicher Quellen. Folgende Schritte helfen dir bei einer Befragung von Zeitzeugen.

1. Schritt Befragung vorbereiten

- Informationen zur Vorbereitung sammeln, zunächst aus diesem Kapitel, weitere Materialien heranziehen (Bücher, Zeitschriften, Zeitungen, Internet), einen ersten Überblick gewinnen
- Thema der Befragung konkretisieren: Was will ich erfahren?
- Fragen vorbereiten und einen Fragebogen entwickeln, siehe Material [1 und 2]
- Befragung zur Probe einmal durchspielen, eventuell Fragen umformulieren

2. Schritt Kontakt mit Zeitzeugen aufnehmen

- Zeitzeugen zunächst in der Familie, Verwandtschaft, im Bekanntenkreis suchen
- Anfragen bei Parteien, Gewerkschaften, Kirchen, Gemeinde- oder Stadtverwaltungen
- klären: Ort, Zeit, Ablauf der Befragung und wie Aussagen verwendet (ausgewertet) werden dürfen

3. Schritt Befragung durchführen

- Befragung gut vorbereiten: angenehme Atmosphäre schaffen, Begrüßung, Dauer der Befragung absprechen, Gesprächsleitung klären, Aufnahmegeräte oder Protokollführung sichern, Fotos anfertigen (mit dem Gast klären)
- Fragen stellen, Aussagen festhalten, gestellte Fragen auf der Liste streichen
- bei Unklarheiten eventuell noch einmal nachfragen, dem Befragten Gelegenheit zum freien Erzählen geben
- Dank und Verabschiedung

4. Schritt Ergebnisse auswerten und bewerten

- Welche Informationen sind neu? Stimmen sie mit den Kenntnissen aus den Materialien (Büchern usw.) überein? Lassen sich die Unterschiede erklären? Wo sind Lücken zu erkennen? Wie sind sie zu schließen?
- Wie ist die Befragung gelaufen? Muss etwas für eine nächste Befragung geändert werden?

[1] *Grenzübergang in Herleshausen: Autokolonnen aus der DDR passieren die gerade geöffnete Grenze in die Bundesrepublik und werden freudig empfangen.* Foto, 10.11.1989.

Es gibt verschiedene Fragetypen, die sich für die Befragung von Zeitzeugen eignen:

A	offene W-Fragen	Wo waren Sie, als ...? Was haben Sie erlebt, als ...? Wie haben Sie erfahren, dass ...?
B	Fragen nach Gefühlen und Gedanken	Was haben Sie gefühlt, als ...? Was haben Sie über ... gedacht?
C	Fragen nach Vorgängen und Prozessen	Was ist passiert, nachdem ...? Wie kam es dazu, dass ...?
D	Fragen, um Genaueres zu erfahren	Fallen Ihnen dazu noch weitere Einzelheiten ein?
E	Fragen nach Meinungen	Welche Meinung haben Sie heute über die damaligen Geschehnisse?
F	Fragen, um das Verständnis zu überprüfen	Habe ich Sie richtig verstanden? Meinen Sie damit, dass ...?
G	Fragen, um den Wahrheitsgehalt zu prüfen	Haben Sie Belege? Gibt es Fotos oder andere Dokumente?
H	Fragen, die provozieren und herausfordern (nur sparsam einsetzen!)	Denken Sie heute anders als früher?

[1] *Verschiedene Fragetypen.* Tabelle.

Beispielhafte Fragen für eine Befragung über die ersten Tage nach der Grenzöffnung im November 1989
Ich bin Schüler/Schülerin der Klasse ..., der Schule ... und möchten Sie befragen, wie Sie die Tage nach dem Mauerfall und der Grenzöffnung im November 1989 erlebt haben

1	Können Sie sich bitte vorstellen und erzählen, was Sie 1989 beruflich gemacht haben und welchen Beruf Sie heute ausüben?
2	Wo erlebten Sie die Ereignisse vom November 1989?
3	Wie erfuhren Sie von der Öffnung der Mauer und der Grenzen?
4	Können Sie sich noch an Ihre damaligen Gefühle erinnern und uns diese schildern?
5	Wie war die erste Begegnung mit Bürgerinnen und Bürgern der DDR? Wo fand sie statt? Woran erinnern Sie sich noch?
6	Wie reagierten die Nachbarn in Ihrer Stadt/Ihrem Dorf auf die Ereignisse? Gab es Kritik?
7	Die Wiedervereinigung wird unterschiedlich beurteilt. Wie sehen Sie die Ereignisse mehr als drei Jahrzehnte später?
8	Ist nach Ihrer Meinung Deutschland noch immer zweigeteilt trotz der Wiedervereinigung?

[2] *Fragen für die Befragung eines Zeitzeugen.*

1 Ordne den Fragetypen in M1 Fragen aus M2 zu.
2 Formuliere eigene Fragen zum Thema Maueröffnung oder zu einem Thema deiner Wahl.

Das kann ich!

Versuche zunächst die Aufgaben auf dieser Doppelseite zu lösen, ohne im Kapitel nachzusehen. Wenn du Hilfe brauchst, kannst du bei den Aufgaben nachschlagen. Dort sind in Klammern die Seiten angegeben.

Begriff	Bedeutung
das CARE-Paket	Deutsche Demokratische Republik
die Währungsreform	Militärbündnis osteuropäischer Staaten
die Demilitarisierung	Konflikt zwischen den USA und der Sowjetunion, der fast zum Atomkrieg geführt hätte
der Warschauer Pakt	Einführung der Deutschen Mark als neues Geld in der Bundesrepublik Deutschland
die DDR	Abbau von Militär und Waffen
die Kuba-Krise	Nahrungsmittelspende mit haltbaren und kalorienhaltigen Lebensmitteln

[1] *Begriffe und ihre Bedeutung.*

Demon	tralisierung
Demo	zifizierung
De	tage
Dena	militarisierung
Dezen	kratisierung

[2] *Die fünf D.* Tabelle.

[3] *Ein älteres Paar hat sich einen Platz zum Wohnen in den Trümmern eines zerstörten Hauses eingerichtet.* Foto, 1946.

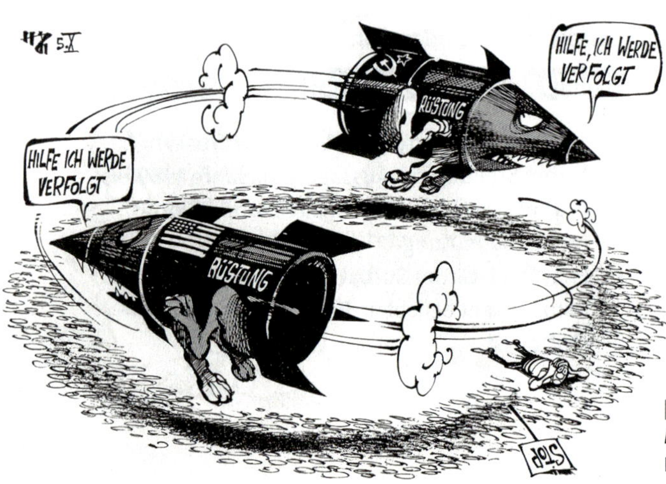

[4] *Karikatur: Der Rüstungswettlauf.* Horst Haitzinger, 1981.

[5] *Die Luftbrücke nach Westberlin*. Foto, 1948/49.

[6] *Deutschland während der Besatzungszeit 1945 bis 1949.* Karte.

Aus einem Schulbuch der DDR für die 7. Klasse:
„Die sozialistische DDR und die imperialistische BRD bilden Gegensätze, die sich nicht überbrücken lassen. Sozialismus und Imperialismus sind unvereinbar wie Feuer und Wasser. Deshalb gibt es keinerlei „Gemeinsamkeiten". ...

[7] *Staatsbürgerkunde, Lehrbuch für Klasse 7, Berlin (Ost), 1980, S. 103.*

Sachkompetenz

1 Ordne den Begriffen in [1] die jeweils passende Bedeutung zu.

2 Erkläre mithilfe des Bildes [3], worunter die Menschen in der Nachkriegszeit litten. (S. 78/79)

3 Erläutere die in Bild [5] dargestellte Situation. Verwende diese Begriffe: Währungsreform, Fluchtbewegungen, Grenzanlagen, Versorgungsengpass, Luftbrücke, Besatzungszonen. (S. 82/83)

4 Setze die Silben von Material [2] richtig zusammen und schreibe die 5 Begriffe auf. (S. 81)

5 Gib in deinen Worten die Bedeutung und die Zielsetzung der 5 D aus Material [2] wieder. (S. 81)

Methodenkompetenz

6 Erstelle einen Notizzettel, der dir helfen kann, ein gutes Zeitzeugengespräch zu führen. (S. 96/97)

7 Werte die Karte [6] aus. Formuliere deine Erkenntnisse über die Situation in Deutschland zwischen 1945 und 1949. (S. 82/83)

Urteilskompetenz

8 Nimm Stellung zur Aussage der Karikatur [4]. Begründe ausführlich, warum du die Darstellung des Karikaturisten angemessen oder zu überzogen findest. (S. 95, 98)

9 „Frieden und Völkerfreundschaft" waren zentrale Erziehungsziele der Schule in der DDR. Vergleiche diese Erziehungsziele mit dem Schulbuchtext [7] und formuliere deine Erkenntnisse.

Teste dich

Der Weg zur deutschen Einheit

9. November 1989: Menschen auf der Berliner Mauer
Bis zu diesem Tag schien es unmöglich, dass die Grenze zwischen Ost- und Westdeutschland fällt. In der Nacht vom 9. auf den 10. November 1989 ist es den Menschen plötzlich möglich, durch die Grenzen von Ost- nach Westberlin zu laufen. Manche klettern sogar auf die Berliner Mauer.

1 Beschreibe das Foto.
2 Berichte, was du schon über den Fall der Berliner Mauer weißt.
3 Notiere deine Fragen zum Thema.

Schauplatz Berlin, November 1989

[1] *Menschen feiern in der Nacht vom 9. auf den 10. November den Fall der Berliner Mauer,* Foto, 1989. Aus der Flagge haben sie das Zeichen der DDR herausgeschnitten.

1 Beschreibe das Foto [1]. Beachte auch die Grafik auf Seite 75.

Berliner Mauer: Ein Zeichen der Trennung fällt

Nach wochenlangen Protesten und Demonstrationen trat 1989 die damalige Regierung der DDR zurück. Die folgende Regierung versprach der Bevölkerung der DDR Verbesserungen. Diese gingen den Menschen nicht weit genug und die Proteste gingen weiter.

Am 9. November 1989 kam es zu einem folgenreichen Interview eines Mitglieds der neuen Regierung der DDR. Das Mitglied des Politbüros bestätigte gegen 19 Uhr die sofortige Reisefreiheit für alle Bürgerinnen und Bürger der DDR.

Dieses Interview wurde live im Fernsehen übertragen und führte dazu, dass sich viele Menschen auf den Weg zu den Grenzübergängen machten. Im Laufe des Abends wurden die Grenzen dann geöffnet und die Menschen konnten ungehindert zwischen Ost- und Westdeutschland reisen. Die Grenzsoldaten wussten nicht, wie sie reagieren sollten. Auf sich allein gestellt, öffneten sie ohne Befehl gegen 23.30 Uhr die Grenze und ließen die Leute passieren. Die Berliner Mauer war gewaltfrei gefallen. Tausende gingen in den Westteil Berlins oder fuhren mit dem „Trabbi". Häufig spricht man vom „Fall der Berliner Mauer" als Symbol für den Wegfall der Grenze zwischen Ost- und Westdeutschland.

2 Gib die Ereignisse vom 9. und 10. November 1989 mit eigenen Worten wieder.

[2] *Grenzöffnung am Checkpoint Charlie in Berlin.* Foto, 10. November 1989.

Zeitzeugin Ute Ußler lebte 1989 in Ostberlin, der DDR-Hauptstadt. Sie erzählt:
1989 war ganz schön was los. Ich selbst habe mit Freunden an Demonstrationen in Berlin teilgenommen. Wir waren viele Tausend Menschen! Wir hatten schon Hoffnung, dass sich endlich etwas ändern würde. Immerhin war die alte Regierung zurückgetreten.
Am 9. November war ich abends zu Hause. Da haben sie es in den Nachrichten gesagt: „Reisefreiheit für alle DDR-Bürger – ab sofort." „Kann doch gar nicht sein!", habe ich gedacht.
Ich habe keine Sekunde gewartet, den Mantel angezogen und bin direkt zur Mauer gefahren. „Wenn das stimmt, dann gehe ich sofort rüber!", habe ich gedacht. Und dann ging das wirklich! Unglaublich ...

[3] *Interview durch den Autor.*

3 Lies den Augenzeugenbericht von Ute Ußler [3]. Überlege dir drei Fragen, die du ihr stellen würdest.

Zeitzeuge Jan Bielen, der 1989 in Köln lebte, berichtet vom 9. und 10. November:
Meine Frau und ich haben an dem Tag wie immer die Nachrichten gesehen. Und dann kamen die Bilder. Wir konnten das zuerst gar nicht glauben: Menschen standen auf der Berliner Mauer. „Da fahren wir hin!", haben wir gesagt. Von Köln bis Berlin ist es natürlich ein Stück. Morgens waren wir da. Die Straßen waren voller Menschen, überall Gedränge. Vor den Geschäften lagen Begrüßungsgeschenke der Westberliner: Wurst, Milch und Gebäck. [...]
Jugendliche drückten sich die Nasen an Modegeschäften platt, Tränen in den Augen alter und junger Berliner aus beiden Teilen der Stadt. Menschen, die sich nicht kannten, lagen sich in den Armen. Das werde ich nie vergessen.

[4] *Interview durch den Autor.*

4 Lies, was Zeitzeuge Jan Bielen berichtet. Begründe, ob du auch nach Berlin gefahren wärst.

Wähle einen der Arbeitsaufträge aus:

- Lies den Bericht von Ute Ußler [3]. Notiere, aus welchem Grund sie sofort zur Mauer gefahren ist.
- Frage deine Eltern oder Großeltern nach ihren Erinnerungen zum Mauerfall und notiere sie.
- Du bist Zeitungsreporter oder -reporterin: Schreibe einen Artikel zum Fall der Mauer zwischen Ost- und Westberlin.

Der Staat spioniert seine Bürger aus

Was war die „Stasi"?

[1] *Akten im „Stasi"-Archiv.* Foto.

[2] *Die „Stasi" sammelte Tausende von Geruchsproben. Damit sollten Hunde die Spur von Menschen verfolgen können.* Foto, 2009.

1 Beschreibe die beiden Fotos [1, 2]. Was erfährst du über die „Stasi"?

Die „Stasi"

Das Ministerium für Staatssicherheit (MfS), auch „Stasi" genannt, bespitzelte die Bürger der DDR und anderer Staaten. Jede Art von Kritik an der DDR sollte dokumentiert und bei Bedarf gegen die Menschen verwendet werden. Im Jahr des Mauerbaus 1961 verfügte die Stasi über 100 000 Spitzel. Unter den Bürgern der DDR herrschte oft gegenseitiges Misstrauen. Die Menschen wussten nicht, wem sie vertrauen konnten und wer vielleicht ein Stasi-Spitzel war. Die Stasi legte Akten an, in denen sie Informationen über die Menschen sammelte. Telefone wurden abgehört, Briefe gelesen, Kontakte zu anderen Menschen notiert, Wohnungen mit Abhörwanzen ausgestattet. Außerdem hatte die Stasi die Möglichkeit, Verdächtige zu verhaften und unter folterähnlichen Bedingungen zu verhören. Beschuldigte wurden völlig von der Außenwelt isoliert. Durch Schlafentzug oder Schläge wollte die Stasi sie dazu bringen, ein Geständnis abzulegen oder Freunde zu verraten. Die Betroffenen konnten sich nicht dagegen wehren und keinen Anwalt nehmen. Einige DDR-Bürger, die in den Westen geflüchtet waren, wurden von der Stasi entführt und in die DDR zurückgebracht. Dort verurteilten sie Gerichte zu langjährigen Haftstrafen. Andere DDR-Flüchtlinge wurden von der Stasi sogar ermordet.

2 Fasse in deinen Worten zusammen, wie die „Stasi" mit Kritikern der DDR umging.

Zersetzung

Die sogenannte Zersetzung war eine geheimdienstliche Methode, mit der die Stasimitarbeiter versuchten, Kritiker der DDR einzuschüchtern.

Aus der Richtlinie Nr. 1/76 des MfS:

Bewährte Formen der Zersetzung sind:
- systematische Diskreditierung (Schlechtmachen) des öffentlichen Rufes …
- systematische Organisierung beruflicher und gesellschaftlicher Misserfolge zur Untergrabung des Selbstvertrauens einzelner Personen …

Bewährte Mittel und Methoden der Zersetzung sind: …
- die Verwendung anonymer oder pseudonymer Briefe, Telegramme, Telefonanrufe usw. …
- die gezielte Verbreitung von Gerüchten über bestimmte Personen einer Gruppe, Gruppierung oder Organisation …

[3] *Ministerrat der Deutschen Demokratischen Republik, Ministerium für Staatssicherheit, 008, Nr. 100/76, Richtlinie Nr. 1/76 zur Entwicklung und Bearbeitung Operativer Vorgänge, Januar 1976, S. 47f.*

Sprachspeicher

jemanden bespitzeln • etwas gegen jemanden verwenden • ein Geständnis ablegen

anonym > ohne Namen • pseudonym > mit falschem Namen

[4] *Säcke voller zerkleinerter Stasi-Akten im ehemaligen Ministerium für Staatssicherheit.* Foto, 1996.

Den DDR-Schriftsteller und Psychologen Jürgen Fuchs behandelte die Stasi so:
F. wurde kontinuierlich, vor allem in den Nachtstunden, in seiner Wohnung angerufen, ohne dass sich der Anrufer meldete. Gleichzeitig wurde jeweils der Fernsprechanschluss zeitweilig blockiert. Im Namen von F. wurde eine Vielzahl von Bestellungen von Zeitungen, Zeitschriften, Prospekten ... aufgegeben, darunter auch Bestellungen, die zur Kompromittierung (Bloßstellung) geeignet sind. Mehrfach wurden Taxis und Notdienste (Schlüsselnotdienst, Abflussnotdienst, Abschleppdienst) vorwiegend nachts zur Wohnung des F. bestellt.

[5] *zit. n.: Gieseke, Jens; Hubert, Doris: Die DDR-Staatssicherheit, Bundeszentrale für politische Bildung, Bonn, 2000, S. 64.*

3 Arbeite aus [3] und [5] heraus, wie die Stasi versuchte, Menschen einzuschüchtern.

Das Ende der Stasi

Nach dem Fall der Mauer im November 1989 begannen Mitarbeiter der Stasi, die Akten in allen Zentralen zu vernichten. Demonstranten besetzten daraufhin die Zentralen, um die Akten zu schützen. 111 Kilometer Akten lagern inzwischen im Stasi-Unterlagen-Archiv. Ehemalige Bürgerinnen und Bürger der DDR können mithilfe der Akten seit dem Fall der Mauer erfahren, ob sie bespitzelt wurden und wer sie bespitzelt hat. Auch viele geschredderte Akten wurden gerettet und werden bis heute kriminalistisch wieder zusammengesetzt, um sie lesen und auswerten zu können.

4 Vermute, weshalb Mitarbeiter der Stasi versucht haben, möglichst viele Akten zu vernichten.

Wähle einen der Arbeitsaufträge aus:

- Überlege, wie die Maßnahmen in [5], z. B. Anrufe und Türklingeln in der Nacht, auf die betroffenen Menschen und die Bevölkerung wirken mussten.
- Erläutere aus Perspektive eines ehemaligen DDR-Bürgers, warum dir die Einsicht in deine Akte wichtig oder unwichtig ist.
- Erörtere, z. B. in Form eines Tagebucheintrags, welche Vorteile und welche Ängste mit der Einsicht in die eigene Stasi-Akte verbunden sind.

Sprachspeicher
die Akten schreddern > *die* Akten vernichten • *der* Fernsprechanschluss > *der* Telefonanschluss
in Akten Einsicht nehmen > in Akten lesen

Erstarrung im Osten

Warum wurden Reformen in den östlichen Ländern unterdrückt?

[1] *Militärparade zum 40. Jubiläum der DDR auf der Karl-Marx-Allee in Ostberlin.* Foto, 7.10.1989.

1 Beschreibe das Bild [1].

Führungsanspruch der Sowjetunion
Die politische Führung der Sowjetunion in Moskau sah sich als Herrscher über die Länder des Warschauer Pakts. Als mächtiges Bündnis kommunistischer Staaten waren sie der starke Gegner des Westens. Um politische Gegner und die Bevölkerung zu beeindrucken und Angst zu schüren, wurde diese Macht regelmäßig und sehr aufwendig demonstriert. Z.B. gab es regelmäßig Militärparaden. Die Macht wurde durch strenge Regeln und Überwachung der Bevölkerung umgesetzt. Wirtschaftliche Probleme und Versorgungsmängel bestimmten aber den Alltag in den Ländern des Ostens.

Aufstand in Ungarn 1956
1956 kam es in der ungarischen Hauptstadt Budapest zu Protestkundgebungen. Diesen Protesten schlossen sich viele Menschen an. Die Macht der Kommunistischen Partei Ungarns zerfiel. Armee und Polizei wechselten zu den Aufständischen über. Die neue Regierung beschloss, die Diktatur zu beenden und eine demokratische Regierungsform einzuführen. Die in Ungarn stationierten sowjetischen Truppen sollten Ungarn verlassen. Doch mit diesen Truppen bekämpfte die Sowjetunion die neue Regierung und ihre Anhänger. Während der dreiwöchigen Kämpfe starben 2500 Ungarn und 750 Sowjetsoldaten. Hunderttausende Ungarn flohen nach Österreich. Die Sowjets setzten eine neue kommunistische Regierung ein. Sie übernahm die Macht und verfolgte alle Aufständischen. Die USA griffen in die Kämpfe nicht ein, da sie einen Krieg mit der Sowjetunion vermeiden wollte.

Aufstand in der Tschechoslowakei 1968
Auch in anderen Staaten des Ostblocks versuchten die Bürgerinnen und Bürger, Reformen zu erreichen. In der Tschechoslowakei gab es eine neugewählte Führung der Kommunistischen Partei. Diese versprach 1968 einen „Kommunismus mit menschlichem Antlitz“. Dieses Reformprogramm enthielt Garantien für Rede-, Presse- und Versammlungsfreiheit, Reisefreiheit und Reformen in der Wirtschaftspolitik. Der neue Kurs erlaubte auch offene Kritik an der Kommunistischen Partei. Dadurch sahen sich die Führer der übrigen Ostblockstaaten zum Handeln gezwungen: Am 21. August 1968 marschierte eine Armee des Warschauer Pakts in die Tschechoslowakei ein und beendete die Reformbewegung gewaltsam.

Sprachspeicher
kommunistische Staaten • Angst schüren > Angst machen • *das* Reformprogramm beschließen
das Antlitz > *das* Gesicht

2 Benenne, welche Ziele die Reformer in Ungarn und der Tschechoslowakei durchsetzen wollten.

Sowjetunion nimmt sich das Recht zu bestimmen

Der damalige sowjetische Partei- und Staatschef Leonid Breschnew erklärte 1968, die Sowjetunion hätte das Recht, die Eigenständigkeit der verbündeten Länder nach Belieben einzuschränken, wenn der Sozialismus durch innere oder äußere Feinde bedroht sei. Auch militärische Maßnahmen seien zulässig.

Freiheitsbewegung in Polen

Auch Polen wurde kommunistisch regiert. 1980 wurde die unabhängige Gewerkschaft „Solidarność“ unter Führung von Lech Walesa gegründet. Der Gewerkschaft gelang es, im Land wirtschaftliche Verbesserungen und eine freiere Politik durchzusetzen. Diese freiheitlichere Phase beendete im Dezember 1981 das polnische Militär durch einen Staatsstreich. Solidarność wurde verboten und über Polen das Kriegsrecht verhängt.

Die Wirtschaftslage verschlechterte sich stetig. Das zwang die regierenden Kommunisten, doch mit der verbotenen Gewerkschaft Solidarność zu verhandeln. Bei den Gesprächen vermittelten Vertreter der katholischen Kirche. Die Verhandlungen hatten folgende Ergebnisse:

- die Wiederzulassung der Solidarność
- die Einführung demokratischer Freiheiten
- die Umgestaltung der Planwirtschaft
- die Abhaltung freier Wahlen

Die Verhandlungen wurden zum Ausgangspunkt aller Veränderungen im Ostblock im Jahr 1989.

3 Beschreibe mit deinen Worten, welche Erfolge die Gewerkschaft Solidarność erzielte.

[2] *Werftarbeiter in Danzig streiken. Streikführer Lech Walesa wird von Arbeitern auf den Schultern über das Gelände getragen.* Foto, August 1980.

Auf Polen folgten andere Staaten

Neben Polen gab es Ende der 1980er-Jahre in weiteren osteuropäischen Ländern ähnliche Entwicklungen. In der Sowjetunion versuchte der Parteichef Michail Gorbatschow, ab 1985 durch Reformen der dramatischen wirtschaftlichen Schieflage entgegenzuwirken. In Ungarn beschloss eine neu gewählte Regierung am 11. September 1989 die Öffnung der Grenze zu Österreich. Die Regierung der DDR wollte die Veränderungen erst nicht wahrhaben. Insgesamt kann man von einem schnellen Auseinanderfallen der damaligen Sowjetunion und des Ostblocks sprechen.

4 Erkläre, welche Auswirkungen die Reformen in Polen hatten.

Wähle einen der Arbeitsaufträge aus:

- Lies den Text „Freiheitsbewegung in Polen“ und benenne, wer für die Veränderungen kämpfte.
- Erkläre, warum auf Bild [1] Raketen zu sehen sind.
- Du bist ein Reporter oder eine Reporterin: Schreibe einen Artikel über die Forderungen der polnischen Gewerkschaft Solidarność.
- Recherchiere den Begriff „Perestroika“ und berichte darüber in der Klasse.

Sprachspeicher

der Staatsstreich > ein Umsturz, bei dem z. B. *das* Militär *die* gesamte Staatsgewalt übernimmt

das Kriegsrecht > wie in einer Diktatur werden Grundrechte außer Kraft gesetzt

Grenzen fallen

Welche Folgen hatte die Reformpolitik von Gorbatschow?

[1] *Soldaten an der ungarisch-österreichischen Grenze bauen den „Eisernen Vorhang“ ab.* Foto, 1989.

[2] *DDR-Bürger flüchten in die Botschaft der Bundesrepublik Deutschland in Prag.* Foto, 1989.

1 Beschreibe die Fotos [1] und [2].

Ungarn öffnet seine Grenze

Im März 1989 informierte die ungarische Regierung den sowjetischen Staatschef Gorbatschow über ihren Plan, die Grenze von Ungarn nach Österreich zu öffnen. Gorbatschow versprach, dass die Sowjetunion sich nicht in diese Angelegenheit einmischen werde. Im Mai bauten Soldaten Zäune und Absperrungen ab.

Neben Polen und der Tschechoslowakei war Ungarn eines der wenigen Länder, in die DDR-Bürger einreisen durften. Im August überschritten etwa 700 DDR-Bürger die ungarisch-österreichische Grenze. In der Nacht vom 10. auf den 11. September wurde die Grenze offiziell geöffnet. DDR-Bürger, die in Ungarn Urlaub machten, flüchteten über Österreich in die Bundesrepublik.

Mehr als 25 000 Menschen aus der DDR reisten nach Ungarn, um auf diesem Weg zu fliehen. Daraufhin verbot die DDR-Regierung ihren Bürgern die Reise nach Ungarn.

Botschaftsbesetzungen in Prag und Warschau

Ab August 1989 suchten Hunderte von DDR-Bürgern Zuflucht in der Botschaft der Bundesrepublik Deutschland in Prag, der Hauptstadt der Tschechoslowakei. Die dortigen Polizisten versuchten zunächst, sie davon abzuhalten. Die Zahl der Flüchtlinge stieg. Sie verharrten wochenlang auf engstem Raum. Ähnliche Szenen spielten sich Ende September in Warschau ab. Auch hier waren Hunderte von DDR-Bürgern auf das Gelände der Botschaft der Bundesrepublik Deutschland geflüchtet. Sie forderten ihre Ausreise in den Westen.

Sprachspeicher

jemanden über etwas informieren • Grenzen überschreiten

Zuflucht suchen • etwas zulassen • jemanden gewähren lassen

[3] *Fluchtwege von DDR-Bürgern in die Bundesrepublik. August bis Oktober 1989.* Karte.

Die Botschaft war eigentlich nur für 28 Personen ausgestattet. Doch die Menschen harrten trotz all der widrigen Umstände aus.

2 Erkläre, warum Hunderte DDR-Bürgerinnen und Bürger in die Botschaft der Bundesrepublik Deutschland in Prag flohen.

Die DDR gibt nach

Die DDR-Regierung geriet immer stärker unter Druck. Die Situation in den Botschaften in Prag und Warschau war für sie peinlich: Am 7. Oktober 1989 sollte das vierzigjährige Bestehen der DDR gefeiert werden. Täglich waren die Bilder der Botschaften in Prag und Warschau im Fernsehen zu sehen.

Schließlich gestattete die DDR-Führung den Menschen, die seit Wochen die Botschaften besetzt hielten, die Ausreise. In der Nacht des 30. September fuhren die Menschen mit Sonderzügen von Prag durch das Gebiet der DDR in die Bundesrepublik. Am Morgen des 1. Oktober folgten ihnen 809 Männer, Frauen und Kinder von Warschau, ebenfalls in Sonderzügen, durch das Gebiet der DDR in die Bundesrepublik.

Doch damit war die Fluchtbewegung nicht beendet. Kaum hatten die Menschen die Botschaften verlassen, rückten andere DDR-Bürger nach. Daraufhin schloss die DDR-Führung am 3. Oktober die Grenze zur Tschechoslowakei. Doch die Forderung nach Reisefreiheit für alle Bürger wurde in der DDR immer lauter.

3 Erläutere die Karte [3]. Nutze dafür die Texte dieser Doppelseite.

Wähle einen der Arbeitsaufträge aus:

- Lies den Text „Ungarn öffnet seine Grenze". Notiere in Stichworten, warum das für die DDR-Bürgerinnen und Bürger wichtig war.
- Verfasse einen Tagebucheintrag eines DDR-Flüchtlings in der Prager Botschaft. **Starthilfe:** *Seit Tagen warten wir jetzt schon. Es wird immer schlimmer …*

Sprachspeicher
etwas fordern • etwas einfordern • unter Druck geraten • jemandem folgen • die Forderung nach etwas wird immer lauter

Protestbewegung in der DDR

Welche Veränderungen führten zum Fall der Berliner Mauer?

[1] *„Montagsdemonstration" in Leipzig.* Foto, November 1989.

1 Beschreibe Foto [1].

Die Protestbewegung in der DDR wächst

Unzufriedenheit mit den wirtschaftlichen und politischen Verhältnissen prägte das Leben vieler DDR-Bürger. Besonders unerträglich fanden es viele, nicht in andere Länder reisen zu dürfen. Die Veränderungen in der Sowjetunion unter dem neuen Staatschef Michail Gorbatschow ermutigten sie, Veränderungen auch im eigenen Land zu fordern. Anfangs noch kleine Oppositionsgruppen trafen sich in Kirchen und diskutierten kritisch über die Situation im Land. Das Jahr 1989 brachte dann entscheidende Veränderungen:

- Im März demonstrierten in Leipzig etwa 600 DDR-Bürger für ihre Ausreise in die Bundesrepublik.
- Im Mai wurden Wahlfälschungen bekannt. Die Menschen fühlten sich betrogen.
- Ab Juli besetzten Hunderte DDR-Bürger Botschaften der Bundesrepublik. Sie verlangten ihre Ausreise.
- Im September öffnete Ungarn seine Grenze nach Österreich. Tausende DDR-Bürger flohen in den Westen.
- Während der Feier zum 40. Jahrestag der DDR am 7. Oktober mahnte Gorbatschow zu Reformen und sagte sinngemäß: „Wer zu spät kommt, den bestraft das Leben."
- Am 9. Oktober demonstrierten 100 000 Menschen in Leipzig für Reformen. SED-Parteichef Honecker trat zurück.
- Am 23. und 30. Oktober versammelten sich jeweils 300 000 Demonstranten in Leipzig und riefen: „Wir sind das Volk."
- Am 4. November gingen in Ostberlin 500 000 Menschen auf die Straße und forderten Freiheit und Demokratie. Daraufhin trat die Regierung zurück.
- Kurz darauf fiel die Berliner Mauer.

2 Schildere mit eigenen Worten, wie sich die Protestbewegung in der DDR entwickelte.

Sprachspeicher

unzufrieden mit den Verhältnissen sein

etwas unerträglich finden ▪ sich betrogen fühlen

Methode Eine politische Rede analysieren

Was ist eine politische Rede?

Politische Reden werden im Parlament, auf Parteitagen, bei öffentlichen Auftritten vor Wahlen oder anderen Veranstaltungen gehalten.
Die Redner und Rednerinnen versuchen, andere Menschen von ihrem eigenen politischen Standpunkt zu überzeugen. Häufig werden solche Reden in den Medien verbreitet.
Die folgenden Schritte helfen dir, politische Reden besser zu verstehen.

1. Schritt **Den Zusammenhang klären**

- Wer ist der Redner/die Rednerin?
- Welche Funktion, Aufgabe oder politische Stellung hat er/sie?
- Wann wurde die Rede gehalten?
- Wer ist der Adressat/die Adressatin?
- In welchem politischen oder geschichtlichen Zusammenhang steht die Rede?

2. Schritt **Den Text lesen und verstehen**

- Was ist an dem Text gut zu verstehen?
- Welche Abschnitte sind schwerer zu verstehen?
- Welche Begriffe sind unklar und müssen nachgeschlagen werden?
- Welche Schlüsselwörter lassen sich finden?

3. Schritt **Die wichtigsten Aussagen in ihrem Zusammenhang erklären**

- Was sind die wichtigsten Aussagen?
- Wie sind die Aussagen vor ihrem Kontext zu verstehen?
- Welche Ziele verfolgt der Redner/die Rednerin?

1 Analysiere die Rede [2]. Wende dabei die Schritte 1 bis 3 der vorgestellten Methode an.

Was du noch tun kannst:

→ einen Livemitschnitt der Rede von Jan Josef Liefers im Internet ansehen

[1] *Jan Josef Liefers 1989,* Foto.

Rede des Schauspielers Jan Josef Liefers am 4. November 1989 bei einer Kundgebung auf dem Alexanderplatz in Ost-Berlin:

In den letzten Wochen haben Hunderttausende Menschen auf den Straßen unseres Landes das Gespräch eingefordert. Wir alle führen es seit kurzer Zeit. Natürlich hat jeder das Recht, Partner in diesem Gespräch zu sein. Aber ich meine, wir sollten darauf achten und uns verwahren gegen mögliche Versuche von Partei- und Staatsfunktionären, jetzt oder zukünftig Demonstrationen und Proteste von Menschen unseres Landes für ihre Selbstdarstellung zu benutzen, Initiatoren und Führer des begonnenen gesellschaftlichen und politischen Reformprozesses zu sein. ...
Solange die Spitze der SED nur auf unser aller Druck reagiert, kann meiner Meinung nach von führender Rolle nicht die Rede sein.
Außerdem haben, denke ich, allein die in diesem Land verbliebenen und verbleibenden Menschen darüber zu entscheiden, wen sie mit der Führung beauftragen ...
Die vorhandenen Strukturen ... lassen Erneuerung nicht zu. Deshalb müssen sie zerstört werden. Neue Strukturen müssen wir entwickeln ... Und das heißt für mich unter anderem auch Aufteilung der Macht ...

[2] *zit. n.: DHM online, Zugriff: 25.5.2020w*

☒ Wahlseite Schule in der DDR

1 Informiere dich auf dieser Seite über die Schule in der DDR.

2 Präsentiere deine Ergebnisse in geeigneter Form in der Klasse.

[1] *Ein Unteroffizier der DDR-Armee gibt an einer Schule theoretischen Unterricht im Schießen.* Foto, 1975.

Etwas für die Gemeinschaft leisten

Auch das Schulwesen war in der DDR zentral organisiert. Viele Kinder besuchten bereits ab dem Kleinkindalter staatlich geförderte Krippen und danach Kindergärten. Dann folgte zumeist für 10 Jahre der Besuch der Polytechnischen Oberschule (POS). Wenige und nur besonders begabte und gleichzeitig systemtreue Jugendliche durften danach die Erweiterte Oberschule (EOS) besuchen und das Abitur machen, um zu studieren. Für die meisten anderen schloss sich die berufliche Ausbildung an die POS an.

Frau R. erinnert sich an ihre Schulzeit:

... Besonders gut hat mir die Kameradschaft in der Klasse gefallen. Auch die vielen gemeinsamen Aktivitäten haben Spaß gemacht. In erster Linie wurden wir in der Schule auf das Arbeitsleben vorbereitet. Es ging darum, sich und die eigene Familie ernähren zu können, aber auch darum, etwas für die Gemeinschaft zu leisten. Die sozialistische Phrasendrescherei nahmen wir hin, die gehörte dazu ... Als Kind hat man schnell gelernt, was man erzählte und wo man besser schwieg. Ich habe nicht verheimlicht, aber in der Schule auch nicht laut erzählt, dass ich regelmäßig zur Kirche gegangen bin. Zur Jugendweihe bin ich aber auch gegangen, um später studieren zu dürfen. Es ging im Schulleben in erster Linie um die Gemeinschaft, um das „Kollektiv". Die Persönlichkeit kam erst an zweiter Stelle. Um den Staat im Not- oder Angriffsfall schützen zu können, haben wir im Wehrunterricht in der 9. und 10. Klasse Granatenwerfen mit Holzgranaten geübt. Aber wir bekamen z.B. auch eine Sanitätsausbildung. Es gab Gruppennachmittage, an denen gemeinsam Altpapier gesammelt wurde oder Disconachmittage, die durch die Schule organisiert waren. Manchmal gab es besondere Aktionen, zu denen wir das blaue FDJ-Hemd trugen. Sonst spielte Kleidung kaum eine Rolle.

[2] *Interview durch die Autorin.*

Tipp für die Erarbeitung
- Du kannst beim Lesen die Methode Lese-Profi anwenden.

Tipp für die Präsentation
- Gestalte ein Plakat und informiere deine Klasse in einem Vortrag über die Ähnlichkeiten und Unterschiede im Vergleich zu deiner Schulzeit.

☒ Wahlseite Jugendkultur in Westdeutschland

1 Informiere dich auf dieser Seite über die Jugendkultur in Westdeutschland.

2 Präsentiere dein Ergebnis in geeigneter Form der Klasse.

[1] *Begeisterte Fans bei einem Konzert einer Rock-'n'-Roll-Band 1958 in Essen.* Foto.

[2] *Punker fielen in der Öffentlichkeit besonders auf.* Foto, 1984.

Jugendkultur nach dem Zweiten Weltkrieg

Viele Jugendliche in Westdeutschland waren in der Nachkriegszeit sehr an der amerikanischen Kultur interessiert. Sie erschien ihnen frei und lebendig und hatte wenig mit dem Leben im zerstörten Deutschland zu tun. Ihr Interesse zeigten sie dadurch, dass sie Musik aus den USA oder England hörten und Nietenhosen, also Jeans, trugen. Sie tanzten Rock 'n' Roll und trugen die Haare länger. Auch Mädchen trugen nun Hosen.

Viele Eltern waren damit nicht einverstanden, weil sie die Kultur der Besatzungsmächte ablehnten. Die Jugendlichen wollten sich aber nicht mehr unterordnen, denn auch sie hatten den schrecklichen Krieg erlebt. Die Väter waren tot, lange im Krieg oder in der Gefangenschaft gewesen. Besonders die Söhne wollten sich nach so langen Jahren ohne Vater von ihm nichts sagen lassen, auch wenn sie offiziell erst mit 21 Jahren volljährig wurden. Oft gab es Streit über Musik, Kleidung und Frisuren.

Jugendkultur in den 1970er- und 80er-Jahren

Musik und Kleidung dienten Jugendlichen im Westen auch in späteren Jahrzehnten dazu, sich von Eltern und anderen Jugendlichen abzugrenzen. In den 1970er- und 1980er-Jahren entstand eine Vielzahl von solchen Gruppen mit eigenem Stil und eigener Denkweise: Punks, Ökos, Popper, Gruftis unterschieden sich durch ihre Kleidung, Meinung, Lebensweise und Musik.

Punker wollten provozieren. Durch ihre Kleidung und ihr Verhalten zeigten sie, dass sie sich nicht in die Gesellschaft einfügen möchten. Ihre Haltung stammt ursprünglich aus dem Gefühl, nicht wertgeschätzt zu werden, keine Chancen und keine gute Zukunft („No Future") zu haben.

Die Gruppe der Popper entstand Ende der 1970er-Jahre. Diese Jugendlichen waren unpolitisch, liebten den Konsum und teure Markenkleidung. Sie wollten sich der Gesellschaft anpassen, erfolgreich sein und einen luxuriösen Lebensstil genießen. Einige Punks und Popper bekämpften sich sogar.

Tipps für die Erarbeitung

- Sammele Informationen aus Text und Bild zu den Oberbegriffen Kleidung, Musik, Einstellung. Recherchiere auch im Internet dazu. Befrage auch Erwachsene, die vor 1980 geboren sind, zu diesem Thema.

Tipps für die Präsentation

- Stelle deine Informationen vor. Spiele typische Musik vor und erweitere deinen Vortrag z. B. um Informationen über Gruftis oder andere Gruppen.

Die Wiedervereinigung

Wie wurde aus zwei deutschen Staaten ein Staat?

[1] *Der sowjetische Staatschef Michail Gorbatschow (Mitte) und der deutsche Bundeskanzler Helmut Kohl (rechts) während eines Gesprächs über die mögliche Wiedervereinigung beider deutscher Staaten.* Foto, Juli 1990.

1 Beschreibe Foto [1]. Welche Stimmung herrschte in der dargestellten Situation?

2 Betrachte Foto [2] und erkläre, was die Aussage auf dem Plakat bedeutete.

[2] *Demonstration für die Einführung der D-Mark, der damaligen Währung der Bundesrepublik, auf dem Gebiet der DDR.* Foto, 1990.

Die Frage nach der Zukunft

Nachdem am 9. November 1989 die Berliner Mauer fiel, war zunächst unklar, was das für beide deutsche Staaten bedeuten würde. Im Vorfeld der Wiedervereinigung gab es bei vielen Bürgerinnen und Bürger der DDR die Vorstellung, dass die DDR ein Teil der Bundesrepublik werden könnte. Weitere Möglichkeiten wären jedoch auch die gleichberechtigte Verschmelzung beider Staaten zu einem Staat oder die weitere Existenz der DDR, welche dann durch Reformen modernisiert werden könnte. Als ersten Schritt schlossen beide Staaten zunächst einen Vertrag, der die wirtschaftliche und soziale Zusammenarbeit regelte und die Einführung der D-Mark auf dem Gebiet der DDR.

3 Stell dir vor, du bist ein Bürger oder eine Bürgerin der ehemaligen DDR. Welche Lösung würdest du bevorzugen und warum?
Starthilfe: *Lege eine Tabelle an, wie abgebildet.*

Verschmelzung beider Staaten	– gute Einrichtungen der DDR beibehalten
Beitritt zur BRD	– ...
DDR reformieren	– ...
...	– ...

Sprachspeicher
Reformen durchführen • Reformen umsetzen • an etwas teilhaben
etwas befürworten • etwas ablehnen • eine neue Währung einführen

[3] *Feier der Wiedervereinigung Deutschlands vor dem Reichstag in Berlin.* Foto, 3.10.1990.

Bedenken gegen ein wiedervereinigtes Deutschland

Vor allem in Frankreich, Großbritannien und Polen wurde die Wiedervereinigung zum Teil sehr skeptisch gesehen:

- Wie stark könnte solch ein deutscher Staat in wirtschaftlicher und militärischer Hinsicht werden?
- Würde ein wiedervereinigtes Deutschland die Grenzen zu Polen anerkennen?
- Bisher hatte die DDR zum Militärbündnis Warschauer Pakt gehört. Sollte ein einheitlicher deutscher Staat NATO-Mitglied sein?

In Gesprächen zwischen Vertretern Deutschlands und der Sowjetunion wurde zunächst vereinbart: Ein wiedervereintes Deutschland bleibt Mitglied der NATO und verringert die Zahl seiner Soldaten von 500 000 auf 370 000.

Der Zwei-plus-vier-Vertrag

Die Siegermächte des Zweiten Weltkriegs Großbritannien, USA, Sowjetunion und Frankreich beanspruchten, auf die Veränderungen in Deutschland Einfluss zu nehmen. Die zwei deutschen Staaten verhandelten mit den vier Siegermächten.

Die wichtigsten Ergebnisse wurden im Zwei-plus-vier-Vertrag vom 12. September 1990 festgehalten:

- Das vereinte Deutschland umfasst die Bundesrepublik, die DDR und Berlin.
- Deutschland erkennt die bestehenden Grenzen endgültig an und erhebt keine weiteren Gebietsansprüche im Osten.
- Deutschland bekennt sich zum Frieden und verzichtet auf chemische, biologische und atomare Waffen.
- Deutschland erhält seine volle Souveränität*.

Am 3. Oktober wurde der Beitritt der DDR zur Bundesrepublik offiziell vollzogen. Dieses Datum wird bis heute als „Tag der Deutschen Einheit" gefeiert.

4 Zählt Einwände auf, die es Ausland gegen ein wiedervereinigtes Deutschland gab. Erkläre: Warum waren die vier Siegermächte Teil der Verhandlungen des Zwei-plus-vier-Vertrags?

* *die* **Souveränität:** Unabhängigkeit

Wähle einen der Arbeitsaufträge aus:

- Schau dir Bild [3] an: Notiere unterschiedliche Gedanken und Gefühle der Menschen.
- Notiere Stichworte: Welche Bedenken gab es im Ausland gegen die Wiedervereinigung?
- Entwirf ein Streitgespräch zwischen einem Franzosen und einer Engländerin: Der Franzose ist gegen eine Wiedervereinigung, die Engländerin dafür.

Sprachspeicher

die Grenzen anerkennen • in Gesprächen etwas vereinbaren

in einem Vertrag festhalten, dass ... • einen Beitritt vollziehen

Üben

Deutschland nach der Wiedervereinigung

Wie sehen die Menschen das vereinte Deutschland heute?

1 Lies die Aussagen der sechs Personen.

[1] *Brigitte, geboren 1954 in Göttingen*. Foto.

Viele europäische Nachbarn hatten Angst vor einem wiedervereinten Deutschland. Heute ist Deutschland ein verlässlicher politischer und wirtschaftlicher Partner in Europa und weltweit.

Viele Betriebe aus dem Westen haben im Osten Filialen eröffnet, z.B. Supermärkte. Viele Betriebe aus Ostdeutschland wurden geschlossen. Man hatte das Gefühl, dass der Westen dem Osten erklären wollte, was richtig ist. Das hat viele Menschen ist Ostdeutschland verärgert. Mir bereitet nur Sorge, dass bei den Wahlen die extremen Parteien immer mehr Zulauf bekommen. Viele Menschen interessieren sich nicht mehr für Politik, das ist nicht gut für unsere Demokratie.

[2] *Thomas, geboren 1961 in Leipzig*. Foto.

[3] *Ulrike, geboren 1965 in Luckenwalde*. Foto.

Früher zu DDR-Zeiten war das Leben anders: Wir alle mussten hart arbeiten, aber der Zusammenhalt war größer. Das ist heute anders, jeder ist sich selbst der Nächste, jeder will seine Ruhe haben. Ich glaube, dass das westdeutsche Verhältnisse sind. Jeder denkt nur noch an sich. Und dann sind viele Jüngere weggezogen, nach Berlin oder in den Westen.

Sprachspeicher
das politische und wirtschaftliche System ▪ ein verlässlicher Partner sein

Für mich und meine Freundinnen und Freunde ist es überhaupt nichts Besonderes, wenn wir in Städte fahren, die früher mal auf dem Gebiet der DDR lagen. Wir leben in einer Demokratie und das finde ich gut. Mir macht Angst, dass es in Deutschland trotzdem Ausländerfeindlichkeit, Rassismus, Antisemitismus und Homophobie* gibt. Das kann und will ich so nicht akzeptieren.

[4] *Maria, geboren 2001 in Lüneburg*. Foto.

Ich will nichts schönreden, aber es gab auch in der DDR Dinge, die nicht schlecht waren. Niemand musste Angst haben, seinen Arbeitsplatz zu verlieren. Das ist im Westen anders. Jedes Kind hatte in der DDR ein Anrecht auf einen Platz in der Kita. Was heute noch große Probleme bereitet, sind die Einkommen der Menschen im Osten. Die sind immer noch niedriger im Vergleich zum Westen. Es hat sich schon einiges verbessert, aber es gibt noch viel zu tun.

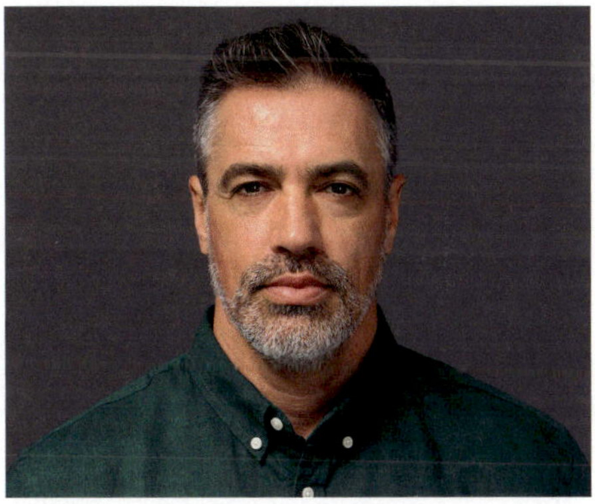

[5] *Mike, geboren 1975 in Erfurt*. Foto.

Ich finde es toll, dass die Wiedervereinigung friedlich ablief, ohne Gewalt und Krieg.

[6] *Amir, geboren 2011 in Damaskus*. Foto.

2 Wem stimmst du zu, wem nicht? Begründe deine Meinung.

* *die* **Homophobie:** Abneigung und feindliches Verhalten gegenüber homosexuellen Menschen

Wähle einen der Arbeitsaufträge aus:

- Notiere zu jeder Äußerung: Welche Vorteile oder welche Nachteile sehen sie in der Wiedervereinigung?
- Notiere Stichworte: Woran denken die Personen, wenn sie sich zum Thema Wiedervereinigung äußern?
- Stell dir vor, du würdest mitdiskutieren. Formuliere eine eigene Äußerung zu dem Thema Wiedervereinigung.

Sprachspeicher
etwas akzeptieren • etwas nicht akzeptieren

Das kann ich!

Versuche zunächst, die Aufgaben dieser Doppelseite zu lösen, ohne im Kapitel nachzusehen.
Wenn du Hilfe brauchst, kannst du bei den Aufgaben nachschlagen. Dort sind in Klammern die Seiten angegebenen.

die KSZE - Konferenz für Sicherheit und Zusammenarbeit in Europa	Ergebnis der Verhandlungen zwischen Großbritannien, Frankreich, USA, Sowjetunion, DDR und Bundesrepublik über die Wiedervereinigung
der „Zwei-plus-vier-Vertrag“	Ergebnisse nach Verhandlungen zwischen der Bundesrepublik mit der DDR, Polen und der Sowjetunion über gegenseitige Anerkennung und Anerkennung der bestehenden Grenzen
die Besatzungszeit	Deutschland wird von den vier Siegermächten des Zweiten Weltkriegs verwaltet. Ein deutscher Staat existiert nicht.
die Ostverträge (Plural)	„Wir sind das Volk.“
die Protestbewegung in der DDR hat 1989 gerufen:	Staaten Europas, die USA und die Sowjetunion vereinbaren die Anerkennung der bestehenden Grenzen, die friedliche Regelung von Streitfällen und die Geltung der Menschenrechte.

[1] *Begriffe und ihre Erklärung.*

1949	Bau der Berliner Mauer
1961	Wiedervereinigung beider deutscher Staaten
1989	Gründung der Bundesrepublik Deutschland und der DDR
1990	Fall der Berliner Mauer
1985	KSZE
1975	Gorbatschow wird Staatschef der Sowjetunion

[2] *Jahreszahlen und Ereignisse.*

[3] *Fluchtwege von DDR-Bürgern und -Bürgerinnen in die Bundesrepublik. August bis Oktober 1989.* Karte.

[4] *Szenen im August und im November 1989.* Fotos.

[5] *Schild an der ehemaligen innerdeutschen Grenze.* Foto.

Rede von Richard von Weizsäcker, Bundespräsident der Bundesrepublik Deutschland 1984–1994, anlässlich der Wiedervereinigung am 3. Oktober 1990, Auszug.

„In freier Selbstbestimmung vollenden wir die Einheit und Freiheit Deutschlands. Wir wollen in einem vereinten Europa dem Frieden der Welt dienen. ...
Es gibt drinnen und draußen drückende Sorgen; das übersehen wir nicht. Vorbehalte unserer Nachbarn nehmen wir ernst ...
Unser Dank gilt den Bürgerbewegungen und Völkern in Ungarn, in Polen und in der Tschechoslowakei. Die Menschen in Warschau, Budapest und Prag haben Beispiele gegeben. Sie haben den Weg zur inneren Freiheit in der DDR als Bestandteil eines gemeinsamen geschichtlichen Prozesses aufgefasst und ermutigt. Unvergessen ist auch ihre Hilfe für die Flüchtlinge und damit ihr ganz direkter Beitrag zur Überwindung von Mauer und Stacheldraht ...
Zu danken haben wir heute vor allem jenen Deutschen, die in der DDR den Mut aufbrachten, sich gegen Unterdrückung und Willkür zu erheben. ...“

[6] *https://www.bundespraesident.de/SharedDocs/Reden/DE/Richard-von-Weizsaecker/Reden/1990/10/19901003_Rede.html, Zugriff: 29.8.2024.*

[7] *Richard von Weizsäcker, ehemaliger Bundespräsident der Bundesrepublik Deutschland.* Foto.

Sachkompetenz

1 Ordne den Begriffen in [1] die richtige Erklärung zu.

2 Ordne in [2] den Jahreszahlen die Ereignisse zu.

3 Erläutere die Karte [3] sowie, was auf den Fotos [4] zu sehen ist. (S. 104/105, 118/119).

4 Erläutere das Schild in [5].

5 Schildere Ereignisse, die zum Fall der Berliner Mauer führten. (S. 104/105, 118/119)

6 Bringe die Ereignisse in die richtige zeitliche Reihenfolge:
Fall der Berliner Mauer – Wiedervereinigung beider deutscher Staaten – Massendemonstrationen in der DDR – KSZE – Öffnung der Grenze zwischen Ungarn und Österreich – Gorbatschow wird Staatschef der Sowjetunion

Methodenkompetenz

7 Nenne die Schritte der Methode „Eine politische Rede analysieren“ (S. 121).

8 Analysiere die Rede [6]. Wende die Schritte der Methode von Seite 121 an.

Urteilskompetenz

9 „Ohne Gorbatschow hätte es keinen Mauerfall gegeben.“ Beurteile diese Behauptung. (S. 116–120)

10 Der Fall der Berliner Mauer und die Wiedervereinigung werden auch als „friedliche Revolution“ bezeichnet. Nimm zu dieser Äußerung begründet Stellung.

Teste dich

Begegnungen der Kulturen in Europa

Kulturelle Vielfalt
Die Schülerinnen und Schüler dieser Klasse haben Vorfahren aus verschiedenen Ländern.

1 Beschreibe das Bild. Vergleiche die Jugendlichen mit deiner Klasse.
2 Was verstehst du unter dem Begriff Kultur?
3 Sammele Fragen, die du zu dem Thema „Begegnungen der Kulturen in Europa“ hast.

Schauplatz Vielfalt der Kulturen

[1] *Schützenfest in Hannover.* Foto, 2023.

[2] *Sport am Beispiel von Rugby.* Foto, 2023.

[3] *Karneval in Braunschweig.* Foto, 2024.

[4] *Junge Leute feiern in einem Club.* Foto, 2023.

Kulturelle Vielfalt in Deutschland

Die kulturelle Vielfalt ist ein Merkmal der Gesellschaft in Deutschland. Im Laufe der Geschichte haben viele verschiedene Kulturen unser Land beeinflusst. Unsere geografische Lage mitten in Europa trägt zur kulturellen Vielfalt bei und die Tatsache, dass in Deutschland Menschen aus unterschiedlichen Kulturen zusammenleben. Als Schülerin und Schüler in Deutschland erlebst du die kulturelle Vielfalt Deutschlands jeden Tag und du bist selbst Teil dieser Vielfalt.

* *die* **Tradition:** Wenn man Dinge so macht, wie es schon die Menschen vor einem gemacht haben.

Kulturelle Vielfalt in Europa

Auch in Europa ist die kulturelle Vielfalt beeindruckend. Jedes europäische Land hat besondere Traditionen* und Bräuche. Beim Essen zeigen sich kulturelle Unterschiede, die sich teilweise in ganz Europa verbreitet haben. Italienische Pizza wird man vermutlich in jedem europäischen Land finden können.

1 Erkläre, was man unter kultureller Vielfalt in Deutschland und Europa versteht.

2 Kennst du die Bräuche in den Bildern [1–8]? Sammele Beispiele für weitere kulturelle Bräuche. Befrage auch deine Mitschülerinnen und Mitschüler.

[5] *Volkstanz aus Südfrankreich.* Foto, 2019.

[6] *Speisen aus ursprünglich türkischer und italienischer Küche.* Foto, 2011.

[7] *Besucherinnen und Besucher bei einem Konzert.* Foto, 2021.

[8] *Auf einem Bauernmarkt.* Foto, 2023.

Herausforderungen im Zusammenleben

Das Zusammenleben von unterschiedlichen Kulturen bringt viele Herausforderungen mit sich. Gerade wenn man andere Kulturen noch nicht gut kennt, kann man vielleicht nicht alles verstehen. Das kann zu Missverständnissen und Konflikten führen. Deshalb ist es wichtig, tolerant* und offen zu sein. Denn Kulturen können voneinander lernen. Das trägt zum Frieden bei.

* **tolerant/tolerieren:** geduldig/erlauben, andere Menschen annehmen, wie sie sind

Wähle einen der Arbeitsaufträge aus:

- Finde heraus, welche Restaurants aus unterschiedlichen Kulturen es in deinem Wohnort gibt.
- Welches Fest aus einer anderen Kultur würdest du gerne einmal mitfeiern? Begründe deine Auswahl.

Orientierung

Was ist Kultur?
Viele Dinge unseres täglichen Lebens sind gleichzeitig Teil unserer Kultur. Beispiele sind unsere Sprache, unsere Speisen, unsere Kleidung, die Musik, die wir hören, der Sport, den wir betreiben, die Religion, an die wir glauben. Eine Kultur umfasst alle Bräuche, Traditionen, Werte, aber auch die Kunstwerke einer Gemeinschaft. Die Gemeinschaft prägt ihre eigene Kultur, gleichzeitig erfahren die Menschen innerhalb einer Gemeinschaft durch die Kultur ein Gefühl der Zusammengehörigkeit.
Kultur ist dabei regional verschieden, nicht starr, sondern verändert sich. Das bemerkt man, wenn man die heutige Kultur in Deutschland mit der vor einigen Jahrzehnten vergleicht.

1 Erkläre den Begriff Kultur mit eigenen Worten.

[1] *Eine Skulptur beim Straßenumzug des Karnevals der Kulturen in Berlin.* Foto, 2024.

Europa
Europa besteht aus vielen Ländern mit sehr unterschiedlichen Kulturen, die dennoch viele Gemeinsamkeiten haben. Das Europa, das wir heute kennen, hat sich über viele Jahrhunderte entwickelt. Diese Entwicklung verlief nicht immer friedlich. Oft kam es zu kriegerischen Auseinandersetzungen der europäischen Nachbarn untereinander. Außerdem gab es Angriffe von außerhalb Europas, die die weitere Entwicklung beeinflussten. Es gab auch kulturelle Begegnungen, die sehr wohl von Frieden und gegenseitigem Respekt geprägt waren.

Üben

Die Kulturen Europas
Die unterschiedlichen Kulturen haben Europa geprägt und zu dem gemacht, was es heute ist. Das Zusammenleben verläuft inzwischen überwiegend friedlich. Konflikte können meist durch Verhandlungen gelöst werden. Die unterschiedlichen Kulturen sind an vielen Stellen zu einer europäischen Kultur zusammengewachsen.

Ein Problem bleibt
In Europa gelingt es den meisten Ländern, trotz ihrer unterschiedlichen Kulturen zusammenzuarbeiten. In der EU wird sogar gemeinsam Politik gemacht. Aber obwohl in Europa Vielfalt gelebt wird, kommt es immer wieder zu diskriminierenden Vorfällen, bei denen es sogar Todesopfer zu beklagen gibt. in Deutschland soll das Gleichbehandlungsgesetz Benachteiligungen aus Gründen der Rasse oder wegen der ethnischen Herkunft, des Geschlechts, der Religion oder Weltanschauung, einer Behinderung, des Alters oder der sexuellen Identität verhindern und beseitigen.

Jahresbericht der Antidiskriminierungsstelle des Bundes für 2023
8303 Verstöße gegen das Allgemeine Gleichbehandlungsgesetz wurden registriert. Diese Anfragen bezogen sich auf ...
- rassistische Diskriminierung (41 Prozent)
- Diskriminierung aufgrund einer Behinderung (25 Prozent)
- Diskriminierung wegen des Geschlechts (24 Prozent)
- Benachteiligung wegen des Alters (14 Prozent)
- Diskriminierung wegen der Religion (7 Prozent)
- Diskriminierung aufgrund der sexuellen Identität (4 Prozent)

[2] *https://www.antidiskriminierungsstelle.de/SharedDocs/aktuelles/DE/2024/20240625_Jahresbericht_2023.html; Zugriff: 2.9.2024.*

2 Erstelle ein Säulendiagramm zur Quelle [2]. Was fällt dir auf?

3 Erläutere den Zusammenhang zwischen Unterrepräsentation und Diskriminierung.

Begegnungen der Kulturen in Europa

▸ **711**
Beginn des Zusammenlebens von unterschiedlichen Religionen in Spanien (Mauren in Spanien) für über 750 Jahre

▸ **813**
Beginn des Zusammenlebens von unterschiedlichen Religionen in Sizilien (Mauren in Sizilien) für über 250 Jahre

▸ **1789**
Französische Revolution

▸ **1772, 1793, 1795**
polnische Teilungen

19. Jahrhundert
Emanzipation der europäischen Juden, aber auch Entwicklung des rassischen Antisemitismus

1806–1813
Herrschaft Napoleons in Europa

1870/71
Deutsch-Französischer Krieg und Gründung des Deutschen Kaiserreichs rechtliche Gleichstellung von Juden im Deutschen Kaiserreich

1914–1918
Erster Weltkrieg

1918
Neugründung des polnischen Staats

1939–1945
Zweiter Weltkrieg

1963
Unterzeichnung des Élysée-Vertrags zwischen Frankreich und Deutschland

1991
Unterzeichnung des deutsch-polnischen Freundschaftsvertrags

Die maurische Herrschaft

Welchen Einfluss nahmen Islam und Christentum aufeinander?

[1] *Blick in den Palast von Alhambra, Granada, Spanien.* Foto, 2021.

1 Beschreibe das Bild. Was ist das Besondere an der Architektur?

Die maurisch-arabische Herrschaft in Europa

In Nordafrika lebten verschiedene Berberstämme, die auch Mauren genannt wurden. Dies waren Menschengruppen, die meist ein nomadisches Leben führten. Sie zogen umher und lebten nicht an einem festen Ort. Im 8. Jahrhundert nahmen die meisten dieser Stämme den muslimischen Glauben der Araber an. Im Jahr 711 eroberten die Mauren gemeinsam mit den Arabern große Teile von Spanien. Sie kamen über das Mittelmeer und drangen weit bis nach Nordspanien vor. Einige Jahrzehnte später gelang es ihnen, auch die Insel Sizilien zu erobern, die an der Südspitze von Italien im Mittelmeer liegt. In Sizilien dauerte die muslimische Herrschaft bis 1091, in Teilen von Spanien sogar bis 1492. Sie zeichnete sich durch ein tolerantes Zusammenleben aus. Christen und Juden durften ihren Glauben weiter ausüben und wurden nicht gezwungen, den muslimischen Glauben anzunehmen.

Eine Zeit der kulturellen Blüte

In Spanien und Sizilien trafen die arabische und die europäische Kultur aufeinander und beeinflussten sich gegenseitig. Bis heute kann man die arabische Architektur in Spanien bewundern [1]. Viele für uns heute selbstverständliche Kulturgüter und Wissenschaften haben die Araber mitgebracht, z. B. den Kaffee und den Zucker, aber auch die Zahlen, die wir heute verwenden. In den Wissenschaften wie der Mathematik, der Chemie und der Astronomie kam es zu einem regen Austausch. Viele wichtige wissenschaftliche Erkenntnisse stammen aus dieser Zeit, weil arabische und europäische Gelehrte zusammenarbeiteten.

2 Charakterisiere die muslimische Herrschaft in Spanien und Sizilien.

Sprachspeicher

der Glaube > (hier) religiöse Überzeugung ▪ einen Glauben annehmen ▪ einen Glauben ausüben

Kulturen treffen aufeinander ▪ Kulturen beeinflussen sich

[2–4] *Kaffeebohnen und Kaffee (v. l.), Sofa, Schachspiel.* Fotos.

3 Was haben die Bilder [2–4] und die Wortwolke [6] mit der maurisch-arabischen Herrschaft zu tun? Erkläre.

Im Jahre 713 schloss der arabische Heerführer Musa ibn Nusair mit dem besiegten westgotischen König Teudemir einen Vertrag:
1. Weder Teudemir noch seine Leute werden in irgendeiner Weise bevorzugt oder benachteiligt.
2. Ihnen wird ihr Eigentum nicht weggenommen.
3. Sie werden weder getötet noch als Sklaven gehalten und sie werden nicht von ihren Familien getrennt oder wegen ihrer Religion angegriffen.
4. Ihre Kirchen werden nicht zerstört und ihre heiligen Gegenstände nicht gestohlen.

[5] *Hoenerbach, Wilhelm (Hrsg. und Übers.): Abdallah ibn al-Khatib, Kitab Amal al-alamn 1372–1374, Islamische Geschichte Spaniens, Zürich u. a. (Artemis) 1970, S. 54 f., sprachlich vereinf.*

4 Erkläre den Begriff Toleranz mithilfe der Quelle [5].

Spanien wird zurückerobert

Im Jahre 1095 eroberten christliche Heere die Stadt Toledo im Zentrum Spaniens. Muslime und Juden, die in der Stadt blieben, durften ihre Religion zunächst weiterhin behalten. Im Jahre 1212 kam es zur entscheidenden Schlacht: Die muslimischen Truppen wurden geschlagen. Der größte Teil Spaniens geriet unter die Herrschaft christlicher Könige und so wurde auch die große Stadt Cordoba 1236 erobert. Sie hatte im 10. Jahrhundert 800 000 Einwohner und war die größte und reichste Stadt Europas. Nach der Eroberung wurden dort in der Moschee christliche Gottesdienste abgehalten. Später errichteten die Christen in ihr eine Kirche. Nur ein kleines Gebiet im Süden Spaniens blieb noch fast 300 Jahre islamisch. Es wurde 1492 ebenfalls von christlichen Heeren erobert. Noch im selben Jahr mussten alle Juden und 1501 alle Muslime Spanien verlassen, wenn sie sich nicht christlich taufen ließen.

[6] *Arabische Lehnwörter.* Wortwolke.

Wähle einen der Arbeitsaufträge aus:

- Erstelle eine Collage zu arabischen Erfindungen.
- Recherchiere die Geschichte des Schachspiels. Suche nach Texten oder Erklärvideos und gestalte ein Plakat.
- Erläutere, warum die Muslime den Menschen in den eroberten Gebieten ihre Religion gelassen haben. Bedenke positive und negative Folgen.

Sprachspeicher
bevorzugt werden • benachteiligt werden

die Collage > eine Sammlung von Bildern und kleinen Texten zu einem Thema

Polen und Deutschland

Wie können aus Feinden Freude werden?

[1] *Bundeskanzler Helmut Kohl (r.) und der polnische Ministerpräsident Jan Krzysztof Bielecki unterzeichnen in Bonn den Vertrag über gute Nachbarschaft und freundschaftliche Zusammenarbeit.* Foto, 17.6.1991.

Ein angespanntes Verhältnis

Das Verhältnis zwischen Polen und Deutschland ist bis heute stark von den Verbrechen des Zweiten Weltkriegs geprägt. Polen erlebte die Deutschen als Besatzer. Der Angriff des nationalsozialistischen Deutschlands auf Polen markierte den Beginn des Kriegs. Während des Kriegs kam es zu großen Zerstörungen auf polnischem Boden. Über sechs Millionen Polen, hauptsächlich Zivilisten, kamen ums Leben. Die deutschen Besatzer verübten Massenmorde und versuchten vor allem, die Führungselite in Polen zu vernichten.

Über zwei Millionen polnische Arbeiter- und Arbeiterinnen wurden zur Zwangsarbeit ins Deutsche Reich deportiert, ebenso 400 000 polnische Kriegsgefangene. Diese Arbeitenden mussten ein „P" auf ihrer Kleidung tragen, das zeigte, dass sie keine Rechte hatten. Auch im besetzten Polen selbst wurden viele Bürgerinnen und Bürger zur Zwangsarbeit gezwungen. Polnische Juden wurden zuerst in Ghettos gesperrt und später in Vernichtungslager deportiert und getötet.

Vertreibung von Polen

Nach dem Krieg wurden fast 5 Millionen Polen vertrieben. Die Sowjetunion besetzte Teile des östlichen Polens. Die einheimische Bevölkerung wurde in die von den Deutschen geräumten Gebiete im Westen Polens umgesiedelt. Bereits 1949 erkannte die DDR die neue polnische Westgrenze an, in der BRD dauerte es jedoch bis 1990: Erst sechs Wochen nach der deutschen Wiedervereinigung wurde der Vertrag über die endgültige Anerkennung der deutsch-polnischen Staatsgrenze unterzeichnet.

1 Erkläre, warum es zwischen Deutschland und Polen nach dem Zweiten Weltkrieg ein angespanntes Verhältnis gab.

Sprachspeicher

ein angespanntes Verhältnis > eine schlechte Beziehung, es gibt Probleme

eine Grenze anerkennen

Annäherungund Freundschaft

Zu Beginn des Kalten Kriegs war das Verhältnis zwischen den beiden deutschen Staaten und Polen weiterhin angespannt. Seit den 1970er-Jahren kam es zu einer Entspannung und Annäherung (vgl. Seite 116). Nach der deutschen Wiedervereinigung schlossen Deutschland und Polen einen Vertrag, um das Verhältnis weiter zu verbessern: 1991 wurde der deutsch-polnische Nachbarschaftsvertrag vom polnischen Ministerpräsidenten Jan Krzysztof Bielecki und dem deutschen Bundeskanzler Helmut Kohl unterzeichnet [1].

2 Beschreibe die Entwicklung des deutsch-polnischen Verhältnisses nach dem Zweiten Weltkrieg.

[2] *Deutsch-polnische Freunde schauen ein Fußballspiel.* Foto.

Polen und Deutschland in der EU

im Jahr 2004 kam es zur sogenannten Osterweiterung der Europäischen Union. Gemeinsam mit Polen traten neun weitere osteuropäische Staaten der EU bei. Bis heute finden die meisten Menschen in Polen es gut, dass ihr Land zur Europäischen Union gehört, auch wenn die Parteien in Polen nicht alle dieser Meinung sind. In der EU arbeiteten Deutschland und Polen gut zusammen und setzten sich für gemeinsame Ziele ein. Ein Regierungswechsel in Polen im Jahr 2015 veränderte das Verhältnis, da es in Polen zu verschiedenen, nicht immer demokratischen Veränderungen kam, die von den anderen EU-Mitgliedern kritisch gesehen wurden. Im Jahr 2023 gab es einen erneuten Regierungswechsel. Seitdem gibt es wieder eine gute Zusammenarbeit zwischen Polen und Deutschland. Verhandelt wird noch über die Entschädigung von Opfern der deutschen Besatzung während des Zweiten Weltkriegs.

Außerdem soll ein Erinnerungsort geschaffen werden: Das „deutsch-polnische Haus“ in Berlin soll an die polnischen Opfer im Zweiten Weltkrieg erinnern. In Deutschland sind heute etwa 2 Prozent der Bevölkerung Polen oder haben einen polnischen Migrationshintergrund. Der Anteil von Deutschen an der Bevölkerung in Polen beträgt ca. 0,4 Prozent, wobei es Regionen in Polen gibt, die zweisprachig sind. Verschiedene Vereine in Deutschland und Polen setzen sich für das gute Verhältnis zwischen den Ländern ein.

[3] *In Löcknitz in Mecklenburg-Vorpommern, nah bei der polnischen Großstadt Stettin, gibt es eine Europaschule. Schülerinnen und Schüler aus Polen und Deutschland lernen dort gemeinsam.* Foto.

3 Bewerte die Bedeutung einer guten Zusammenarbeit zwischen Polen und Deutschland.

Wähle einen der Arbeitsaufträge aus:

- Recherchiere zum deutsch-polnischen Jugendwerk und stell die Arbeit in einem Vortrag vor.
- Arbeite einen Vorschlag für einen deutsch-polnischen Erinnerungsort aus und stelle ihn vor.
- Halte einen Vortrag zum Thema „Warum wir alle polnische Freundinnen/Freunde brauchen“.

Sprachspeicher

unterzeichnen > unterschreiben

die Europäische Union (EU) ▪ *der* Regierungswechsel ▪ etwas kritisch sehen

Wahlseite Antisemitismus heute

1 Informiere dich auf dieser Seite über die Erscheinungsformen des aktuellen Antisemitismus.

2 Präsentiere deine Ergebnisse in geeigneter Form in der Klasse.

Ist Antisemitismus gesellschaftsfähig geworden?

Antisemitismus, also die Feindschaft gegenüber Jüdinnen und Juden, wird in Deutschland sehr kritisch gesehen. Das sollte man zumindest vermuten. Der Holocaust im Zweiten Weltkrieg ist Teil unserer Geschichte (s. Seite 52/53) und somit sollte das Nachdenken darüber für uns normal sein. Wir wissen alle, dass so etwas wie der Holocaust nicht noch einmal passieren darf. Wer in Deutschland den Holocaust leugnet, also behauptet, dass er nie passiert ist, macht sich sogar strafbar. Und obwohl das Wissen darüber weit verbreitet ist, hat der Antisemitismus in den letzten Jahren deutlich zugenommen. Immer wieder werden Synagogen oder andere jüdische Einrichtungen Opfer von antisemitischen Angriffen. Bei solchen Angriffen können alle erkennen, dass es sich um Straftaten handelt. Aber auch in anderen Bereichen gibt es immer mehr Antisemitismus. Allerdings ist er dort oft nicht so leicht zu erkennen. Antisemitische Parolen oder Vorurteile finden sich vor allem auch in der Rapmusik.

[1] *Jüdische Einrichtungen wie diese Synagoge werden von der Polizei bewacht.* Foto, 2021.

[2] *Der Berliner Jonathan Kalmanovich ist unter dem Namen Ben Salomo (Sohn des Friedens) als Rapkünstler bekannt. Er wurde 2023 in Deutschland als Botschafter für Demokratie und Toleranz ausgezeichnet.* Foto, 2019.

Für Demokratie und Toleranz

Ben Salomo ist ein jüdischer Rapper, der durch das Format „Rap am Mittwoch" bekannt geworden ist. Er ist aufgrund des Antisemitismus inzwischen aus der Rapszene ausgestiegen und nutzt seine Bekanntheit, um darauf aufmerksam zu machen, welchen Anfeindungen Jüdinnen und Juden heute in Deutschland ausgesetzt sind. Dafür geht er u.a. auch in Schulen. Oft braucht er für seine Auftritte Personenschutz, da es für Jüdinnen und Juden in bestimmten Städten in Deutschland gefährlich sein kann, öffentlich aufzutreten. Für sein Engagement wurde er 2023 als Botschafter für Demokratie und Toleranz ausgezeichnet.

Tipp für die Erarbeitung

- Recherchiere über Ben Salomo und informiere dich darüber, was es bedeutet, heute als Jüdin oder Jude in Deutschland zu leben.

Tipp für die Präsentation

- Anstelle einer Präsentation könntest du Ben Salomo an deine Schule einladen und den Besuch gemeinsam mit deiner Lehrkraft vorbereiten.

☒ Wahlseite Diskriminierung im Fußball

1 Informiere dich auf dieser Seite über Diskriminierung im Fußball.

2 Präsentiere deine Ergebnisse, indem du diese Frage beantwortest: Wird genug gegen Diskriminierung im Fußball getan?

[1] *Fußballspieler der Bundesliga von RB Leipzig und von SV Darmstadt 98 zeigen vor dem Spiel ein Plakat gegen Rassismus.* Foto, 2024.

Spieler mit Migrationshintergrund

In der deutschen Fußballnationalmannschaft der Männer spielen deutsche Spieler. Viele dieser Spieler haben einen Migrationshintergrund. Sie haben sich bewusst entschieden, für Deutschland und nicht für ihr Herkunftsland zu spielen. Das war nicht immer so und der Deutsche Fußball-Bund (DFB) begrüßt diese Entwicklung. Auf den ersten Blick scheint also Diskriminierung kein Thema im Fußball sein.

Gleicher Lohn für Männer und Frauen?

Die Realität sieht anders aus. Diskriminierung aufgrund des Geschlechts wurde lange vom DFB selbst betrieben, da Frauen nicht Fußball spielen durften. Vergleicht man die Gehälter von Bundesligaspielern und -spielerinnen, ist leicht zu erkennen, dass diese weit davon entfernt sind, den gleichen Lohn für die gleiche Arbeit zu erhalten. Das Gehalt der Spielerinnen reicht oft nicht für den Lebensunterhalt und sie müssen nebenher noch einen anderen Beruf ausüben. Männer hingegen verdienen Millionenbeträge.

Diskriminierungen auf und neben dem Platz

Weitere Diskriminierung erfahren Spielerinnen und Spieler aufgrund ihrer sexuellen Orientierung. Homosexuelle Spielerinnen und Spieler erleben immer wieder Anfeindungen, auch von Teamkameradinnen und Teamkameraden. Auch rassistische und antisemitische Anfeindungen oder sogar Gewalttaten kommen immer wieder vor, z.B. wenn eine Entscheidung des Schiedsrichters angezweifelt wird.

Auf seiner Internetseite präsentiert der DFB seine Maßnahmen gegen Rassismus und Diskriminierung. Dazu gehören neben Stellungnahmen und Arbeitsgruppen auch Anlaufstellen für betroffene Spielerinnen und Spieler. Trotzdem finden sich in den Medien zahlreiche aktuelle Beiträge über Diskriminierung im Fußball. Auch auf internationaler Ebene stellt sich die Frage: Wie kann Diskriminierung im Fußball bekämpft werden?

Tipp für die Erarbeitung

- Siehe die Website des DFB an. Recherchiere aktuelle Fälle von Diskriminierung im Fußball.

Tipp für die Präsentation

- Welche Erfahrungen hast du mit Diskriminierung im Sport gemacht? Lasse deine Erfahrungen mit in die Präsentation einfließen.

Das kann ich!

Versuche, zunächst die Aufgaben auf dieser Doppelseite zu lösen, ohne im Kapitel nachzusehen. Wenn du Hilfe brauchst, kannst du bei den Aufgaben nachschlagen. Dort sind in Klammern die Seiten angegeben.

die Kultur	Freundschaftsvertrag zwischen Frankreich und der Bundesrepublik Deutschland aus dem Jahr 1963
der Antisemitismus	Wenn man Dinge so macht, wie es schon die Menschen vor einem getan haben.
der Élysée-Vertrag	Wenn man selbst oder die Eltern aus einem anderen Land eingewandert ist/sind.
die Tradition	Eingliederung von zugewanderten Menschen in die Gesellschaft
der Migrationshintergrund	eine schnell gefasste Meinung, die oft von feindseligen Gefühlen bestimmt ist
die Integration	alle Bräuche, Traditionen, Werte, aber auch die Kunstwerke einer Gemeinschaft
das Vorurteil	Feindseligkeit gegenüber Bürgerinnen und Bürgern jüdischen Glaubens

[1] *Begriffe und ihre Bedeutung.* Tabelle.

antizipieren	*die* Metapher
extrovertiert	populär
der Hypochonder	*der* Status quo
konstruktiv	subtil
konvertieren	verifizieren
marginal	trivial

[2] *Fremdwörterliste.* Tabelle.

[3] *Der deutsche Bundeskanzler Konrad Adenauer (links) und der französische Staatspräsident Charles de Gaulle.* Foto.

[4] *Die Flaggen Deutschlands und Polens (oben) sowie die von Deutschland und Frankreich.* Fotos.

[5] *Schild mit Partnerstädten.* Foto.

[6] *Eine Eckfahne beim Fußball. Sie ist Teil einer Aktion des Deutschen Fußball-Bunds gegen Rassismus im Sport.* Foto, 2024.

Sachkompetenz

1 Ordne den Begriffen in [1] die jeweils passende Erklärung zu.

2 Wähle aus der Fremdwörterliste [2] fünf Wörter aus. Schlage ihre Bedeutung und Herkunft nach.

3 Erkläre die Bedeutung des Begriffs Diskriminierung. (S. 136)

4 Beschreibe das Verhältnis von Deutschland zu seinen Nachbarländern Frankreich und Polen [4]. Berücksichtige auch, wie es sich jeweils verändert hat. (S. 142–145)

5 Erkläre, welchen Vertrag Charles de Gaulle und Konrad Adenauer unterschrieben haben und warum er so bedeutsam war [3]. (S. 142)

6 Erkläre die Bedeutung von Partnerstädten [5] für das friedliche Zusammenleben in Europa. (S. 142/143)

7 Wie kannst du zum friedlichen Zusammenleben in der Schule beitragen? Erstelle eine Liste.

Methodenkompetenz

8 Erkläre, wie du Vorurteile erkennen und entkräften kannst. (S. 148/149)

Urteilskompetenz

9 „Für ein gutes Zusammenleben der Kulturen sind alle verantwortlich – Eingewanderte und Einheimische." Nimm Stellung zu dieser Aussage. (S. 146/147)

10 Begründe, warum es im Sport keinen Rassismus geben darf [6]. (S. 153)

Teste dich

Demokratie leben

Meine Rolle in der Demokratie

Im Januar 2024 kam es in vielen deutschen Städten und Gemeinden zu Kundgebungen und Demonstrationen für Vielfalt in der Demokratie. Mit über drei Millionen Teilnehmenden auf mehr als 1000 Veranstaltungen (Stand: März 2024) waren dies bislang die größten Demonstrationen in der Geschichte Deutschlands.

1. Beschreibe das Bild.
2. Vermute, warum die Menschen gemeinsam demonstriert haben.
3. Überlege, warum in einer Demokratie aktive Bürger und Bürgerinnen erwünscht sind.
4. Deine Rolle in der Demokratie: Was musst du über Demokratie wissen? Wie kannst du eine Rolle einnehmen? Formuliere Fragen zu dem Thema.

WIR
SIND
MEHR

Orientierung

[1] *Demokratie.* Karikatur, Schwarwel.

1 Beschreibe, was die Karikatur [1] ausdrückt.

Das deutsche Volk und die Demokratie

Als am 23. Mai 1949 das Grundgesetz für den neuen Staat Bundesrepublik Deutschland veröffentlicht wurde, rückte eine ganz besondere und wichtige Gruppe in den Mittelpunkt – das Volk. Im August 1948 hatten Experten einen Verfassungsentwurf erarbeitet. 61 Männer und 4 Frauen berieten anschließend den Entwurf im Parlamentarischen Rat. Sie waren mehrheitlich Vertreterinnen und Vertreter einer streitbaren und wehrhaften Demokratie.

Sie alle hatten den Aufstieg der Nationalsozialisten erlebt und gesehen, wie die Demokratie der Weimarer Republik zu einer Diktatur wurde. Sie wollten verhindern, dass es den Feinden der Demokratie erneut möglich würde, diese Staatsform zu gefährden. Der Staat und seine Bürgerinnen und Bürger dürfen sich gegen die Abschaffung der Demokratie wehren. Es ist sogar verboten, die Demokratie abzuschaffen: Das bestimmt das Grundgesetz im Art. 79 Abs. 3. Das Deutschland eine Demokratie und ein sozialer Bundesstaat ist und der Schutz der Menschrechte oberstes Gebot ist, sind unveränderlich.

2 Begründe, warum unser Grundgesetz unsere Demokratie als verbindlich vorsieht.

Das Grundgesetz als Verfassung

1949 wurde das Grundgesetz als vorläufig angesehen. Es sollte nach der Wiedervereinigung der beiden getrennten deutschen Staaten (siehe Kapitel 4) durch eine neue Verfassung ersetzt werden. Allerdings blieb das Grundgesetz bei der Wiedervereinigung 1990 erhalten. Warum? Das Grundgesetz erfüllte alle Funktionen einer Verfassung und hatte sich als gut erwiesen.

Die Diktatur als Gegenstaatsform

Die Diktatur ist eine Regierungsform, in der eine Person oder eine kleine Gruppe die alleinige Kontrolle über ein Land hat. Die Bürgerinnen und Bürger haben kein Mitspracherecht. Es existiert keine Gewaltenteilung. In Diktaturen gibt es oft strenge Kontrollen, Unterdrückung und wenig Freiheit für die Menschen.

3 Erkläre, was eine Diktatur von einer Demokratie unterscheidet. **Starthilfe:** *Nutze auch das Material [2].*

Üben

Wesentliche Grundsätze einer Demokratie

- **Volkssouveränität:** Die Macht geht vom Volk aus: Die Bürgerinnen und Bürger haben das Recht, durch Wahlen und Abstimmungen mitzubestimmen und an politischen Prozessen teilzunehmen.
- **Rechtsstaatlichkeit:** In einer Demokratie ist die Regierung dem Gesetz unterworfen. Alle Bürgerinnen und Bürger sind vor dem Gesetz gleich. Die Regierung muss sich an bestehende Gesetze halten.
- **Gewaltenteilung:** Die Gewaltenteilung stellt sicher, dass keine Institution zu viel Macht hat. Legislative, Exekutive und Judikative sind voneinander getrennt.
- **Freie Wahlen:** Freie Wahlen sind entscheidend für eine Demokratie. Alle Bürgerinnen und Bürger haben das Recht, ihre Regierung durch geheime Abstimmungen und freie Wahlen zu bestimmen.
- **Meinungsfreiheit und Meinungsvielfalt:** Eine Demokratie schützt die Meinungsfreiheit und fördert den Austausch verschiedener Ideen und Standpunkte.
- **Menschenrechte:** Eine Demokratie respektiert grundlegende Menschenrechte, wie beispielsweise Meinungsfreiheit, Versammlungsfreiheit, Religionsfreiheit und die Gleichheit vor dem Gesetz.
- **Gewaltfreie Konfliktlösung:** In einer Demokratie werden Konflikte und Meinungsverschiedenheiten friedlich und durch Dialog gelöst anstatt durch Gewalt.

[2] *Prinzipien einer Demokratie*. Autorentext.

4 Erkläre mit eigenen Worten, welche Regeln in einem demokratischen Staat gelten und wie das Zusammenleben sein soll.

5 Die „Mütter und Väter" des Grundgesetzes wollten, dass es streitbar und wehrhaft ist. Begründe dies.

[3] *Der Präsident des Parlamentarischen Rats Konrad Adenauer (CDU) unterschrieb das Grundgesetz am 23. Mai 1949.* Foto.

Merkmale unserer Demokratie

Gewaltenteilung, Föderalismus und Parlamentarismus

[1] *Ein Plakat wird auf einer Kundgebung gegen Rechtsextremismus am 21.1.2024 hochgehalten.* Foto.

„Eine wehrhafte Demokratie …“

- Sie muss sich selbst friedlich verteidigen können.
- Eine demokratische Gesellschaft muss entsprechende Regeln haben.
- Die politischen Regeln und Abläufe müssten so sein, dass eine Alleinherrschaft unmöglich ist.
- Die Menschen müssten bemerken, wenn ihre Demokratie gefährdet wird.

[2] *Gedanken der Klasse 9c: „Eine wehrhafte Demokratie“.*

1 Die Klasse 9c hat sich Gedanken [2] zu einem Demonstrationsplakat [1] gemacht. Beschreibe in eigenen Worten, was sich die Schülerinnen und Schüler überlegt haben.

Die gesellschaftliche Ordnung

Wie leben Menschen zusammen? Welche Regeln gelten? Wie funktioniert dieser Staat? Wie ist die Macht verteilt? Wie werden politische Entscheidungen getroffen? Das Grundgesetz beantwortet solche Fragen. Es ist eine Anleitung, die unser Zusammenleben in der Gesellschaft bestimmt. Die Idee, dass wir in einer Demokratie leben und unser Zusammenleben demokratisch ist, zeigt sich in Regeln und Gesetze.

Demokratie bedeutet Volksherrschaft. Das Volk ist durch freie Wahlen an der Machtausübung beteiligt. Die politische Herrschaft wird durch die gewählten Volksvertreter ausgeübt. Mehrheiten entscheiden darüber, welche Personen oder Parteien an der Machtausübung beteiligt sind.

2 Die Mehrheit entscheidet bei Abstimmungen. Ist das sinnvoll? Begründe deine Einschätzung.
Starthilfe: *Überlege dir Vor- und Nachteile, die eine Mehrheitsentscheidung hat. „Wenn mehr als die Hälfte der Stimmen …“*

Artikel 20

(1) Die Bundesrepublik Deutschland ist ein demokratischer und sozialer Bundesstaat.

(2) Alle Staatsgewalt geht vom Volke aus. Sie wird vom Volk in Wahlen und Abstimmungen und durch besondere Organe der Gesetzgebung, der vollziehenden Gewalt und der Rechtsprechung ausgeübt.

(3) Die Gesetzgebung ist an die verfassungsmäßige Ordnung, die vollziehende Gewalt und die Rechtsprechung sind an Gesetze und Recht gebunden.

(4) Gegen jeden, der es unternimmt, diese Ordnung zu beseitigen, haben alle Deutschen das Recht zum Widerstand, wenn andere Abhilfe nicht möglich ist.

[3] Auszug aus dem Grundgesetz.

3 Der Artikel 20 des Grundgesetzes [3] bestimmt, wie der deutsche Staat sein soll. Notiere dies stichpunktartig.

Sprachspeicher

die Organe der Gesetzgebung (Legislative) > Bundestag, Bundesrat und Landtage

an Gesetze gebunden sein > sich an Gesetze halten müssen

Eine Absicherung für die Demokratie

In einer Demokratie gelten drei Prinzipien:

- Gewaltenteilung
- Föderalismus
- Parlamentarismus

Die Gewaltenteilung verhindert, dass zu viel Macht in einer Hand liegt. Auch die Machtaufteilung zwischen Bund und den Bundesländern (Föderalismus) soll verhindern, dass der Bund alles bestimmen kann.

Der Föderalismus

Jedes Bundesland ist eigenständig, hat eine eigene Verfassung, ein eigenes Parlament* (Landtag) und eine gewählte Landesregierung. Diese wirkt im Bundesrat an der Gesetzgebung des Bundes mit. Der Bundesrat setzt sich aus den Vertreterinnen und Vertretern der 16 Landesregierungen zusammen.

Die Länder haben eigene Zuständigkeiten. Dazu gehören innere Sicherheit, Bildung, Kultur und die kommunale Verwaltung*. Diese können die Länder eigenständig gestalten. Dabei gibt es jedoch einige Regeln. Wenn es Vorgaben und Gesetze von der EU oder vom Bund gibt, müssen diese eingehalten werden.

4 Erkläre, wie der Föderalismus funktioniert.
Starthilfe: *Die Macht ist zwischen dem Bund und den Ländern aufgeteilt. Im Föderalismus hat jedes Bundesland ...*

***** *das* **Parlament:** Das ist der Ort, wo die gewählten Volksvertreterinnen und Volksvertreter zusammenkommen. Beispiele sind der Bundestag oder der Landtag. Der Begriff leitet sich aus dem französischen Wort „parler" (reden) ab. Im Parlament wird viel gesprochen.

die **kommunale Verwaltung:** Sie regelt alles, was in den Städten, Gemeinden und Landkreisen geschieht. Diese Verwaltung muss auch Bundes- und Landesgesetze umsetzen.

[4] *Die Bundesländer bilden die Bundesrepublik Deutschland. Auch das ist unveränderlich.* Grafik.

Der Parlamentarismus

Das Parlament* setzt sich aus den gewählten Volksvertreterinnen und Volksvertretern zusammen. Sie repräsentieren den Willen des Volks, diskutieren Gesetzesvorschläge und beschließen mit Mehrheit Gesetze. Außerdem wählen, kontrollieren und entlassen sie eine Regierung.

5 Erkläre: Gesetzgebung und Kontrolle der Regierung sind die wichtigsten Aufgaben des Parlaments.

6 Sind Gewaltenteilung, Föderalismus und Parlamentarismus Merkmale unserer wehrhaften Demokratie? Nimm dazu Stellung.
> **Sprachspeicher**

Wähle einen der Arbeitsaufträge aus:

- Schreibe drei Regeln auf, die in einer Demokratie gelten müssen.
- „Das Parlament ist das Herz einer Demokratie." Erkläre diese Aussage.
- „Der Föderalismus ist eine Stärke der deutschen Demokratie." Schreibe eine begründete Stellungnahme dazu.

Sprachspeicher
die Macht teilen • Macht abgeben • Zuständigkeiten haben > sich um etwas kümmern müssen • repräsentieren > Interessen vertreten

6: „Gewaltenteilung bedeutet, ... Föderalismus ... Parlamentarismus ... Zusammen sind sie ... Deshalb vertrete ich die Meinung, dass ..."

Üben

Politikberater beeinflussen

Warum stellen sich Politikerinnen und Politikern medienwirksam dar?

[1] *Friedrich Merz, CDU-Bundesvorsitzender und CDU/CSU-Fraktionsvorsitzender im Bundestag, im Cockpit eines Kampfflugzeugs der Bundeswehr. Er flog als „Passagier“ in einem zweisitzigen Eurofighter, um sich „über die Arbeit der Luftwaffe zu informieren“.* Foto, 20.6.2024

1 Wie wirkt das Bild [1] auf dich?

2 Das Bild ist inszeniert*. Begründe dies.

* **inszeniert:** Wenn etwas für andere gut in Szene gesetzt wird. Man möchte durch die geschickte Organisation und Vorbereitung eine bestimmte Wirkung bei den Betrachtenden erzielen.

das **Image:** Es bezeichnet das Bild oder die Vorstellung, die wir von einem Unternehmen, einer Person oder einer Marke haben.

Politikberater und -beraterinnen

Viele Politiker haben ein Team von Beratern, die sie begleiten und unterstützen. Die Berater sind für den Umgang mit Medien, eine geschickte Kommunikation, Imagepflege und die Politikvermittlung verantwortlich.

Das Image wird sorgfältig gepflegt

Politikerinnen und Politiker brauchen ein gutes Team von Beratern. Diese entwickeln Strategien, pflegen und verbessern das Image*, unterstützen in der positiven Medienberichterstattung, planen Kampagnen und erklären politische Trends. Politikberaterinnen und -berater werten die Veröffentlichungen von Meinungsforschungsinstituten aus, analysieren Umfragen und Stimmungsbilder. Sie nehmen in den Blick, wie Politiker möglichst gut in den Nachrichten und den sozialen Netzwerken wie TikTok, Instagram oder Youtube ankommen.

3 Erkläre, welche Aufgaben Politikberater haben.

4 Wenn das Image eines Politikers gut ist, wählen ihn mehr Menschen. Erkläre dies.
> Sprachspeicher

Sprachspeicher
etwas inszenieren ▪ jemanden vorteilhaft erscheinen lassen ▪ ein Bild von einem Politiker oder einer Politikerin haben

4: Überlege, warum wir Politikerinnen und Politikern mehr vertrauen, wenn sie ein gutes Image haben.

[2] *Beim dritten Triell vor der Bundestagswahl 2021 treffen sich die drei Spitzenkandidaten (von links nach rechts): Olaf Scholz, SPD, Annalena Baerbock, Bündnis 90/Die Grünen, sowie Armin Laschet, CDU/CSU.* Foto, 2021.

5 Vermute, wie man so ein TV-Triell gewinnen kann. Beachte dabei auch die Karikatur [3].

Ein TV-Triell

Ein TV-Triell (mit drei Diskussionsteilnehmern) bzw. TV-Duell (mit zwei Gesprächspartnern) wird im Fernsehen oder im Internet übertragen. Die politischen Spitzenkandidaten treffen dort aufeinander, um über politische Themen zu diskutieren. Diese Debatten finden oft vor Wahlen statt. Es wird z.B. über Wirtschaft, Bildung, Gesundheit, Umwelt, Sicherheit und Einwanderung debattiert. Die Kandidaten haben die Möglichkeit, ihre Positionen zu diesen Themen zu präsentieren und sich gegenseitig zu befragen. Die Zuschauenden informieren sich über die Positionen der Kandidaten, um später eine Wahlentscheidung treffen zu können.

Die Rolle der Politikberater in einem TV-Triell

Die Politikberater bereiten ihre Kandidaten auf das TV-Triell vor. Sie entwickeln Strategien, trainieren mit ihnen Antworten auf Fragen und verbessern das Auftreten vor der Kamera.

6 Erkläre, warum es für die Politiker wichtig ist, dass die TV-Debatte gut für sie läuft.

[3] *Nur Sieger nach dem Triell.* Karikatur, Heiko Sakurai, 2021.

Wähle einen der Arbeitsaufträge aus:

- Welche Eigenschaften sollten deiner Meinung nach ein guter Politiker haben? Notiere Stichworte.
- Erkläre, wie Politikberater in einem Wahlkampf ihren Politiker in Szene setzen können.
- „Eigentlich sind Politikberater ein unfaires Wahlkampfmittel." Nimm zu der Aussage Stellung.
  Starthilfe: *Ist der Erfolg eines Politikers davon abhängig, wie die Wähler ihn wahrnehmen? Wie kann ein Politikberater darauf Einfluss nehmen?*

Sprachspeicher
eine Debatte führen ▪ debattieren ▪ ein Streitgespräch nach bestimmten Regeln führen

Meine politische Stimme

Wie bringe ich mich ein?

[1] *Schülerinnen und Schüler diskutieren über ihre Beteiligung in der Politik.* Foto.

1 Diskutiert die Inhalte des Gesprächs. Wie positionierst du dich dazu?

Bürgerbeteiligung – Grundlage der Demokratie

Die Beteiligung der Bürgerinnen und Bürger ist in einer Demokratie wichtig. Sie stellt sicher, dass die Politikerinnen und Politiker die Interessen möglichst vieler Menschen vertreten. Ein Land demokratisch zu regieren, heißt auch, die Verantwortung für die Bürgerinnen und Bürger wahrzunehmen. Je transparenter eine Regierung handelt und sich für die Menschen verantwortlich fühlt, desto mehr Perspektiven werden berücksichtigt und bessere Entscheidungen werden getroffen.
Die Bürgerbeteiligung stärkt das Gemeinschaftsgefühl, fördert das politische Bewusstsein und schützt die Demokratie vor Machtmissbrauch. Bürgerbeteiligung macht eine Demokratie stärker und gerechter.

2 Notiere drei Gründe, warum sich Bürgerinnen und Bürger in einer Demokratie einbringen sollten. **Starthilfe:** *„Für eine Demokratie ist es wichtig, dass sich die Bürgerinnen und Bürger einbringen. Drei Gründe dafür sind …*

Möglichkeiten der Beteiligung

In einer Demokratie gibt es viele Möglichkeiten, sich politisch und gesellschaftlich einzubringen.

- **Wahlen:** Eine grundlegende Form der Bürgerbeteiligung ist die Teilnahme an Wahlen.
- **Politisch aktiv werden:** Bürgerinnen und Bürger können sich für politische und gesellschaftliche Anliegen einsetzen, indem sie Proteste organisieren und sich an Bürgerinitiativen* beteiligen.

3 Begründe, welche Vorteile es hat, sich in einer Bürgerinitiative einzubringen.

* *die* **Bürgerinitiative:** Interessengruppe, die für ein gemeinsames Anliegen kämpft

Sprachspeicher
sich beteiligen ▪ Verantwortung wahrnehmen oder übernehmen
wählen gehen ▪ seine Stimme abgeben ▪ protestieren ▪ sich gegen etwas aussprechen

4 Erkläre, warum bei Petitionen viele Unterschriften gesammelt werden.

Weitere Möglichkeiten der Beteiligung

- **Politisches Engagement:** Man kann sich einbringen, indem man an Demonstrationen teilnimmt, politische Organisationen unterstützt oder sich in politischen Parteien engagiert.
- **Eine Petition* einbringen:** Man kann eine Petition selbst starten oder unterschreiben.
- **Bürgerversammlungen und öffentliche Anhörungen:** Viele Städte bieten Bürgerversammlungen oder öffentliche Anhörungen an. Dort kann man sich informieren, die eigene Meinung und Bedenken äußern.
- **Medien und soziale Netzwerke:** Über Medien, soziale Netzwerke und andere Kommunikationskanäle kann man sich beteiligen und das Bewusstsein für politische Themen schärfen.
- **Beteiligung in der eigenen Gemeinde:** In vielen Gemeinden gibt es Bürgerforen oder Stadtteilversammlungen. Oft kann man sich in Bürgerbeiräten an Entscheidungsprozessen beteiligen.

Auch Jugendliche beteiligen sich

Es gibt mehrere Gründe, warum sich Jugendliche beteiligen sollten.

- **Gestaltung der Zukunft:** Politische Entscheidungen in der Gegenwart haben direkte Auswirkungen auf die Zukunft.
- **Vertretung ihrer Interessen:** Jugendliche sollten sicherstellen, dass ihre Interessen berücksichtigt werden.
- **Stärkung der Demokratie durch das Lernen und Entwickeln:** Demokratie muss erlernt werden. Jugendliche lernen, wie demokratische Prozesse funktionieren, wie man sich für Veränderungen einsetzt und mit unterschiedlichen Meinungen und Perspektiven umgeht.

5 Bringe die Gründe für eine politische Beteiligung in eine Rangfolge (wichtig bis weniger wichtig). Begründe deine Einstufung. **Starthilfe:** *Wäge ab, welcher Grund dir am wichtigsten ist und welcher weniger wichtig.*

[2] *Bürgerinitiativen demonstrieren gegen die Lagerung von Atommüll. Sie haben Fässer selbst bemalt und vor dem Atommülllager Asse in der Nähe von Wolfenbüttel aufgebaut.* Foto.

* *die* **Petition:** Das ist eine schriftliche Bitte oder Forderung, die Bürgerinnen und Bürger an die Regierung oder eine staatliche Stelle richten. In der Petition wird das Anliegen geschildert und Maßnahmen zur Veränderung gefordert. Petitionen können von einzelnen Personen oder von Gruppen eingereicht werden. Oft werden dazu Unterschriften gesammelt, um zu zeigen, dass viele Menschen das Anliegen unterstützen.

6 Erkläre, warum und wie du dich einbringen kannst.

Wähle einen der Arbeitsaufträge aus:

- Schreibe auf, was sich bei dir in der Schule ändern sollte.
- Bei euch fällt seit Monaten der Sportunterricht aus, da die Sporthalle baufällig ist. Überlege dir, wie du dich für den Sportunterricht einsetzen kannst.
- „Wenn du dich nicht um mich kümmerst, verlasse ich dich. Deine Demokratie" Schreibe eine Stellungnahme zu dieser Aussage.

Sprachspeicher
sich engagieren ▪ sich für etwas einsetzen ▪ eine Anhörung > eine Befragung zu einem Thema

Demokratie lernen > verstehen, wie Demokratie funktioniert

Üben

☒ Wahlseite Populismus vereinfacht

1 Informiere dich auf dieser Seite über die Gefahren des Populismus.

2 Präsentiere deine Ergebnisse in geeigneter Form in der Klasse.

[1] *Für viele Menschen sind ihre eigenen Interessen und die ihres Landes wichtiger als andere.* Foto, 2022.

Populismus in Politik und Gesellschaft

Der Begriff „Populismus“ kommt aus dem Lateinischen. Populus heißt auf Deutsch „Volk“. Populisten sind Menschen, die von sich behaupten, sie sprechen für das ganze Volk und nur sie vertreten es. Dabei schüren sie gezielt Ängste und Vorurteile. Sie sagen: Wir sind das Volk, die anderen sind Feinde.

Sie sprechen ausgewählte Probleme an und tun so, als ob es dafür ganz einfache Antworten und Lösungen gäbe. Sie benutzen simple Botschaften und werten ihre Gegner ab. Sie behaupten von sich, dass sie immer recht haben.

Gegen internationale Zusammenarbeit

Populisten arbeiten kaum mit Politikerinnen und Politikern anderer Staaten zusammen. Sie lehnen die EU oder die UNO ab. Internationale NGOs werden von ihnen oft kritisiert. Ihr Schlagwort lautet immer: Unser Land zuerst.

Kritik am Populismus

Populisten werden sehr kritisch gesehen, da sie andere Menschen abwerten. Der Artikel 1 unseres Grundgesetzes stellt die Menschenwürde über alle anderen Gesetze. Wer andere Menschen abwertet und schlecht behandelt, der widerspricht unseren Grundwerten. Außerdem werden Populisten kritisiert, weil sie behaupten, dass es für komplizierte Probleme einfache Lösungen gibt. Diese einfachen Lösungen missachten oft die Bedürfnisse anderer und die Regeln des Grundgesetzes oder internationale Vereinbarungen.

Herausforderung an die Demokratie

Der Erfolg populistischer Parteien ist eine Herausforderung für die demokratischen Parteien. Sie müssen noch deutlicher die Interessen der Menschen in den Blick nehmen und an guten politischen Lösungen arbeiten.

Tipp für die Erarbeitung

- Was steckt hinter dem Begriff „Populismus“? Was sind Merkmale? Warum wird dies kritisiert? Warum ist es manchmal einfacher, nur an sich zu denken?

Tipp für die Präsentation

- Recherchiere ein Beispiel für Populismus und stelle dies vor. Das Beispiel kann auch aus dem Ausland stammen.

☒ Wahlseite Demokratie in Gefahr

1 Informier dich auf dieser Seite über das Thema „Demokratie in Gefahr".

2 Präsentiere deine Ergebnisse in der Klasse.

[1] *Gefahren für die demokratische Grundordnung.* Schaubild.

Feinde unserer Demokratie

Nicht alle Menschen, die in Deutschland leben, sind mit unserer Demokratie einverstanden. Im Wesentlichen sind es drei Gruppierungen, von denen eine Bedrohung der Demokratie ausgeht:

1. rechtsradikale Gruppen, dazu gehören vor allem „Neonazis"
2. linksradikale oder anarchistische* Gruppen, die sich selbst „Autonome" nennen
3. fanatische religiöse Gruppen aus dem islamistischen* Lager

Auch wenn diese drei Gruppierungen sich untereinander stark unterscheiden und sich sogar bekämpfen, haben sie eins gemeinsam: Sie sind Feinde unserer Demokratie und bereit, gegen diese Demokratie mit Gewalt zu kämpfen.

Die in unserer Verfassung garantierten Grundrechte, die für jeden Menschen gelten, haben für sie keine Bedeutung: Offenheit, gesellschaftliche Vielfalt oder Toleranz gegenüber Andersdenkenden lehnen diese Gruppen ab.

4. Eine weitere Gefahr für die Demokratie ist die „Politikverdrossenheit": Menschen glauben, dass Politiker „machen, was sie wollen" und sich nicht um die Belange der Bürger kümmern. Aus diesem Grund gehen sie nicht zur Wahl oder wählen aus Protest eine extreme Partei. Stattdessen glauben manche Menschen an eine „Verschwörung" bestimmter Gruppen, denen sie die Schuld für Kriege, Hunger, soziale Missstände, Arbeitslosigkeit, Wohnungsnot oder andere Probleme geben. Schuld sind in ihren Augen dann „die Juden", „die Ausländer", „die Politiker" oder „die Banken und Reichen".

* *der* **Anarchismus:** politische Bewegung, die jede Art von Staat und staatlicher Autorität ablehnt

der **Islamismus:** Dies ist eine radikale Form des Islam. Ziel ist ein „Gottesstaat", in dem die religiösen Vorstellungen dieser Gruppierung Grundlage des Staats sein sollen.

Tipp für die Erarbeitung
- Berichte, was du über politischen Extremismus weißt.

Tipp für die Präsentation
- Zähle Merkmale des politischen oder religiösen Extremismus auf.

Das kann ich!

Versuche zunächst, die Aufgaben dieser Doppelseite zu lösen, ohne im Kapitel nachzusehen. Wenn du Hilfe brauchst, kannst du bei den Aufgaben nachschlagen. Dort sind in Klammern die Seiten angegeben.

A Rechte als Bürger oder Bürgerin

B Pflichten als Bürger oder Bürgerin

1 Einhalten von Gesetzen

2 Wahlrecht

3 Recht auf Meinungsäußerung

4 Zahlung von Steuern

5 Schutz vor staatlicher Willkür und Diskriminierung

[1] *Beispiele: Rechte und Pflichten als Bürger oder Bürgerin.*

[2] *Demokratie oder Diktatur?* Foto.

die Gewaltenteilung

der Föderalismus

der Parlamentarismus

[3] *Merkmale unserer Demokratie.*

[4] *Das Klagen der Nichtwähler.* Karikatur, Kostas Koufogiorgos, 2024.

demokratisch	gleich
gerecht	divers
frei	allgemein
seriös	unmittelbar
geheim	bequem

[5] *Wahlgrundsätze gesucht.*

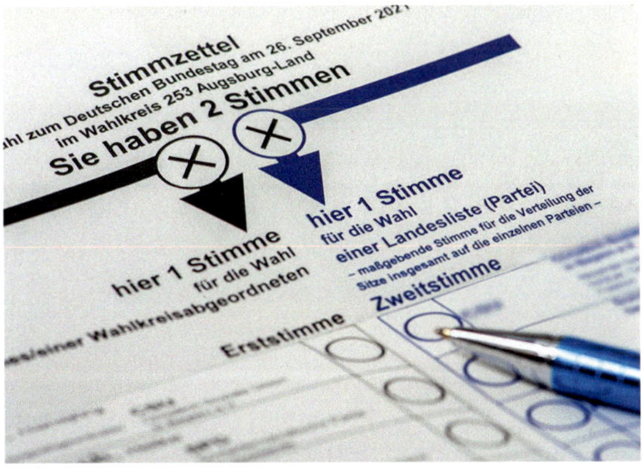

[6] *Stimmzettel zur Bundestagswahl 2021.* Foto.

[7] *Im Bundestag vertretene Parteien, Stand 2024.* Foto.

Demokratie	herstellen
Verbindung zwischen Bürgerinnen, Bürgern und Politik	vertreten
Personen	rechtfertigen
Parteiprogramme	zur Wahl stellen
Interessen	vorstellen

[8] *Welche Aufgaben haben Parteien?*

Sachkompetenz

1 Ordne den Rechten und Pflichten als Bürger oder Bürgerin die Beispiele zu [1]. (S. 159)

2 Erkläre die Unterschiede zwischen einer Demokratie und einer Diktatur [2]. (S. 160)

3 Beschreibe die Prinzipien einer Demokratie. (S. 160/161)

4 Beschreibe die drei wichtigen Merkmale unserer Demokratie [3]. (S. 162/163)

5 Erkläre, welche Aufgaben die drei unterschiedlichen Parlamente Bundestag, Bundesrat und Landtag haben. (S. 164/165)

6 Bei Wahlen müssen die fünf Wahlgrundsätze [5] eingehalten werden. Nenne und erkläre sie. (S. 167)

7 Erkläre den Unterschied zwischen der Erst- und der Zweitstimme [6]. (S. 167)

8 Beschreibe die Aufgaben der Parteien [7] in einer Demokratie. Ordne dazu die Begriffe aus [8] richtig zu. (S. 168/169)

Methodenkompetenz

9 Beschreibe, wie man eine Podiumsdiskussion durchführt. (S. 180/181)

Urteilskompetenz

10 Warum muss unsere Demokratie „wehrhaft" sein? Begründe deine Meinung dazu. (S. 162/163)

11 Nimm Stellung zu der Karikatur [4]. (S. 170/171)

12 Erkläre, wie du dich politisch einbringen kannst. (S. 174/175, S. 182/183)

Teste dich

Die Europäische Union

Garantiert die Europäische Union Frieden, Wohlstand und Sicherheit?

Der Friedensnobelpreis des Jahres 2012 wurde der Europäischen Union (EU) verliehen. Über sechs Jahrzehnte haben die EU und ihre Vorgänger zur Förderung von Frieden und Versöhnung beigetragen. Heute gehören 27 Länder der Staatengemeinschaft an.

1 Berichte, wo du die Flagge der EU schon gesehen hast.
2 Reisen ohne Passkontrolle an den Grenzen, eine gemeinsame europäische Währung – was verbindest du noch mit der EU?
3 Sammele Fragen, die du zu dem Thema „Europäische Union“ hast.

Schauplatz Eine Flagge und viel mehr

[1] *Die Flagge der Europäischen Union.* Foto, 2019.

1 Sammele die Symbole* der EU, die du kennst.
2 Erstelle eine Tabelle über die Merkmale der EU und ihre Bedeutung.

Merkmale der EU (Symbole, Werte, Errungenschaften ...)	**Bedeutung**
Europaflagge	...
...	...

Das bekannteste Symbol der EU – die Flagge

Auf der **Europaflagge** sind zwölf Sterne. Sie bilden zusammen einen Kreis auf einem blauen Hintergrund. Die Sterne im Kreis stehen für die Werte **Einheit, Solidarität und Harmonie** zwischen den Völkern Europas. Die Zahl Zwölf symbolisiert Vollkommenheit und Vollständigkeit. Die Anzahl der Sterne hat keine Verbindung mit der Anzahl der EU-Mitgliedsländer.

*
das **Symbol:** ein Zeichen, das für etwas steht

das **Elysium:** ein magischer Ort aus der griechischen Sagenwelt

die **Hymne:** Das ist ein Loblied oder feierlicher Festgesang. Viele Staaten haben eine eigene Hymne, die Nationalhymne.

die **Ode:** ein Gedicht oder ein Lied

Die EU – in Vielfalt geeint

Das Motto der EU lautet: **In Vielfalt geeint**. Es soll ausdrücken, dass die EU sich für Frieden, ihre Werte [4] und das Wohlergehen ihrer Völker einsetzt. Die vielen **Kulturen, Sprachen und Traditionen sind ein Gewinn** für die Menschen in Europa. Heute leben **449 Millionen Menschen** aus **27 Staaten** in der EU.

Eine Musik für Europa

Ein bekanntes Musikstück ist die **Europahymne***. Es stammt aus der 9. Sinfonie von Ludwig van Beethoven. Er hat 1823 einen Text von Friedrich Schiller in diesem Musikstück vertont. Schiller wollte in seinem Gedicht ausdrücken, dass es schön wäre, **wenn sich alle Menschen gut verstehen würden**. Diese Gedanken nahm Beethoven in seiner Musik auf. Inzwischen wird die Europahymne ohne Text gespielt, die Musik soll für sich sprechen und **die Idee der europäischen Freundschaft** ausdrücken.

[2] *Der Komponist Ludwig van Beethoven (1770–1826).* Gemälde, Carl Jäger, ohne Jahr.

Die Europahymne „Ode* an die Freude“

Freude, schöner Götterfunken,
Tochter aus Elysium*,
Wir betreten feuertrunken,
Himmlische, dein Heiligtum.
Deine Zauber binden wieder,
Was die Mode streng geteilt,
Alle Menschen werden Brüder,
Wo dein sanfter Flügel weilt.

[3] *Schiller, Friedrich: An die Freude, Fassung von 1808.*

Grundwerte der EU

Die Werte, auf die sich die Union gründet, sind die Achtung der Menschenwürde, Freiheit, Demokratie, Gleichheit, Rechtsstaatlichkeit und die Wahrung der Menschenrechte einschließlich der Rechte der Personen, die Minderheiten angehören. Diese Werte sind allen Mitgliedstaaten in einer Gesellschaft gemeinsam, die sich durch Pluralismus*, Nichtdiskriminierung, Toleranz, Gerechtigkeit, Solidarität und die Gleichheit von Frauen und Männern auszeichnet.

[4] *Artikel 2 Vertrag über die Europäische Union.* Amtsblatt der EU, 26.10.2012, C326/13.

Die Unionsbürgerschaft

Wer die Staatsangehörigkeit eines EU-Mitgliedstaats besitzt, ist gleichzeitig auch Unionsbürger. Die **Unionsbürgerschaft** ergänzt die nationale Staatsbürgerschaft, ersetzt sie aber nicht [6].
Unionsbürgerinnen und Unionsbürger haben das Recht, sich **im EU-Gebiet frei zu bewegen und aufzuhalten. In dem Mitgliedstaat**, in dem sie ihren Wohnsitz haben, haben sie das **aktive und passive Wahlrecht**. Sie dürfen bei den **Wahlen zum Europäischen Parlament** und bei den **Kommunalwahlen** wählen und sich als Kandidat aufstellen lassen.

[6] *Ein Reisepass der Bundesrepublik Deutschland.* Foto, 2023.

* *der* **Pluralismus:** Vielfalt gleichberechtigter politischer Meinungen, Werte, Interessen und Weltanschauungen in einer Gesellschaft

[5] *Der Euro ist die Währung in vielen Staaten der EU.* Foto, 2024.

Eine Währung für viele Staaten

Der **Euro (€)** ist das offizielle Zahlungsmittel von 20 der 27 Mitgliedsländern der Europäischen Union. Offiziell wurde die neue Währung 1999 ins Leben gerufen. Aber erst seit dem Jahr 2002 konnte man das neue Geld in den Händen halten. Der Euro ersetzte die nationalen Währungen. Man konnte nun **in der EU handeln und reisen, ohne Bargeld zu tauschen oder in einer anderen Währung zu rechnen.**

Eine gemeinsame Identität

Die Symbole der EU zeigen, was die Menschen in der EU miteinander verbindet. Sie drücken aus, welche Werte [4] im Zusammenleben wichtig sind. Aus verfeindeten Staaten ist die EU geworden. Freundschaft, Frieden, Toleranz und Anerkennung stehen für das gemeinsame Leben in der EU.

3 Begründe, warum die Symbole und Werte für den Zusammenhalt in der EU wichtig sind.

4 Erkläre, warum die Unionsbürgerschaft und der Euro den Zusammenhalt in Europa stärken.

5 Der Friedensnobelpreis 2012 war eine wichtige Anerkennung für die EU. Begründe dies.

Wähle einen der Arbeitsaufträge aus:

- Nenne 3 Grundwerte der EU, die dir besonders wichtig sind, und schreibe dazu eine Begründung auf.
- Die Grundwerte der EU [4] werden in den Symbolen widergespiegelt. Stelle die Verbindungen her.
- „Die EU-Symbole haben eine große Bedeutung in der EU und für die EU." Nimm begründet Stellung zu der Aussage.

Orientierung

[1] *Die Mitgliedstaaten der EU.* Karte. Großbritannien ist 2020 aus der EU ausgetreten.

1 Die Farben in der Karte [1] zeigen, in welchem Jahr ein Staat der EU beigetreten ist. Beschreibe anhand der Farben, wie sich die EU vergrößert hat.

Ein Kontinent mit verbündeten Staaten

Im Zweiten Weltkrieg (1939–1945) kämpften viele europäische Länder gegeneinander. Nach Ende des Kriegs waren die Menschen erschöpft, viele hungerten. Sie wünschten sich ein Europa ohne Krieg.

Der französische Außenminister Robert Schuman stellte 1950 einen Plan vor: Die gesamte französisch-deutsche Kohle- und Stahlproduktion sollte von einer gemeinsamen Behörde verwaltet werden. Dieser Plan führte 1951 zur Gründung der Europäischen Gemeinschaft für Kohle und Stahl.

2 Gemeinsam Kohle und Stahl zu produzieren, war 1951 die Idee, die aus Feinden Verbündete machte. Beschreibe mithilfe der Zeitleiste, wie dies weiterging.

▸ **1952**
Europäische Gemeinschaft für Kohle und Stahl (EGKS)/Montanunion
Die Montanunion, auch EGKS genannt, war ein Zusammenschluss aus 6 Staaten. Sie wollten einen gemeinsamen Markt für Kohle und Stahl errichten, der untereinander einfacher handeln konnte.

▸ **1957**
Europäische Wirtschaftsgemeinschaft (EWG)
Belgien, Frankreich, Italien, Luxemburg, die Niederlande und die BRD gründeten die EWG. Damit wollten sie einen gemeinsamen Markt errichten. Die 6 Staaten wollten enger zusammenarbeiten. Das sollte zu mehr Handel und zu stärkeren Wirtschaften führen.

▸ **1967**
Europäische Gemeinschaft (EG)
Die EGKS, die EWG und Euratom (Europäische Atomgemeinschaft) wurden zur EG zusammengelegt. Damit wurde die Zusammenarbeit zwischen den Ländern noch enger.

▸ **1993**
Europäische Union (EU)
1993 wurde mit dem Vertrag von Maastricht die Europäische Union (EU) gegründet. Neben der wirtschaftlichen Zusammenarbeit wurde nun auch eine gemeinsame Außen- und Sicherheitspolitik und die Zusammenarbeit in den Bereichen Justiz und Inneres ergänzt.

▸ **2012**
Friedensnobelpreis für die EU

▸ **2020**
EU-Austritt Großbritanniens

Die Europäische Union

Das Europäische Parlament

Ist das Parlament die Stimme der Menschen in der EU?

[1] *Der Hauptsitz des Europäischen Parlaments ist in der französischen Stadt Straßburg.* Foto, 2023.

1 „Ein gemeinsames Parlament für Europa." Vermute, wie sich das Parlament zusammensetzt und welche Aufgaben es hat.

Das größte demokratische Parlament

Das Parlament hat seinen Hauptsitz in der französischen Stadt Straßburg. Zurzeit vertreten 720 Abgeordnete **(Mitglieder des Europäischen Parlaments, kurz MdEP)** dort die Interessen der Menschen aus 27 Ländern der EU. Die Sitze werden auf der Grundlage der Bevölkerungszahl der Mitgliedstaaten zugeteilt. Deutschland als größtes Land der EU entsendet 96 MdEP. Die Wahl zum Europäischen Parlament ist alle fünf Jahre. Die MdEP werden von den Bürgerinnen und Bürgern in allgemeinen, unmittelbaren, freien und geheimen Wahlen gewählt.

Internationale Fraktionen

Das Wahlrecht ist in den EU-Staaten nicht gleich: In Deutschland darf man z.B. schon ab 16 Jahren wählen. Es gilt bei dieser Wahl keine 5-Prozent-Hürde wie bei der Bundestagswahl. Deshalb ziehen auch sehr kleine Parteien in das Parlament ein. Hier schließen sich die MdEP mit politischen Vertretern mit einer ähnlichen Ausrichtung aus anderen Staaten zu Fraktionen zusammen [Abb. 2]. Das Europäische Parlament hat 24 anerkannte Amtssprachen. Englisch, Französisch und Deutsch sind am meisten verbreitet. Außer in Straßburg arbeiten die MdEP auch viel in der Stadt Brüssel, denn dort tagen die Ausschüsse des Parlaments.

2 Begründe, warum die MdEP in Fraktionen mit ähnlichen politischen Ideen arbeiten [2].
Starthilfe: *Es ist sinnvoll, dass sich die Fraktionen länderübergreifend zusammensetzen und arbeiten, da die europäische Idee ...*

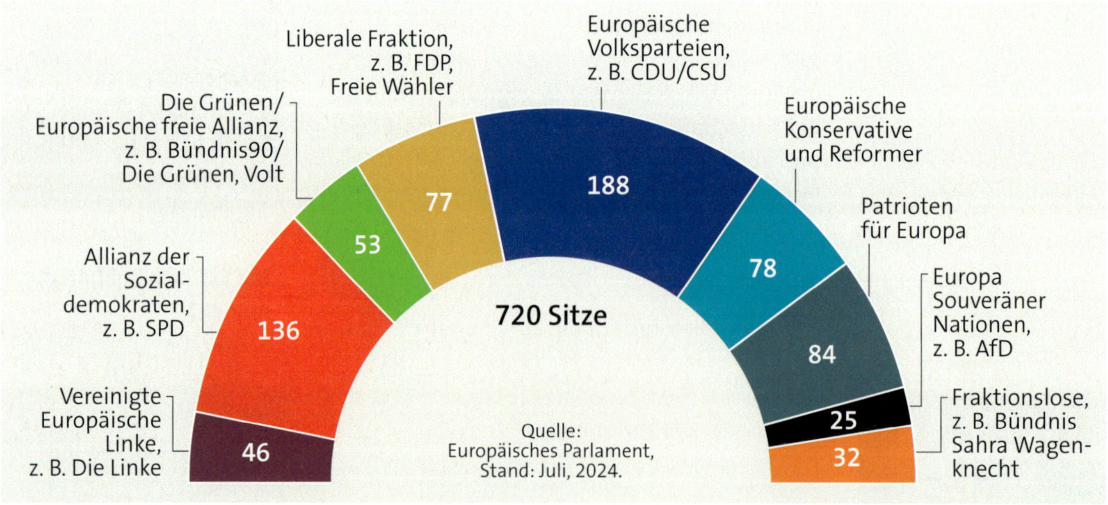

[2] *Zusammensetzung des Europäischen Parlaments.* Grafik.

Sprachspeicher

in ein Parlament gewählt werden ▪ die Sitze verteilen ▪ sich in einer Fraktion zusammenschließen ▪ in einer Fraktion zusammenarbeiten

Gesetzgebung
Die Mehrzahl der europäischen Gesetze beschließt das Europäische Parlament – gemeinsam mit dem Ministerrat.

Kontrolle der Exekutive
Das Parlament überwacht die Institutionen der EU und kann ggf. die Europäische Kommission durch ein Misstrauensvotum entlassen.

Haushalt
Das Parlament beschließt jährlich den Haushalt der EU – gemeinsam mit dem Ministerrat.

Erweiterung der EU
Das Parlament muss dem Beitritt jedes neuen Mitgliedstaats zustimmen.

[3] *Aufgaben des Europäischen Parlaments.*

3 Beschreibe, welche Aufgaben das Europäische Parlament hat [3].

Europäische Gesetzgebung

Die Mitgliedstaaten der EU haben in EU-Verträgen festgelegt, in welchen Bereichen die EU zuständig sein soll. Die Rechtsordnung der Europäischen Union ist supranational. Das heißt, die Gesetze (Richtlinien) sind überstaatlich. Die Umsetzung übernehmen die Mitgliedstaaten. Für diese Umsetzung sind Zeiträume vorgesehen, damit die Vorgaben in den Ländern zu nationalen Gesetzen werden können.

Die EU erlässt zwei Arten von Gesetzen. **Verordnungen** gelten direkt vor den nationalen Bestimmungen und dürfen nicht von den Staaten verändert werden. **Richtlinien** müssen die Mitgliedstaaten in ihre Gesetze übernehmen.

Beispiel für eine EU-Richtlinie
Die EU hat im Jahr 2022 eine Richtlinie beschlossen, um Elektroschrott zu reduzieren. Zukünftig müssen alle wiederaufladbaren Geräte wie Handys, Kopfhörer usw. mit einem USB-C-Ladekabel ausgerüstet sein. Deutschland hat diese Richtlinie in ein nationales Gesetz umgesetzt. Ab 2025 gibt es nur noch einheitliche Ladekabel.

[4] *Autorentext.*

4 Recherchiere noch zwei weitere EU-Richtlinien und ihre Umsetzung [4]. > **Sprachspeicher**

Wie viel Macht hat das Parlament?

Die MdEP werden direkt durch Wahlen von den europäischen Bürgerinnen und Bürgern gewählt. Die MdEP sind zusammen mit dem Rat (Ministerrat) für die Gesetzgebung in der EU zuständig. Diese **Mitwirkungsregel** gilt für etwa 80 Prozent der EU-Gesetzgebung. In dem wichtigen Bereich der Außen- und Sicherheitspolitik haben die MdEP aber nur ein **Anhörungs- und Informationsrecht**. Mitbestimmen dürfen sie hier nicht. Für die Außen- und Sicherheitspolitik der EU gelten besondere Bestimmungen. Sie werden vom Europäischen Rat und vom Rat einstimmig festgelegt und durchgeführt.

5 Erkläre den Unterschied zwischen der Mitwirkungsregel und dem Anhörungs- und Informationsrecht.

6 Das Europäische Parlament ist die Stimme der Menschen in Europa. Erkläre dies.

Wähle einen der Arbeitsaufträge aus:

- Notiere drei Vorteile, die ein einheitliches Ladekabel in der Europäischen Union hat.
- Schreibe eine Stellenbeschreibung eines MdEP (Eigenschaften, Aufgaben, Herausforderungen).
- Recherchiere die Umsetzung der Richtlinie über USB-C-Ladekabel in Deutschland.
- Die EU greift mit ihrer Gesetzgebung in die Regelungen der Mitgliedsländer ein. Erkläre anhand eines Beispiels, wie und warum sie dort Einfluss nimmt.

Sprachspeicher
Staaten halten sich an Regeln • Staaten übertragen Zuständigkeiten an *die* EU
4: Tipp: Denke an die Bereiche Datenschutz, Umwelt, Zuwanderung, ...

mitwirken > mitmachen, sich beteiligen • *das* Parlament wirkt an *der* Gesetzgebung mit

Üben

Die Zusammenarbeit der EU-Institutionen

Die Europäische Kommission – eine Regierung der EU?

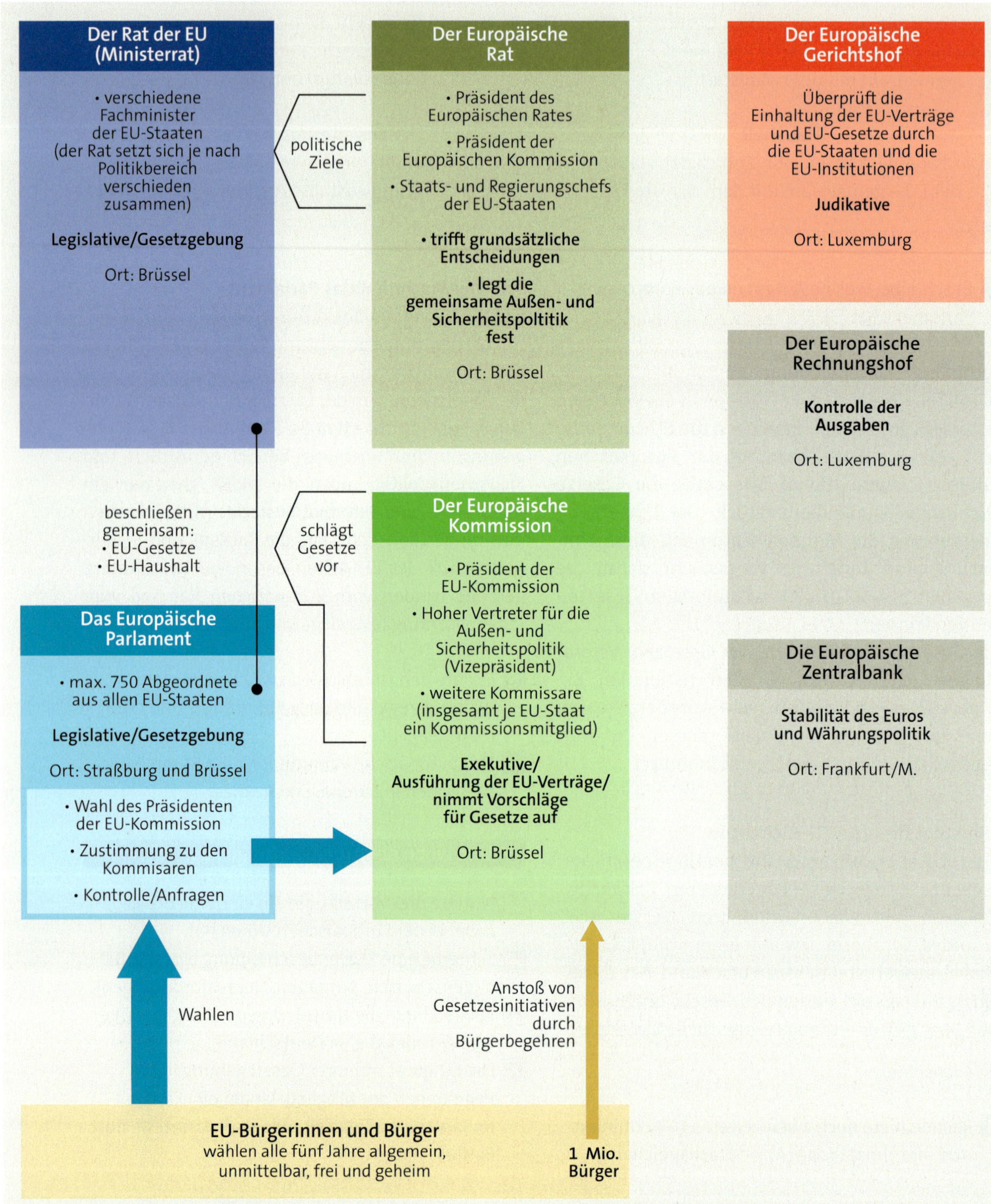

[1] *So arbeiten die Institutionen der EU zusammen.* Schaubild.

Sprachspeicher

eine Institution > eine öffentliche Einrichtung, die dem Wohl *der* Allgemeinheit dient

in einen Rat gewählt werden ▪ im Rat mitarbeiten ▪ einem Rat angehören

1 Existiert eine Gewaltenteilung in der EU? Werte das Schaubild [1] danach aus:
– Legislative (gesetzgebende Gewalt): Wer diskutiert und beschließt Gesetze?
– Exekutive (ausführende Gewalt): Wer ist verantwortlich für die Ausführung der Gesetze?
– Judikative (rechtssprechende Gewalt): Wer spricht Recht und entscheidet in Streitfällen?

Die Regierungsarbeit der EU-Kommission

Jede Regierung eines EU-Mitgliedstaats benennt einen Vertreter für die EU-Kommission. Nach jeder Europawahl (alle fünf Jahre) wird die Kommission neu besetzt. Die Präsidentin bzw. der Präsident wird vom Europäischen Rat (Staats- und Regierungschefs) vorgeschlagen. Dieser Entscheidung muss das Europaparlament mit Mehrheit zustimmen. Wird die Person dort abgelehnt, muss der Europäische Rat einen neuen Vorschlag zur Besetzung dieses Amtes machen. Auch allen weiteren Kommissionsmitgliedern muss das EU-Parlament zustimmen.

2 Begründe, warum jeder EU-Mitgliedstaat durch eine Person in der EU-Kommission vertreten wird.

Wichtige Aufgaben der EU-Kommission
- Vorschläge für neue Rechtsvorschriften erarbeiten
- Umsetzung und Kontrolle der Beschlüsse des Europäischen Parlaments und des Rats der EU in den Mitgliedsländern
- vertreten der Interessen der gesamten EU

[2] *Autorentext.*

[3] *Das Gebäude der EU-Kommission in Brüssel.* Foto, 2018.

[4] *Die 27 Mitglieder der Europäischen Kommission. Sie werden von den Bürgern und Bürgerinnen „EU-Kommissare" genannt. Jeder EU-Kommissar hat ein eigenes Aufgabengebiet. Präsidentin der EU-Kommission ist die deutsche Politikerin Ursula von der Leyen (CDU).* Foto.

Wenn ein EU-Staat EU-Gesetze nicht umsetzt

Jeder Mitgliedstaat hat eine zeitliche Frist, um EU-Richtlinien in seinem Land umzusetzen. Normalerweise sind das zwei Jahre. Wenn ein Land einen Beschluss nicht umsetzt, kann die EU-Kommission ein **Vertragsverletzungsverfahren** gegen das Land einleiten. Wenn das Land sich weiterhin weigert, diese Richtlinie umzusetzen, kann sich der **Europäische Gerichtshof** damit befassen und Geldstrafen verhängen. Auch Deutschland musste schon Geld zahlen, weil es EU-Regeln nicht einhielt.

3 Erkläre, warum es wichtig ist, dass die Beschlüsse der EU kontrolliert werden.

4 Ist die EU-Kommission die Regierung der EU? Nimm zu der Frage Stellung.

Wähle einen der Arbeitsaufträge aus:

- Wenn ein EU-Land eine EU-Regel nicht umsetzt, bekommt es Ärger. Ist das sinnvoll? Schreibe deine Gedanken dazu auf. **Starthilfe:** *Lies dazu den Text „Wenn ein EU-Staat EU-Gesetze nicht umsetzt".*
- „Vertrauen ist gut, Kontrolle ist besser!" Erkläre, wie die Verbindung der Redewendung mit der Arbeit der EU-Kommissare ist.
- Das Prinzip Gewaltenteilung wird auch in der EU umgesetzt. Erläutere und begründe dies.

Sprachspeicher
ein Amt wird besetzt > jemand wird für eine Position ausgewählt
einen Vertrag verletzen > sich nicht an die vereinbarten Regeln halten

Politische Mitbestimmung in der EU

Politische Mitbestimmung in der EU

[1] *Plakate zur Europawahl 2024.* Foto.

1 Beschreibe, wofür die Plakate [1] werben.
Starthilfe: *Auf den Plakaten erkennt man ...*
Sie stehen für ... Deshalb werben ...

Die Unionsbürgerschaft hat Vorteile

Unionsbürgerinnen und -bürger haben das Recht, sich frei in der EU zu bewegen, zu leben und zu arbeiten und auf Gleichbehandlung in der EU. Außerdem sollen sie in der EU mitwirken und sich beteiligen. Sie können wählen, haben ein Petitionsrecht* und können durch die Europäische Bürgerinitiative auffordern, bestimmte Themen zu prüfen. Ebenso können sie eine Anfrage bei dem Europäischen Bürgerbeauftragen stellen. Dies ist eine unabhängige Institution, die sich mit Beschwerden und Fehlverhalten der EU-Institutionen befasst.

2 Liste die Vorteile auf, die man als Unionsbürgerin und -bürger hat.

Europäer wählen

Alle fünf Jahre wählen die Bürgerinnen und Bürger der Europäischen Union. Sie entscheiden, wer sie im Europäischen Parlament vertritt. Die Wahl findet in allen Mitgliedstaaten statt. Kandidaten, die in ihrem Land schon einem Parlament angehören, dürfen nicht zur Europawahl antreten.
In Deutschland durften im Juni 2024 erstmals Unionsbürgerinnen und -bürger ab 16 Jahren wählen.

Bei der Europawahl hat man nur eine Stimme. Damit wählt man eine Partei, die die eigenen Interessen vertritt. Es gibt keine Sperrklausel bei dieser Wahl, deshalb haben auch Kandidaten kleiner Parteien eine Chance. 35 Parteien traten 2024 zur Wahl in Deutschland an. Die unterschiedlichen Parteien, die ins Europäische Parlament gewählt werden, schließen sich dort in europäischen Fraktionen zusammen.

3 Notiere die wichtigsten Infos zur Wahl des Europäischen Parlaments.
> Sprachspeicher

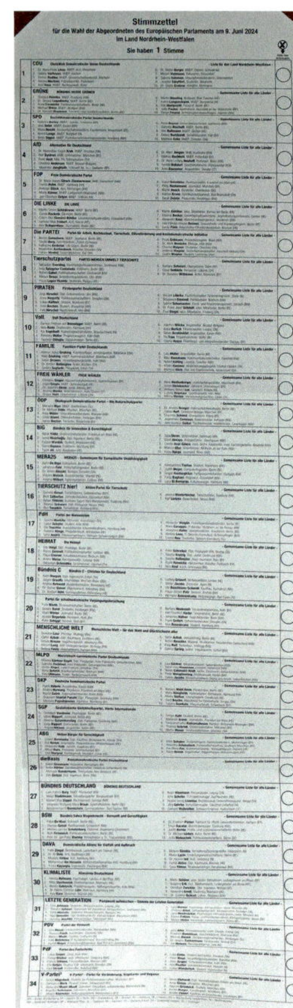

[2] *Stimmzettel aus Deutschland für die Europawahl.* Foto, 2024.

Sprachspeicher
eine Institution > eine öffentliche oder staatliche Einrichtung

3: „Die Wahl zum europäischen Parlament findet alle fünf Jahre statt. ...“

[3] *Beispiele für Europäische Bürgerinitiativen.* https://citizens-initiative.europa.eu/_de, Zugriff: 15.8.2024. Screenshots.

4 Recherchiere welche aktuellen Europäischen Bürgerinitiativen [3] es zurzeit gibt und stelle eine davon vor.

Die Europäische Bürgerinitiative (EBI)

Unionsbürger sollen leichter politisch in der EU mitwirken können. Die EBI ermöglicht es den Unionsbürgerinnen und -bürgern, die Europäische Kommission aufzufordern, Gesetzesvorschläge zu Themen vorzulegen. Diese Themen müssen in den Zuständigkeitsbereich der Europäischen Kommission fallen. Mindestens sieben Unionsbürger aus sieben verschiedenen Mitgliedstaaten gründen dafür ein Bürgerkomitee, registrieren sich bei der Europäischen Kommission und müssen mindestens eine Million Unterschriften sammeln.

Petitionsrecht beim Europäischen Parlament

Jeder Unionsbürger hat das Recht, beim Europäischen Parlament eine Petition einzureichen. Die Anliegen müssen zu dem Aufgaben- und Tätigkeitsgebiet der EU gehören. Das Europäische Parlament bekommt damit die Gelegenheit, auf Verletzungen der Rechte der Unionsbürger durch einen Mitgliedstaat oder eine EU-Behörde direkt zu reagieren.

Möglichkeiten der Mitwirkung

Zusätzlich können Unionsbürger Anfragen bei der Europäischen Bürgerbeauftragten stellen, haben das Recht, eine Klage beim Europäischen Gerichtshof einzureichen und können schriftliche Anfragen an die EU-Behörden stellen.

5 Erkläre, wie du Einfluss auf die Politik der EU nehmen kannst.

Wähle einen der Arbeitsaufträge aus:

- ◸ Liste die Beteiligungsmöglichkeiten von einzelnen EU-Bürgerinnen und -Bürgern in der EU auf.
- ◩ „Europa wählt". Erkläre die Bedeutung der Aussage. > **Sprachspeicher**
- ⊠ Mit der Europäischen Bürgerinitiative können die Unionsbürgerinnen und -bürger die EU-Kommission direkt zum Handeln aufrufen. Allerdings müssen dafür (auch digital) eine Million Unterschriften gesammelt werden. Derzeit leben etwa 449 Millionen Unionsbürgerinnen und -bürger in der EU. Nimm dazu Stellung.

Sprachspeicher
ein Anliegen > eine wichtige Sache, die jemanden betrifft • ein Komitee > eine Gruppe, die eine besondere Aufgaben zu erfüllen hat

◩ Die EU-Wahlen werden fast zeitgleich in allen EU-Staaten durchgeführt. Deshalb hat man die Vorstellung, dass fast der ganze Kontinent wählt.

Üben

Der Binnenmarkt in der EU

Welche Chancen und Risiken bietet der gemeinsame Markt?

[1] *Stimmen zum europäischen Binnenmarkt.* Fotos.

1 In den Stimmen [1] werden positive und negative Eindrücke zum europäischen Binnenmarkt* deutlich. Liste sie auf.

* *der* **Binnenmarkt:** ein Markt mit gleichen Bedingungen in allen EU-Staaten

[2] *Die „vier Freiheiten" des EU-Binnenmarkts.* Schaubild.

2 Beschreibe die „vier Freiheiten" des Binnenmarkts* [2].

Sprachspeicher

die Spedition > ein Unternehmen, das Waren transportiert, z. B. mit einem Lkw

Freiheit im Binnenmarkt > Freiheit des Verkehrs von Personen, Waren, Dienstleistungen oder Waren ▪ Verkehr > Transport von Menschen oder Dingen

Der europäische Binnenmarkt

Der europäische Binnenmarkt ist ein wichtiger Bestandteil der EU. Es ist eine Wirtschaftszone geschaffen worden, in der der freie Verkehr von Waren, Dienstleistungen, Kapital und Arbeitskräften möglich ist. Damit möchte man den Handel zwischen den europäischen Mitgliedsländern und Europas Wirtschaft stärken. Die „vier Freiheiten" [2] sind dabei die grundlegenden Prinzipien. Der Handel im europäischen Binnenmarkt hat sich zwischen 1993 (671 Milliarden Euro) und 2021 (3,4 Billionen Euro) verfünffacht.

3 Erkläre die Bedeutung, die der europäische Binnenmarkt für die EU hat. **> Sprachspeicher**

Unterschiedliche Interessen

Im europäischen Binnenmarkt treffen Gruppen aufeinander, die verschiedene Interessen haben:

- Große und kleine Unternehmen wollen profitieren.
- Verbraucherinnen und Verbraucher wollen eine große Auswahl sicherer und guter Produkte zu günstigen Preisen.
- Arbeitskräfte möchten flexibel unter guten Bedingungen arbeiten.
- Die Regierungen der Mitgliedstaaten wollen die Interessen ihrer Länder, Bürgerinnen und Bürger schützen und die eigene Wirtschaft fördern.
- Die Lebensverhältnisse zwischen den EU-Staaten haben sich angeglichen. Es gibt aber Befürchtungen, dass der freie Wettbewerb manche Länder überfordern könnte.

Der Euro als gemeinsame Währung

Im Jahr 2002 wurde in den ersten 12 Mitgliedsländern der Euro offizielles Zahlungsmittel. Inzwischen gehören 20 Länder der Eurozone [3] an. Die Einführung des Euros ist an strenge Bedingungen geknüpft. Damit möchte man sicherstellen, dass die Euroländer eine solide wirtschaftliche Grundlage haben.

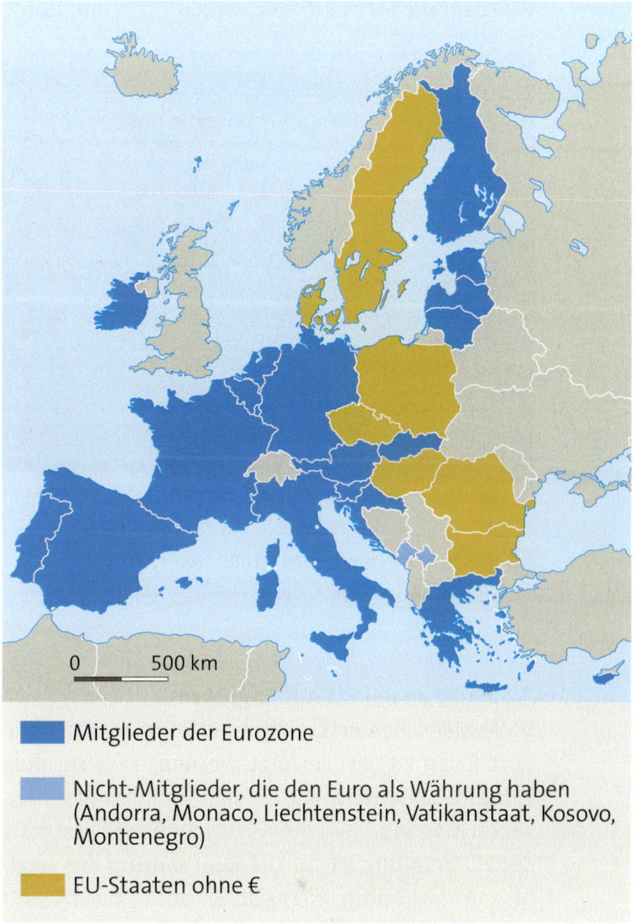

[3] *Mitglieder der Eurozone, Stand: 2024.* Karte.

4 Begründe, warum der Euro den Handel im europäischen Binnenmarkt erleichtert. **Starthilfe:** *Überlege, wie der Handel zwischen Staaten ohne gemeinsame Währung funktionieren würden.*

Wähle einen der Arbeitsaufträge aus:

- „Der Euro ist ein Erfolg!" Gestalte ein Werbeplakat für den Euro.
- Ein Bauauftrag geht an eine Firma aus einem anderen EU-Land, da das Angebot günstiger war. Nun muss die Baufirma in der Nachbarschaft Mitarbeitende entlassen, weil sie zu wenige Aufträge hat. Erkläre die Zusammenhänge. Wie reagieren wohl die arbeitslos gewordenen Mitarbeitenden?

Sprachspeicher

3: „Der europäische Binnenmarkt hat eine große Bedeutung, da er den Handel innerhalb der EU ..."

eine solide Grundlage > eine feste, starke Grundlage

Flucht und Migration in die EU

Wie geht die EU mit dieser Herausforderung um?

[1] *Menschen an Bord eines Boots mit dem Ziel EU mitten auf dem Mittelmeer.* Foto, 16.3.2024.

1 Beschreibe den Unterschied, wenn jemand fliehen muss oder wenn man freiwillig auswandert.

Probleme an der EU-Außengrenze

Viele Menschen verlassen ihre Heimatländer, weil dort Krieg ist, sie verfolgt werden oder sie dort keine Perspektive mehr für sich und ihre Familien sehen. Das Land, wo die Asylsuchenden* erstmals die EU betreten, ist für die Bearbeitung des Asylantrags zuständig. 2023 gab es über eine Million Asylanträge in der EU.

2 Erkläre, vor welcher Herausforderung Länder mit EU-Außengrenzen wie Griechenland, Italien, Spanien und Polen stehen.

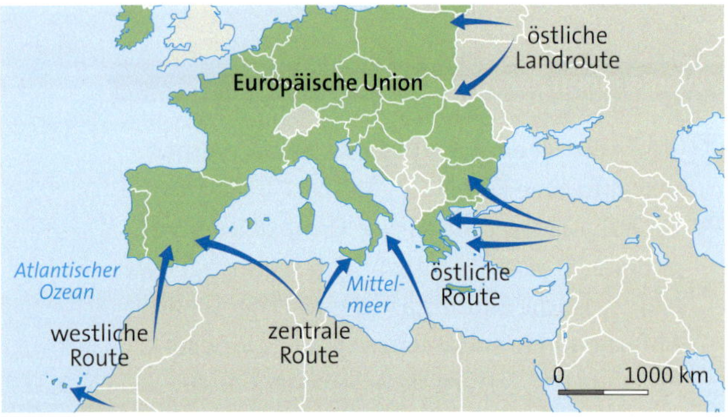

[2] *Migrationsrouten in Richtung EU.* Karte.

Zuwanderung ein wichtiges EU-Thema

Es ist notwendig, dass die EU-Staaten sich in Fragen der Zuwanderung helfen. Grundsätzlich ist Migration* in die EU wichtig. In vielen Mitgliedsländern fehlen Arbeitskräfte. Die europäische Wirtschaft ist auf die gelungene Integration (Einbindung in die Gesellschaft) von Zuwanderinnen und Zuwanderern angewiesen.
Die EU basiert auf dem Prinzip der Solidarität und Zusammenarbeit. Die Mitgliedstaaten haben sich verpflichtet, sich in schwierigen Situationen zu unterstützen. Wenn einige EU-Länder stärker von ungeregelter Zuwanderung betroffen sind als andere, müssen die Lasten fair untereinander aufgeteilt werden. Die EU-Staaten haben sich auf gemeinsame Regeln geeinigt, um einheitlich in Fragen der Zuwanderung vorzugehen.

3 Begründe, warum die EU-Länder aufgefordert sind, sich gegenseitig zu helfen.
> **Sprachspeicher**

* *das* **Asyl:** Zufluchtsort; das Recht auf Asyl ist ein Menschenrecht, garantiert durch Artikel 18 der Charta der Grundrechte der EU.

die **Migration:** Menschen verlassen ihre Heimat und wandern an einen anderen Ort.

Sprachspeicher

die Grenze > eine Stelle, wo etwas aufhört und etwas anderes beginnt, eine Linie zwischen zwei Gebieten

3: „Die Länder in der EU sind sich gegenseitig zu Solidarität verpflichtet. Wenn Menschen in die EU zuwandern, dann …"

[3] *Menschen aus Syrien, die auf der weißrussischen Seite der Grenze zu Polen festsitzen.* Foto, 3.6.2024.

4 Beschreibe das Bild [3].

Umstrittene Pushbacks: Legal oder illegal?
Maskierte Männer in Uniform mit Schlagstöcken treiben eine Gruppe von Menschen über den kroatisch-bosnischen Grenzfluss Korana. Enthüllungen von Journalisten geben der Debatte um Pushbacks neue Nahrung. ...
Ein Staat kann grundsätzlich frei über die Einreise von Bürgerinnen und Bürgern eines anderen Staates entscheiden. In welcher Form er seine Grenzen schützt und damit seine territoriale Souveränität* verteidigt, liegt auch in der Europäischen Union in der Hand des jeweiligen Mitgliedstaats. Wie „robust" der Grenzschutz ist, entscheidet die jeweilige Regierung selbst. Allerdings müssen die Grenzschutzbehörden dabei internationales Recht einhalten. Sie müssen angemessen handeln und die Verhältnismäßigkeit wahren – staatliches Handeln darf nicht gegen Menschenrechte verstoßen. Nicht alle Menschen, die illegal die Grenzen eines Staats überwunden haben, dürfen in den Nachbarstaat zurückgeführt werden ...

[4] *Noll, Andreas: Umstrittene Pushbacks: Legal oder illegal?, Deutsche Welle, 7.10.2021,* https://www.dw.com/de/wann-sind-pushbacks-an-der-eu-au%C3%9Fengrenze-illegal/a-59436744, Zugriff 20.8.2024, sprachlich vereinfacht.

„Pushback" ist Unwort des Jahres 2021
Der Ausdruck „Pushback" ist das Unwort des Jahres 2021. Er beschönige einen Prozess der Abschiebung, der Menschen die Möglichkeit nehme, ihr Grundrecht auf Asyl wahrzunehmen, begründete die Jury das Urteil. ... Mit dem englischen Begriff für „zurückdrängen, zurückschieben" werde die Praxis von Europas Grenztruppen beschrieben, Flüchtende an der Grenze zurückzuweisen, sagte die Jury-Sprecherin der Sprachkritischen Aktion, Constanze Spieß. Mit der Verwendung des Ausdrucks werde „ein menschenfeindlicher Prozess beschönigt, der den Menschen auf der Flucht die Möglichkeit nimmt, das Menschen- und Grundrecht auf Asyl wahrzunehmen", so Spieß weiter.

[5] https://www.tagesschau.de/inland/pushback-unwort-des-jahres-101.html, Zugriff 20.8.2024.

5 Beschreibe, wie „Pushbacks" in den beiden Texten [4 und 5] dargestellt werden.

6 Ist Migration eine Herausforderung an die EU? Begründe deine Einschätzung.

* *die* **territoriale Souveränität:** Grundsätzlich ist ein Staat unabhängig und kann selbstbestimmt entscheiden, was er tut.

Wähle einen der Arbeitsaufträge aus:

- Schreibe auf, warum Menschen in die EU fliehen. **Starthilfe:** *Lies dazu den Absatz „Probleme an der EU-Außengrenze".*
- Schreibe einen Kommentar zu den „Pushbacks" an der EU-Außengrenze.
- Sollte die Sicherung der EU-Außengrenze von einer EU-Behörde selbst ausgeführt und verantwortet werden? Schreibe eine Stellungnahme.

Sprachspeicher
Menschen über die Grenze zurückdrängen • etwas liegt in der Hand von > jemand ist für etwas zuständig, soll etwas erledigen • ein Unwort > ein schlimmes, unangebrachtes Wort • ein Recht wahrnehmen

Ablehnung der EU: der Brexit

Warum kam die EU in Großbritannien so in die Kritik?

[1] *Auch nach dem Referendum* wurde weiter gestritten: Britische Demonstranten für den Austritt aus der EU (links) und gegen den Austritt (rechts).* Fotos, 2018.

1 Vergleiche die beiden Fotos [1] miteinander. Welche Meinungen werden dort vertreten?
Starthilfe: *Beim Vergleich der Forderungen der Demonstranten fällt auf, dass ...*

* *das* **Referendum:** eine Abstimmung aller wahlberechtigten Bürgerinnen und Bürger über eine politische Frage

Der Brexit

Am 31. Januar 2020 erfolgte der offizielle Austritt Großbritanniens aus der EU. Seit dem 1. Januar 2021 ist Großbritannien nicht mehr Teil des EU-Binnenmarkts und der Zollunion. Der Begriff „Brexit" ist eine Verschmelzung der Begriffe „British" und „exit". Mit dem Brexit ist das Vereinigte Königreich aus den Verträgen der Europäischen Union ausgeschieden.

Das Brexit-Referendum

Bereits im Jahr 2016 entschieden die Wählerinnen und Wähler, ob Großbritannien in der EU bleiben oder austreten sollte. Die Wahlbeteiligung lag bei 72 Prozent. 52 Prozent der Wählerinnen und Wähler stimmten für den Austritt aus der EU, 48 Prozent für den Verbleib. Das Referendum war eine beratende Volksbefragung und nicht für die Regierung und das Parlament bindend. Die britische Regierung akzeptierte aber dieses Meinungsbild und leitete die Austrittsverhandlungen ein.

Reaktionen der EU

Die EU bedauerte den Austritt Großbritanniens aus der EU, respektierte aber die Entscheidung. Die Verhandlungen über das Austrittsabkommen wurden veranlasst. Das waren schwierige und langwierige Verhandlungen. Besonders kompliziert war das Verhältnis von Nordirland, das zu Großbritannien gehört, und dem EU-Mitglied Irland. Es sollte dort keinesfalls wieder eine Grenze mit strengen Kontrollen entstehen.

Auswirkungen auf die EU

Der Brexit hat die Zusammenarbeit in der EU verbessert und Verhandlungen über eine engere Zusammenarbeit in den Bereichen wie Wirtschaft, Verteidigung und Außenpolitik ausgelöst. Außerdem soll die EU demokratischer und transparenter werden.

2 Begründe, warum es wichtig ist, dass die EU sich nach dem Brexit verändert.

Sprachspeicher
den Austritt erklären • eine Meinung akzeptieren • exit (englisch) > Ausgang
etwas bedauern • eine Entscheidung respektieren

3 Die Karikatur [2] stammt aus dem Jahre 2020. Beschreibe, wie der Zeichner das Verhandlungsgeschick der Briten sieht. **Starthilfe:** *Wenn man bei den Piraten über die Planke ging, stürzte man ins Meer und ertrank.*

4 Notiere die Gründe, warum Scott Martin und Lisa Miller [3] für den Austritt bzw. das Verbleiben in der EU stimmten. **Starthilfe:** *Scott Martin hat für den Austritt aus der EU gestimmt, da er ... Lisa Miller hat sich hingegen für den Verbleib in der EU ausgesprochen, da ...*

Stimmen zum Brexit

Scott Martin und Lisa Miller haben 2016 ihre Stimmen für und gegen den Austritt Großbritanniens aus der EU gegeben. Sie begründen hier ihre Entscheidungen:

Ich habe für den Austritt gestimmt. Unsere Meinungen wurden von der EU nicht gehört. Wir Briten wollen unabhängig sein und die Kontrolle zurückgewinnen. Auch gefällt mir die Einwanderungspolitik der EU nicht. Und wirtschaftlich läuft es bestimmt besser ohne EU. Ich finde die EU ist auch sehr kompliziert und wenig demokratisch.

[3] *Stimmen zum Brexit: Scott Martin und Lisa Miller.* Fotos/Autorentext.

[2] *Der frühere britische Premierminister Boris Johnson verhandelt mit der EU über den Brexit.* Karikatur, Jürgen Tomicek, 2020.

Ich habe für den Verbleib in der EU gestimmt. Wir hatten viele wirtschaftliche Vorteile, einen freien Zugang zum EU-Binnenmarkt und Handel ohne Zölle. Außerdem steht die EU für Frieden und Sicherheit. Das sind für mich wichtige Werte. Wir stehen gerade vor großen Herausforderungen, wie dem Klimawandel, Krieg in Europa, Terrorismusgefahr. Diese Aufgaben könnten wir viel besser gemeinsam in der EU bewältigen.

Wähle einen der Arbeitsaufträge aus:

- Erkläre den Begriff „Brexit". Lies dazu den Absatz „Der Brexit". **Starthilfe:** *Mit dem Begriff „Brexit" bezeichnet man die Entscheidung der Britinnen und Briten ...*
- Gestalte ein Demonstrationsplakat für Scott Martin oder Lisa Miller.
- Viele Britinnen und Briten waren noch kurz vor dem Brexit-Referendum unentschlossen. Begründe dies mithilfe von Material [3].
- „Der Brexit ist für die EU auch eine Chance." Schreibe eine Stellungnahme dazu.

Sprachspeicher

sich für etwas aussprechen > für etwas sein

an einem Referendum teilnehmen > über eine politische Frage abstimmen

Wahlseite Europäischer Schüleraustausch

1 Lies den Text und nutze den Lese-Profi auf der letzten Seite im Buch. Arbeite gemeinsam mit deinem Lernpartner oder deiner Lernpartnerin.

2 Gestaltet gemeinsam ein Werbeplakat für einen Schüleraustausch.

[1] *An dieser Schule wurde mit einer Tanzgruppe 60 Jahre deutsch-französischer Schüleraustausch gefeiert.* Foto, 2023.

Schulpartnerschaften

Zwei oder auch mehrere Schulen können eine **Schulpartnerschaft** miteinander schließen. Diese **Zusammenarbeit** kann unterschiedlich aussehen. **Schülergruppen** können sich **gegenseitig besuchen**, die **Lehrkräfte miteinander arbeiten**. Eine gute Zusammenarbeit stärkt die Schulen und ermöglicht einen **Einblick in eine andere europäische Kultur**.

Ein Schüleraustausch

Bei einem Schüleraustausch fährt eine **Schülergruppe für eine bestimmte Zeit in ein anderes Land**. Sie leben dort als **Gastschüler** in einer Familie, nehmen am Unterricht teil. Sie begleiten ihre Austauschschüler bei ihrer Freizeit und lernen die andere Kultur kennen. Beim Gegenbesuch kommen die Austauschschüler nach Deutschland. Sie leben bei deutschen Schülern und erleben die deutsche Kultur. Ein Schüleraustausch bietet eine besondere Gelegenheit, **das Leben von Jugendlichen in einer anderen Kultur kennenzulernen**.

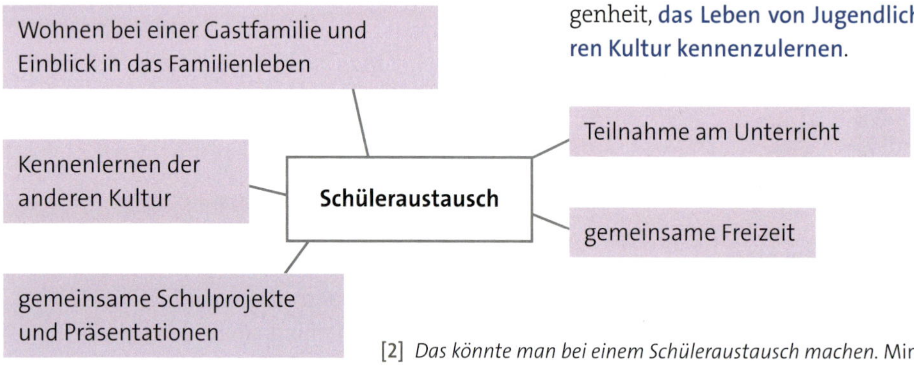

[2] *Das könnte man bei einem Schüleraustausch machen.* Mindmap.

Tipps für die Erarbeitung

- Welche Erfahrungen könnten Schülerinnen und Schüler aus einem anderen Land machen, die euch besuchen?

Wahlseite eTwinning verbindet

1 Informiere dich auf dieser Seite über eTwinning.

2 Präsentiere deine Ergebnisse in geeigneter Form in der Klasse.

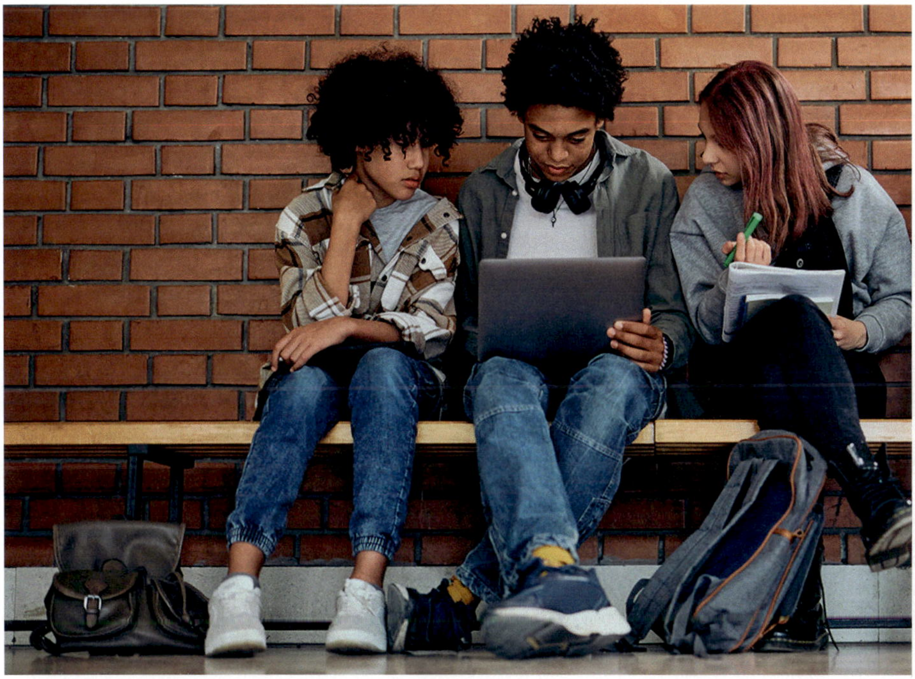

[1] *eTwinning ist eine Online-gemeinschaft von Schulen. Damit kann man viel über das Leben in anderen Ländern erfahren.* Foto, 2023.

eTwinning verbindet Jugendliche in Europa
Englischlernen mit einer Partnerklasse in Finnland oder ein gemeinsames Politikprojekt mit Jugendlichen aus den Niederlanden durchführen? **Mit eTwinning kann man das online umsetzen**.

Gemeinsame europäische Lernaktivitäten
eTwinning ist eine **große europäische Lerngemeinschaft**. Schulen aus verschiedenen Ländern arbeiten dort zusammen, um **gemeinsame Projekte** durchzuführen. Lehrkräfte sowie Schülerinnen und Schüler können dort Ideen austauschen und miteinander lernen. Dort arbeitet man mit Kindern und Jugendlichen aus anderen Kulturen zusammen. Man **lernt** viel über das **gemeinsame Projekt**, aber auch über die **Kultur der anderen Klasse** und bekommt einen **Eindruck von ihrem Alltag**.

Geschichte des eTwinnings
Das eTwinning-Programm wurde im Januar 2005 gestartet. Der englische Begriff „twinning" steht für eine Partnerschaft zwischen Institutionen. Man wollte damit die **Zusammenarbeit zwischen europäischen Schulen** fördern. Im ersten Jahr beteiligten sich 13 000 europäische Schulen. Die Anzahl der interessierten Schulen wuchs immer weiter an. Zu Beginn des Jahres 2021 waren etwa eine Million Lehrkräfte und 217 000 Schulen beteiligt, die ca. 117 000 europäische **Onlineprojekte** durchführten.

Möglichkeiten für europäische Projekte
Es gibt viele gute Ideen, wie Schülerinnen und Schüler zusammenarbeiten können. In einem **Buchclub** lesen Jugendliche aus verschiedenen Ländern dasselbe Buch und **tauschen** sich darüber **digital** aus. Über Videokonferenzen werden gemeinsam **Onlinesprachkurse** absolviert oder **Umweltschutzprojekte** durchgeführt. Die eTwinning-Möglichkeiten sind grenzenlos.

Tipp für die Erarbeitung
- „Twinning" bedeutet Partnerschaft. Das „e" in „eTwinning" steht für elektronisch. Hier arbeitet man digital in einem virtuellen Klassenraum zusammen.

Tipp für die Präsentation
- Suche einige eTwinning-Projekte heraus und stelle sie vor.

Wahlseite Städtepartnerschaften

1 Informiere dich auf dieser Seite über Städtepartnerschaften.

2 Präsentiere deine Ergebnisse in geeigneter Form in der Klasse.

[1] *Schilder zeigen Richtung und Entfernung zu den Partnerstädten von Osnabrück: Haarlem, Angers, Derby, Vila Real, Evansville, Gmünd, Greifswald, Canakkale, Gwangmyeong, Hefei und Twer.* Foto, 2023.

Städte als europäische Freunde

Eine Städtepartnerschaft ist eine Partnerschaft zwischen zwei Städten oder Gemeinden. In der Regel kommen diese beiden Städte aus verschiedenen Ländern. Die meisten Städtepartnerschaften deutscher Städte gibt es mit anderen Städten aus Europa. Manche Städte haben aber auch Partnerstädte von anderen Kontinenten. Ziel der Städtepartnerschaft ist es, sich kulturell und wirtschaftlich auszutauschen.

Ein Gewinn für die Menschen in den Städten

Städtepartnerschaften ermöglichen es Bürgerinnen und Bürgern, andere Kulturen kennenzulernen. Menschen aus den beiden Städten besuchen sich gegenseitig, zeigen ihre Lebensweisen und ihre Traditionen. Dies trägt zur Förderung von Toleranz, Verständnis und Respekt für andere Kulturen bei. Durch Partnerschaften wird die Zusammenarbeit zwischen den Städten gefördert.

Tourismus und Wirtschaft

Durch den Kontakt zu Partnerstädten können der Handel und der Tourismus gefördert werden. Viele Menschen reisen in ihre Partnerstädte, erkunden die Kultur und besuchen dort die Menschen.

Schulen und Universitäten kooperieren

Viele Schulen und Bildungseinrichtungen haben über die Städtepartnerschaft eine Partnerschule oder -universität gefunden. Neben dem Kontakt zwischen den Menschen steht auch der Austausch über Wissen und Erfahrungen im Mittelpunkt der Begegnungen.

Städtepartnerschaften bringen Menschen zusammen und stärken ihr Verständnis füreinander. Dadurch können Vorurteile abgebaut und die Zusammenarbeit gefördert werden. Das friedliche Zusammenleben und stabile europäische Beziehungen werden gefördert.

Tipp für die Erarbeitung

- Welche Partnerstädte hat dein Schulort? Wie wird diese Städtepartnerschaft umgesetzt und gelebt?

Tipps für die Präsentation

- Recherchiere Beispiele, wie eine Städtepartnerschaft stattfindet.
- Gibt es besondere Begegnungen, Straßennamen oder Feiern?

☒ Wahlseite Die Chancen von Jugendlichen

1 Informiere dich auf dieser Seite über die ungleichen Chancen von Jugendlichen in der EU.

2 Präsentiere deine Ergebnisse in geeigneter Form in der Klasse.

Arbeitslosenquoten von Jugendlichen in ausgewählten EU-Staaten, 2022

EU-Land	Arbeitslosenquote von Jugendlichen in %
Griechenland	31,4
Spanien	29,8
Italien	23,7
Rumänien	22,8
Schweden	21,7
EU-Durchschnitt	14,5
Niederlande	7,6
Tschechien	7,2
Deutschland	5,9

Eurostat, Online-Datenbank: Arbeitslosendaten nach Geschlecht und Alter (Stand: 03/2023)

[1] *Statistik über die Arbeitslosenquote von Jugendlichen in der EU.* Tabelle.

[2] *Griechenland, Athen: Schülerinnen und Schüler demonstrieren gegen das schlechte Bildungssystem.* Foto, 2022.

Sind die Chancen in der EU gleich verteilt?

Die Antwort auf diese Frage hängt von verschiedenen Faktoren ab. Die Ursachen für ungleiche Chancen lassen sich an einigen Beispielen ableiten.

Gute Perspektiven

Es gibt Länder, in denen Jugendliche oft gute Perspektiven haben: Einige skandinavischen Länder, wie Dänemark, werden für ihr gutes Bildungssystem, starke Sozialleistungen und eine niedrige Arbeitslosigkeit gelobt. Deutschland, Österreich und die Niederlande haben zudem eine stabile Wirtschaft, ein gutes Bildungssystem und einen Blick für soziale Gerechtigkeit. Allerdings hängen die Chancen auch immer davon ab, dass jeder Jugendliche selbst diese Chancen wahrnimmt.

Schwierige Aussichten

In einigen Ländern der EU stehen Jugendliche vor größeren Herausforderungen. Dies zeigt sich in einer hohen Jugendarbeitslosigkeit, begrenzten Bildungsmöglichkeiten oder einer Wirtschaft, die den Berufseinstieg erschwert.
Infolge der lang anhaltenden Wirtschaftskrise in Griechenland haben Jugendliche mit schlechten Berufsaussichten und einer hohen Jugendarbeitslosigkeit zu kämpfen. Spaniens Wirtschaft war stark von der Finanzkrise betroffen, das Bildungssystem passt oft nicht zu den Anforderungen der Arbeitswelt und viele Jobs für junge Beschäftigte sind befristet und unsicher. In Rumänien und Italien zeigt sich ebenfalls eine hohe Jugendarbeitslosigkeit.
Viele Faktoren wirken oft zusammen und hindern junge Menschen, eine gute Ausbildung oder einen Arbeitsplatz zu finden.

Tipp für die Erarbeitung

- Arbeite heraus, welche Handlungsoptionen Jugendliche in verschiedenen EU-Ländern haben.

Tipp für die Präsentation

- Recherchiere Meldungen über die Chancen auf dem Arbeitsmarkt für Jugendliche in der EU.

Die EU – ein Zukunftsmodell?

Wie bleibt die EU attraktiv?

[1] *Die Zukunft ist Europa.* Foto.

1 Beschreibe die Aussagen von Bild [1] und der Karikatur [2]. **Starthilfe:** *Auf dem Bild [1] ist ein gemeinsames Ziel definiert. Warum zeigen in der Karikatur [2] die Pfeile in unterschiedliche Richtungen?*

2 Muss die Zukunft Europas attraktiver werden? Begründe eine Verbindung der beiden Aussagen von Bild [1] und Karikatur [2]. **Starthilfe:** *Die EU muss sich den Herausforderungen stellen, damit sie zukunftsfähig ...*

Die EU steht vor Herausforderungen

Damit die EU auch in Zukunft erfolgreich bestehen kann, muss sie sich aktuellen und zukünftigen Herausforderungen stellen. Die Wirtschaft der EU muss auf dem internationalen Markt wettbewerbsfähig bleiben. Das bedeutet, dass die EU ihre Wirtschaft stärken muss. Dazu müssen neue Technologien entwickelt werden und gleichzeitig müssen die Technologien umweltfreundlicher werden.

Migration und Integration

Kriege, Verfolgung und andere Nöte lassen Menschen aus ihrer Heimat fliehen. Die EU muss ihre Verantwortung annehmen und sich um die Menschen kümmern, die hierherkommen wollen, um hier zu leben. Es ist wichtig, dass die Zugewanderten integriert werden, sich in der europäischen Gesellschaft zurechtfinden und Arbeit aufnehmen können. Die EU muss Wege finden, um die Integration zu verbessern und sicherstellen, dass die Aufnahmen von Asylsuchenden, Migrantinnen und Migranten unter den Mitgliedsländern fair verteilt sind.

Klimaneutralität bis 2050

Die Klimaneutralität in der EU bis 2050 ist ein ehrgeiziges Ziel. Bis dahin soll die Menge der von der EU abgegebenen Treibhausgase durch umweltschonende Maßnahmen ausgeglichen oder deutlich reduziert werden.

3 Zusammenhalt, eine gute Wirtschaft, Zuwanderung, Integration und Klimaneutralität sind wichtige Ziele einer EU der Zukunft. Erkläre dies.

Sprachspeicher
attraktiv > erstrebenswert, begehrenswert

wettbewerbsfähig bleiben • die Wirtschaft stärken

Demokratische Werte und Rechtsstaatlichkeit

In einigen Mitgliedstaaten der EU bestehen unterschiedliche Vorstellungen über die Einhaltung von Menschenrechten und der Rechtsstaatlichkeit. Einige Regierungen regen politische Prozesse an, die undemokratisch sind und die Rechte der Bürgerinnen und Bürger einschränken. Die EU steht vor der Herausforderung, Menschenrechte und die Rechtsstaatlichkeit innerhalb aller Mitgliedstaaten zu schützen und zu fördern. Damit muss sich die EU gegen einige nationale Bestrebungen durchsetzen.

Digitales und Datenschutz

Heutzutage werden viele Angelegenheiten mit dem Computer oder im Internet erledigt. Die EU muss sich mit der digitalen Veränderung auseinandersetzen. Sie muss sicherstellen, dass die Menschen im Internet sicher sind und dass ihre persönlichen Informationen geschützt bleiben, wenn sie online sind. Gleichzeitig müssen neue Technologien entwickelt werden, um das Internet besser und sicherer zu machen. Außerdem stellt die künstliche Intelligenz (KI) eine Herausforderung für die EU dar. Ein gemeinsamer, sicherer Umgang mit KI und deren Entwicklung muss in der EU erreicht werden.

Der EU-Beitritt der Ukraine

Der russische Angriff auf die Ukraine im Februar 2022 hat einen Krieg in Europa ausgelöst. Kurz vorher hat die Ukraine einen Antrag auf EU-Mitgliedschaft gestellt. Im Dezember 2023 sind die Beitrittsverhandlungen gestartet. Die Ukraine muss verschiedene demokratische Reformen* für den Beitritt umsetzen. Die EU unterstützt ihre Mitgliedsländer finanziell, wirtschaftlich, rechtlich und sozial. Die EU ist allerdings kein Militärbündnis. Wenn ein Mitgliedsland angegriffen werden würde, sind die anderen Länder nicht zum gegenseitigen Beistand verpflichtet.

[2] *Europäische Union – Wege aus der Krise.* Karikatur von Waldemar Mandzel, 2022.

4 Diskutiert, wie die EU auch in Zukunft attraktiv bleiben kann. **Starthilfe:** *Schaut euch die Methode „Podiumsdiskussion" (S. 180/181) dazu an.*

* *die* **Reform:** verbessernde Umgestaltung, planmäßige Neugestaltung

Wähle einen der Arbeitsaufträge aus:

- Liste auf, vor welchen Herausforderungen die EU steht. Überlege: Welche Herausforderung ist deiner Meinung nach besonders groß?
- Nimm an, dass die EU eine Herausforderung ignoriert. Wähle eine Herausforderung aus und beschreibe, was dann zukünftig passieren könnte.
- „Die EU muss immer wieder überprüfen, wie sich die Politik und die Welt um sie verändert hat und darauf reagieren." Nimm begründet Stellung zu dieser Aussage.

Sprachspeicher
die digitale Veränderung • eine Entwicklung begleiten

Üben

Das kann ich!

Versuche zunächst, die Aufgaben dieser Doppelseite zu lösen, ohne im Kapitel nachzusehen. Wenn du Hilfe brauchst, kannst du bei den Aufgaben nachschlagen. Dort sind in Klammern die Seiten angegeben.

der Beitrittskandidat	Das ist das Gebiet, in dem der Euro die offizielle Währung ist.
In Vielfalt geeint	So nennt man ein Land, das Mitglied der EU werden möchte.
das Europäische Parlament	Der Begriff bezeichnet den Austritt Großbritanniens aus der EU.
die Eurozone	So lautet das Motto der EU.
der Brexit	Das ist die „Regierung" (Exekutive) der EU.
die Europäische Kommission	Es ist das direkt gewählte Parlament der EU-Bürger und -Bürgerinnen.

[1] *Begriffe und ihre Bedeutung.* Tabelle.

EU-Bürgerinnen und -Bürger haben das Recht, ...
- zollfreien in der EU einzukaufen.
- sich in der EU frei zu bewegen und aufzuhalten.
- jede Art Haustier zu halten.
- verbilligte Flugreisen innerhalb der EU in Anspruch zu nehmen.
- dort, wo sie leben, an Kommunalwahlen teilzunehmen.
- an den Wahlen zum Europäischen Parlament teilzunehmen.
- an allen Wahlen in der EU teilzunehmen

[2] *Welche Rechte haben EU-Bürgerinnen und -Bürger?*

[3] *Das EU-Parlament in Straßburg.* Foto.

[4] *Die vier Freiheiten.* Schaubild.

Mein Bruder arbeitet in einem deutschen IT-Unternehmen. Sie entwickeln dort Software für Krankenhäuser. Er ist oft im europäischen Ausland unterwegs und installiert in Krankenhäusern die Computerprogramme. Zuletzt war er in Frankreich und Spanien.

[5] *Karl, 14 Jahre, berichtet über die Arbeit seines älteren Bruders.* Foto/Autorentext.

[6] *Moderne Migrationspolitik der EU.* Karikatur von Markus Grolik, 2023.

Sachkompetenz

1 Ordne den Begriffen in der Tabelle [1] die jeweils passende Bedeutung zu.

2 Entscheide, welche Rechte EU-Bürgerinnen und EU-Bürger haben [2]. (S. 188/189)

3 Erstelle einen Steckbrief über das EU-Parlament (Wahlen, Zusammensetzung, Aufgaben, Gesetzgebung) [3]. (S. 192/193, 196/197)

4 Wie setzt sich die EU-Kommission zusammen und welche Aufgaben hat sie? (S. 194/195)

5 Erkläre, was der EU-Binnenmarkt ist und was die „vier Freiheiten“ [4] bedeuten. Denke auch daran, wie es ohne die „Vier Freiheiten“ wäre. (S. 198/199).

6 Am 31. Januar 2020 verließ Großbritannien die EU. Wie kam es zu dem Austritt aus der EU? Beschreibe die Hintergründe. (S. 202/203)

Methodenkompetenz

7 Nenne die wichtigsten Schritte zur Analyse einer politischen Karikatur. (S. 210/211)

8 Untersuche die Karikatur [6] nach diesen Schritten.

Urteilskompetenz

9 Karl berichtet über die Arbeit seines Bruders [5]. Erkläre die Hintergründe. (S. 198/199)

10 „Die EU muss sich vielen Herausforderungen stellen“. Nimm dazu begründet Stellung. (S. 208/209)

Teste dich

Umwelt und Wirtschaft

Entscheidungen müssen getroffen werden

Bei der Entscheidung über große Wirtschaftsprojekte, wie z. B. dem Neubau einer Autobahn, müssen verschiedene Interessen berücksichtigt werden. Dabei kommt es immer wieder zu Interessenkonflikten und Protestaktionen.

1 Beschreibe das Bild.
2 Überlege: Welche unterschiedlichen Interessen könnten hier zu einem Konflikt führen?
3 Kennst du andere große Bauprojekte?

Keine neuen Autobahnen!
campact!
NABU
NaturFreunde
BUND

Schauplatz Umstrittener Straßenbau

Der komplette Verkehr zwischen den beiden Nachbarstädten fließt durch unser Dorf. Täglich donnern Hunderte Lkw über unsere Straße. Das Überqueren der Straße ist lebensgefährlich. Wir brauchen eine Ortsumgehung und einen Anschluss an die Autobahn.

[1] *Ein Dorfbewohner.* Foto.

[2] *Eine Ortsumgehungsstraße.* Foto.

Ich bin täglich auf den Straßen in ganz Deutschland unterwegs. Viele Orte sind nur über Landstraßen zu erreichen. Oft sind diese sehr schmal. Autobahnen sind wichtig, damit der Güterverkehr funktioniert.

[3] *Ein Lkw-Fahrer.* Foto.

Ist der Neubau von Straßen notwendig?
In Deutschland kommen auf 100 Einwohnerinnen und Einwohner 58 Autos (Stand: 2022). Für die meisten von uns ist es völlig normal, Wege mit dem Auto zurückzulegen, wobei Menschen in Großstädten häufiger mit den öffentlichen Verkehrsmitteln fahren.
Gerade wer lange Strecken fahren möchte, nutzt die Autobahn. Auch der Bau von neuen Autobahnen oder der Ausbau der vorhandenen wird gefordert, damit der Verkehr schneller fließen kann. Wenn Land- oder Bundesstraßen mitten durch Orte führen, wünschen sich die Einwohnerinnen und Einwohner dort oft eine sogenannte Umgehungsstraße [1]. Das bedeutet, dass eine neue Straße um den Ort herumgeführt wird, damit der Durchgangsverkehr nicht mehr durch den Ort führt. Solche Umgehungsstraßen werden dann so breit geplant, dass der Verkehr zügig um den Ort herumgeleitet werden kann.
Verkehrsforscher haben allerdings ermittelt, dass der Ausbau von Straßen langfristig dazu führt, dass es mehr Verkehr gibt.

[4] *Ein Dorfbewohnerin.* Foto.

[5] *Protestschild einer Bürgerinitiative gegen den Bau der Autobahn A39 von Lüneburg nach Wolfsburg.* Foto.

[6] *Eine Bewohnerin einer Großstadt.* Foto.

Auswirkungen des Straßenbaus

In der unmittelbaren Umgebung von Autobahnen ist die Lärmbelästigung sehr hoch. Lärmschutzwände und Flüsterasphalt können diese ein wenig reduzieren, es bleibt dennoch sehr laut. Auch die Verschmutzung der Luft durch die Abgase ist in der Nähe von Autobahnen und Schnellstraßen sehr hoch. Für den Neubau von Autobahnen und Umgehungsstraßen müssen oft landwirtschaftliche Flächen oder Naturlandschaften weichen. Die Natur wird dadurch zerstört. Auch die Flächen, die dann an die neue Straße angrenzen, werden durch Lärm und Luftverschmutzung beeinträchtigt. In dicht besiedelten Gebieten kann der Ausbau von Autobahnen dazu führen, dass Privatgrundstücke verkauft und Gebäude abgerissen werden müssen.

1 Sammele Argumente für und gegen den Autobahnbau. **Starthilfe:** *Liste die Argumente in einer Tabelle auf.*

Wähle einen der Arbeitsaufträge aus:

- Welche Verkehrsmittel nutzt du? Erstelle eine Tabelle. Notiere links das Verkehrsmittel und rechts das Ziel, wohin du damit fährst.
- In unmittelbarer Nähe deines Wohnorts soll eine Autobahn gebaut werden. Findest du das gut oder schlecht? Schreibe einen Brief an die Gemeinde mit deinen Argumenten.
- Der Konflikt um den Straßenbau ist oft sehr vielschichtig. Erstelle ein Schaubild, in dem du die möglichen Konfliktparteien und ihre Interessen gegenüberstellst.

Üben

Orientierung

[1] *Stahlwerk in Salzgitter.* Foto, 2023.

[2] *Eine Wiese im Nationalpark Harz.* Foto, 2020.

Ziele der Wirtschaft
Die Wirtschaft ist auf Wachstum ausgelegt. Große Konzerne, aber auch kleine Unternehmen wollen einen möglichst hohen Gewinn erzielen und dieser soll nach Möglichkeit immer weiter steigen. Sie wollen ihren Beschäftigten sichere Arbeitsplätze bieten, wovon diese wiederum profitieren. Um diese Ziele zu erreichen, sind die Unternehmen auf bezahlbare und sichere Energie angewiesen.

Die Politik schafft den Rahmen
Die Politik ist dafür verantwortlich, den gesetzlichen Rahmen für das Funktionieren der Wirtschaft zu schaffen. Genauso müssen Politikerinnen und Politiker Gesetze zum Schutz der Umwelt ausarbeiten. Diese Verantwortung liegt nicht nur bei den Politikerinnen und Politkern in Deutschland oder Europa, sondern sie gilt in allen Staaten der Welt.
Um die Klimaerwärmung zu bremsen und die Umwelt und Natur zu schützen, haben die Staaten der Erde eine Vereinbarung getroffen: Sie wollen den weltweiten CO_2-Ausstoß möglichst schnell senken. Es müssen aber weitere Maßnahmen zum Schutz der Tier- und Pflanzenwelt ausgearbeitet und umgesetzt werden.

Wer muss außerdem handeln?
Auch die Verantwortlichen in Unternehmen haben Handlungsmöglichkeiten. So können sie durch ihre Entscheidungen dazu beitragen, dass sie nicht nur ihre eigenen wirtschaftlichen Interessen im Blick behalten, sondern auch die Belange des Umweltschutzes berücksichtigen.

Umweltorganisationen, wie z.B. Greenpeace, setzen sich besonders für den Umweltschutz ein. Sie sagen, dass die Natur keine Lobby hat und in den letzten Jahrzehnten rücksichtslos ausgebeutet wurde. Aber auch die Vorschläge der Umweltschützer sollten die Perspektive der Wirtschaft nicht ganz außer Acht lassen. Es ist nicht umsetzbar, dass nur jeweils ein Interesse – das der Wirtschaft oder das der Umwelt – berücksichtigt wird.

1 Stelle in einer Tabelle die Interessen der Wirtschaft und die Interessen der Umweltschützer gegenüber.

Nachhaltiges Handeln
Im Zusammenhang mit Themen, die die Wirtschaft und die Umwelt betreffen, wird heute oft von Nachhaltigkeit gesprochen. Nachhaltiges Handeln hat zum Ziel, dass so mit Ressourcen umgegangen wird, dass sie noch lange genutzt werden können. In der Natur gibt es verschiedene Beispiele für Nachhaltigkeit. Der Wasserkreislauf ist ein solches Beispiel und würde ungestört nie aufhören.
Nachhaltigkeit wird immer wichtiger, da das globale Bevölkerungswachstum zu einem steigenden Ressourcenverbrauch führt. Einige wichtige Ressourcen werden bereits in den kommenden Jahren aufgebraucht sein.

2 Erkläre den Begriff Nachhaltigkeit mit eigenen Worten.

3 Beschreibe mithilfe der Darstellung auf der rechten Seite, wie die Menschen im Laufe der Geschichte die Umwelt verändert haben.

[3] *Erfindungen in der Jungsteinzeit.* Illustration.

[4] *Industrialisierung.* Gemälde, 1842.

[5] *Massenproduktion am Fließband.* Foto, 1926.

[6] *Verstädterung im 21. Jahrhundert.* Foto, 2009.

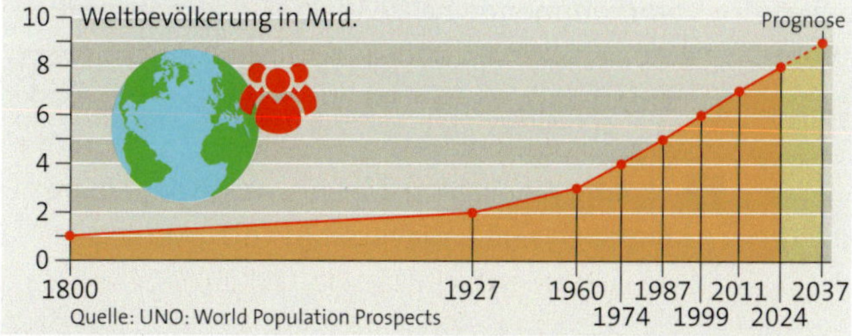

[7] *Entwicklung der Weltbevölkerung.* Diagramm.

Erneuerbare Energien

Welche Ziele verfolgt Deutschland mit der Energiewende?

[1] *Der meiste Strom aus Wind wird in Niedersachsen gewonnen. Windkraftanlagen bei Emden.* Foto, 2020.

1 Gibt es in der Nähe deines Wohnorts Windkraftanlagen? Wie denken die Einwohnerinnen und Einwohner darüber?

Was sind erneuerbare Energiequellen?

Unter erneuerbaren Energien versteht man Energiequellen, die nie versiegen. Sie stehen heute und in Zukunft zur Verfügung. Dazu zählen Windkraft, Wasserkraft, Solarenergie, Biomasse und Geothermie. Mehr als die Hälfte des gesamten Stromverbrauchs in Deutschland wird aus erneuerbaren Quellen gedeckt. Die Windkraft trägt den größten Anteil dazu bei.

Nicht erneuerbare Energien werden auch fossile Brennstoffe genannt. Das sind Erdöl, Erdgas und Kohle. Um sie in elektrische Energie oder Wärmeenergie umzuwandeln, muss man sie verbrennen, was mit einem hohen Ausstoß an CO_2 verbunden ist. Im Gegensatz zu den erneuerbaren Energien, die sich immer wieder erneuern, sind fossile Brennstoffe endlich, denn ihre Entstehung hat Millionen von Jahren gedauert. Es gibt also einen begrenzten Vorrat von ihnen, der schon zu einem sehr großen Teil aufgebraucht ist.

Die Nutzung erneuerbarer Energien

Wind, Wasser, Sonne, Biomasse und Geothermie werden genutzt, um Strom oder Wärme zu erzeugen.

- Bei Windrädern wird die Kraft des Winds genutzt, um sie in elektrische Energie umzuwandeln.
- Wasser wird in Deutschland meist in Stauseen gespeichert und durch Rohre zu einem tiefergelegenen Wasserkraftwerk geleitet, wo Strom erzeugt wird.
- Die Energie der Sonne kann z. B. mit Sonnenkollektoren gesammelt und in Strom umgewandelt werden.
- Zur Gewinnung von Energie aus Biomasse werden organische Stoffe, wie z. B. Holz, Pflanzen, Bioabfall oder Gülle, genutzt. Aus festen Stoffen wie Holz wird Strom oder Wärme erzeugt. Aus den anderen Stoffen werden Gas oder Treibstoffe gewonnen.
- Geothermie nutzt das in tiefen Erdschichten vorkommende heiße Wasser, das man zum Heizen, Kühlen oder zur Stromerzeugung verwenden kann.

2 Erkläre mit eigenen Worten, was erneuerbare Energien sind und wie sie genutzt werden.

Sprachspeicher

die erneuerbaren Energiequellen • etwas versiegt > etwas vertrocknet, eine Quelle hört auf zu fließen • *die* fossilen Brennstoffe

endlich > begrenzt, ein begrenzter Vorrat • *die* Gülle > Kot und Urin von Tieren aus der landwirtschaftlichen Tierhaltung

[2] *Meinungen zu Windenergie und erneuerbaren Energien.* Foto.

3 Warum ist der Schutz der Natur und der Tiere in Deutschland so wichtig, dass das im Grundgesetz steht [4]? Begründe.

Die Energiewende

Weltweit haben Wissenschaftlerinnen und Wissenschaftler erkannt, dass die Nutzung fossiler Brennstoffe gestoppt werden muss, weil dadurch zu viel CO_2 entsteht. Deshalb setzen immer mehr Staaten auf erneuerbare Energien. Dieses Umsteuern wird „Energiewende" genannt. Um den Ausbau erneuerbarer Energien voranzutreiben, hat auch die deutsche Bundesregierung Gesetze und Vorgaben auf den Weg gebracht. Ein wichtiges Gesetz ist das Erneuerbare-Energien-Gesetz. Dieses Gesetz regelt, wie viel Geld die Betreiber von Anlagen erhalten, die mit erneuerbaren Energien Strom erzeugen. Dadurch sollen Investitionen in erneuerbare Energien attraktiver werden. Darüber hinaus wird geregelt, wo und wie Anlagen für erneuerbare Energien gebaut werden dürfen.

4 Beschreibe, was das Erneuerbare-Energien-Gesetz regelt.

Umweltschutz als Staatsziel

Der Staat schützt die Natur und die Tiere. Das ist wichtig für die nächsten Generationen. Er erreicht das mit Gesetzen und Regeln, die von der Regierung durchgesetzt und von den Gerichten kontrolliert werden.

[3] *Grundgesetz Artikel 20a, sprachlich vereinfacht.*

5 Diskutiert in der Klasse die Vor- und Nachteile der erneuerbaren Energien. Orientiert euch auch an den Meinungen aus [2]. > Sprachspeicher

Wähle einen der Arbeitsaufträge aus:

- Recherchiere, welche Anlagen für erneuerbare Energien es in deiner Umgebung gibt.
- Recherchiere, wie eine Windkraftanlage arbeitet. Erstelle ein Schaubild dazu.
- Diskutiert in der Klasse: Ist der Name „Energiewende" zutreffend für das, was damit erreicht werden soll?

Sprachspeicher
auf etwas setzen • etwas attraktiver machen

5: Vielleicht müsst ihr weitere Informationen recherchieren. Ihr könnt euch auch auf eine Energieart, z. B. die Windkraft, beschränken.

Der Kampf gegen den Klimawandel

Was können wir tun?

Die Maßnahmen in Deutschland

In Deutschland sind bereits verschiedene Maßnahmen zur Verlangsamung des Klimawandels vom Bundestag beschlossen worden:

- Das Kohleausstiegsgesetz regelt das Ende der Kohleverstromung. Bis spätestens 2038 soll das letzte Kohlekraftwerk in Deutschland stillgelegt werden.
- Mit dem 58-Euro-Ticket soll die Nutzung des öffentlichen Nahverkehrs gefördert werden. Ein günstiger Nahverkehr kann ein Anreiz sein, öfter auf das Auto zu verzichten.
- Das Gebäudeenergiegesetz soll den Einbau von Wärmepumpen in Häusern fördern. Wärmepumpen sind Geräte, die Wärme aus der Umgebung (z. B. Luft, Wasser oder Erde) für das Heizen nutzen statt fossile Brennstoffe wie Öl oder Gas.
- Das Elektromobilitätsgesetz soll mehr Menschen dazu bringen, Elektroautos zu nutzen. Es bietet Vorteile wie Steuererleichterungen, spezielle Parkplätze und die Erlaubnis, Busspuren zu nutzen.

[1] *Aktivisten der „Letzten Generation" legen mehrere Flughäfen lahm.* Karikatur, Schwarwel, 16.8.2024.

[2] *Aktivisten der „Letzten Generation" protestieren in der Abflughalle des Flughafens Frankfurt. Ziviler Ungehorsam* ist typisch für ihre Aktionen.* Foto, 4.9.2024.

1 Welche der genannten Maßnahmen hältst du für sinnvoll, welche eher nicht? Begründe deine Meinung.

Sind die Maßnahmen ausreichend?

Die Bewertung der Maßnahmen fällt unterschiedlich aus. Es gibt Menschen, die den Eindruck haben, dass die Regierung nicht genug dazu beiträgt, die Klimaerwärmung zu verlangsamen. Sie fordern strengere Gesetze oder ein Tempolimit auf Autobahnen. Manche Schülerinnen und Schüler engagieren sich bei Fridays for Future. Anderen jungen Leuten ist das nicht genug und sie wollen mit Störaktionen auf die Dringlichkeit des Themas aufmerksam machen. Sie sind unter dem Namen „Klimakleber" bekannt geworden, weil sie sich aus Protest auf Straßen oder Landebahnen [1] festgeklebt haben. Einigen Bürgerinnen und Bürgern gehen die Maßnahmen zu weit und sie fühlen sich davon persönlich eingeschränkt. Wieder andere fordern sogar die Rückkehr zur Atomkraft, da sie meinen, dass diese im Hinblick auf den CO_2-Ausstoß weniger problematisch wäre. Die Stromgewinnung aus Atomkraft ist aber gefährlich. In Deutschland wurden deshalb die letzten drei Atomkraftwerke 2023 abgeschaltet.

Sprachspeicher

der Aktivist / *die* Aktivistin > eine Person, die zielbewusst handelt, um etwas zu bewirken

den Klimawandel verlangsamen

A „Die Klimaerwärmung ist schon spürbar finde ich, aber die Politikerinnen und Politiker reden viel und handeln nicht entschlossen. Da geht viel Zeit verloren.“

B „Was kann ich gegen die Klimaerwärmung tun, ohne dass ich mich im Leben groß einschränken muss? Einiges verbieten wäre zwar gut für die Umwelt, aber ich müsste dann ja weniger konsumieren.“

[3] *Meinungen zum Thema Klimaerwärmung von zwei Jugendlichen.* Autorentext.

Bewertung der Maßnahmen

Die Regierung hat die Aufgabe, alle Aspekte zu berücksichtigen, die für die Klimaschutzmaßnahmen wichtig sind. Wenn Maßnahmen beschlossen werden, müssen diese also vorab aus verschiedenen Blickwinkeln betrachtet werden.

Umweltschutzorganisationen und Klimaaktivisten wie die Klimakleber fordern hingegen viel stärkere Maßnahmen. Sie nehmen vor allem den Blickwinkel des Umweltschutzes ein. Für sie sind die Themen der Wirtschaft nicht so wichtig.

Die Wirtschaft fordert z.B. eine sichere Energieversorgung und günstige Strompreise.

Auch wir als Bürgerinnen und Bürger in Deutschland sind von den Klimaschutzmaßnahmen betroffen. Viele von uns sind bereit, selbst etwas für den Umweltschutz zu tun. Aber sobald die Maßnahmen Einschränkungen für jede und jeden Einzelnen bedeuten, nimmt die Zustimmung ab. Viele glauben auch, dass das eigene Handeln für den Klimaschutz keine Wirkung habe und deshalb unnötig sei.

* *der* **zivile Ungehorsam:** Aktivistinnen und Aktivisten verstoßen absichtlich gegen Gesetze, um auf Missstände aufmerksam zu machen. Dabei tun sie das auf friedliche Weise, ohne Gewalt. Beispiele sind Demonstrationen, Blockaden oder Sitzstreiks. Sie meinen, dass sie moralisch richtig handeln, auch wenn das Gesetz etwas anderes sagt.

Luisa Neubauer, Organisatorin bei Fridays for Future in Deutschland, sagte in einem Interview:
Am Ende des Tages steht und fällt alles nicht damit, wer gerade regiert, sondern damit, was wir als Zivilgesellschaft damit machen.

[4] *„Es ist Zeit für Systemfragen“, https://taz.de/Luisa-Neubauer-ueber-Klima-und-Krisen/!5840373/, Zugriff: 9.9.2024.*

[5] *Luisa Neubauer.* Foto, 2024.

2 Erkläre, zu welchen Problemen es bei der Umsetzung der Maßnahmen zum Klimaschutz kommt. Berücksichtige auch die Karikatur [1] und die Aussagen [3].

3 Nimm Stellung zum Zitat von Luisa Neubauer [4].
> **Sprachspeicher**

Wähle einen der Arbeitsaufträge aus:

- Gestalte einen Flyer, mit dem du zeigst, warum Klimaschutz für alle wichtig ist.
- Finde heraus, ob es in deinem Ort Aktionen für die Bekämpfung der Klimakrise gibt.
- Du willst zu einer Demonstration für die Bekämpfung der Klimakrise gehen. Deine Eltern sind dagegen. Mit welchen Argumenten kannst du sie überzeugen? Schreibe ein Gespräch.
- „Ohne die Umweltaktivistinnen und -aktivisten würde der Klimawandel nicht bekämpft werden!“ Nimm Stellung zu dieser Aussage.

Sprachspeicher
etwas fordern ▪ einen Blickwinkel einnehmen

3: Wer trägt deiner Meinung nach die Verantwortung für die Bekämpfung der Klimakrise?

Ist Fast Fashion eine gute Wahl?

Wie können Verbrauchende die Wirtschaft beeinflussen?

Günstig shoppen

Noel und Ian waren shoppen. Sie haben ein paar richtig gute Schnäppchen ergattert. Besonders Noel ist sehr froh über die günstigen Preise, denn seine Familie hat nicht viel Geld. Die neuen T-Shirts ziehen sie am nächsten Tag an. In der Schule werden sie direkt darauf angesprochen. Sie berichten ausführlich von ihrer Shoppingtour. Ihr Kumpel Dennis reagiert anders, als sie es erwartet haben, denn er fragt, ob ihre T-Shirts aus Bangladesch stammen.

[1] *In einer Fabrik in Bangladesch, in der Fast Fashion produziert wird.* Foto, 2024.

Gewinn um jeden Preis?

Unternehmen haben zum Ziel, einen möglichst großen Gewinn zu machen. Das können sie erreichen, indem sie die Produktionskosten niedrig halten und die Produkte deutlich teurer verkaufen. Die Produktionskosten können gering gehalten werden, indem die Unternehmen billige Materialien und Rohstoffe benutzen. Außerdem lassen sie ihre Waren in Ländern produzieren, in denen die Arbeiterinnen und Arbeiter nur sehr niedrige Löhne erhalten.

Durch die extrem niedrigen Produktionskosten können die Textilien sehr preiswert angeboten werden. Der Lohn, den die Textilarbeiterinnen und -arbeiter erhalten, ist so niedrig, dass er nicht zum Auskommen der Familie reicht. Die Kinder können oft nicht zur Schule gehen, sondern müssen ebenfalls arbeiten, damit die Familie überleben kann.

Niedriger Preis, schlechte Qualität

Weil T-Shirts, Jeans usw. so billig sind, neigen die Käuferinnen und Käufer dazu, gleich mehrere Teile zu kaufen. Die Kleidungsstücke sind aber von so schlechter Qualität, dass sie nicht lange halten und bald ersetzt werden müssen. Daher stammt der Ausdruck Fast Fashion. Außerdem sind die Kleidungsstücke oft mit Schadstoffen belastet, was nicht nur ungesund für die Trägerinnen und Träger der Kleidung ist, sondern auch für die Arbeiterinnen und Arbeiter, die diese Kleidung produzieren.

1 Warum ist Fast Fashion nicht wirklich günstig? Erkläre und beachte auch Material [2].

Die wahren Kosten der Fast Fashion
Der jährliche Aufwand menschlicher und ökologischer Ressourcen für die Bekleidungsindustrie:
79 Milliarden Kubikmeter Wasser
1459 Millionen Tonnen Treibhausgasimmissionen
98 Millionen Tonnen Erdöl
92 Millionen Tonnen Müll
85 Millionen Hektar Boden
60 Millionen Textilarbeiterinnen und -arbeiter
43 Millionen Tonnen Chemikalien
27 Millionen Textilarbeiterinnen und -arbeiter mit arbeitsbedingten Krankheiten

[2] *Christliche Initiative Romero e. V.: Fast Fashion. Die Folgen in Zahlen, Teil 3, Münster, 2019. S. 6.*

Sprachspeicher
etwas ergattern ▪ etwas zum Ziel haben
etwas preiswert anbieten ▪ etwas ist mit Schadstoffen belastet

	Existenzlohn	Mindestlohn
Kambodscha	523 €	175 €
Indien	316 €	132 €
Sri Lanka	229 €	30 €
Rumänien	1448 €	249 €
Ungarn	1119 €	243 €
Der Existenzlohn setzt sich aus dem Einkommen aller Familienmitglieder zusammen. Er bezeichnet die Summe, die nötig ist, damit die Familie überleben kann.		

[3] *Existenzlohn und Mindestlohn in ausgewählten Ländern. Daten nach: „Labour Behind the Label".* 2024.

Kaufentscheidungen setzen Zeichen

Nicht nur beim Kauf von Kleidung, sondern auch bei anderen Produkten haben die Konsumentinnen und Konsumenten einen Einfluss auf die Wirtschaft. Wenn du als Verbraucher oder Verbraucherin bestimmte Produkte kaufst oder nicht kaufst, sendest du damit eine Botschaft an die Unternehmen darüber, was du unterstützen möchtest und was nicht.
Leider ist das gar nicht so einfach. Es gibt zwar verschiedene Siegel, die Auskunft über die Herstellungsbedingungen geben. Da diese aber noch nicht vereinheitlicht sind, geben sie wenig Sicherheit und es ist schwierig, den Überblick zu behalten. Mithilfe der Medien könnten sich alle Konsumentinnen und Konsumenten über einzelne Hersteller informieren. So wurden in den letzten Jahren schon häufiger Missstände, wie z. B. der Einsatz von Kindern bei der Herstellung von Markenkleidung oder Sportausrüstungen, aufgedeckt. Wer sich informiert, könnte diese Marken meiden.

Haben Käufer und Käuferinnen Macht?

Aber auch wenn man über die Herstellungsweisen von Produkten informiert ist, kann man dies für seine eigenen Kaufentscheidungen nicht immer berücksichtigen. Faire und nachhaltige Produkte sind oft deutlich teurer als andere Waren. Wer nicht viel Geld zur Verfügung hat, kann sich faire und nachhaltige Produkte in vielen Fällen nicht leisten.

2 Berechne, wie viele Familienmitglieder für den Existenzlohn in den verschiedenen Ländern arbeiten müssen, wenn pro Person der Mindestlohn gezahlt wird.

3 „Als einzelner Konsument oder einzelne Konsumentin kann ich keinen Einfluss auf die Wirtschaft nehmen!" Nimm begründet Stellung zu dieser Aussage.

[4] *Fast Fashion wird schnell zu Abfall und damit zu einem Problem für die Umwelt.* Foto.

Wähle einen der Arbeitsaufträge aus:

- Recherchiere und erstelle eine Liste mit fairen Modelabels, die einen Onlineshop haben.
- Noel, Ian und Dennis diskutieren über die Shoppingtour. Dennis findet, die beiden hätten die T-Shirts nicht kaufen dürfen. Schreibt das Streitgespräch der drei und spielt es der Klasse vor.
- Erkläre, welche langfristigen Folgen es für die Beschäftigten in der Fast-Fashion-Industrie hat, wenn der Mindestlohn so niedrig ist wie in Tabelle [3]. Berücksichtige auch die kommenden Generationen.

Sprachspeicher
eine Botschaft senden • Missstände aufdecken

nicht viel Geld zur Verfügung haben

Üben

Grüner, als sie sind

Was ist Greenwashing?

In der Werbung steht: Der neue Plantburger ist vegetarisch und klimaneutral. Ob das stimmt?

[1] *In einem Fast-Food-Lokal: ein Burger ohne Fleisch.* Foto.

1 Beschreibe das Bild [1] und stelle Vermutungen an: Was ist Greenwashing?

Werbung mit Umweltthemen

Für immer mehr Menschen ist Umwelt- und Klimaschutz ein wichtiges Thema. Sie möchten dazu beitragen, dass unsere Erde bewohnbar bleibt und unsere Ressourcen auch zukünftigen Generationen zur Verfügung stehen. Dieses Umweltbewusstsein nutzen Unternehmen in der Werbung für sich. Fast-Food-Ketten locken z.B. mit vegetarischen und veganen Angeboten Kunden an, denen die Umwelt wichtig ist. Damit stellen die Unternehmen sich grüner dar, als sie in Wirklichkeit sind, denn sie verwenden weiterhin auch Fleisch aus Massentierhaltung und produzieren große Mengen Verpackungsmüll. Sie nehmen also nur eine kleine Veränderung vor, stellen diese aber groß heraus. Diese kleine Veränderung ist deutlich günstiger für das Unternehmen, als wenn es die wirklichen Probleme angehen würde. Das macht deutlich, dass es Unternehmen meistens nur um den Gewinn und nicht wirklich um den Umweltschutz geht.

Greenwashing täuscht die Verbraucher

Ein Unternehmen umweltfreundlicher darzustellen als es ist, nennt man „Greenwashing". Die Vorgehensweisen der Unternehmen sind dabei oft sehr geschickt und deshalb schlecht zu durchschauen. Es ist also wichtig, sich als Kundin oder Kunde gut zu informieren. Dabei kann es eine Hilfe sein, sich auf Social Media, in Nachrichtensendungen und Dokumentationen im Fernsehen oder in Zeitungen zu informieren.

2 In der EU ist es seit 2024 verboten, Produkte in der Werbung als umweltfreundlich darzustellen, wenn der Hersteller dies nicht beweisen kann. Erkläre, warum das ein wichtiger Schritt für die Verbraucher und Verbraucherinnen ist.

Sprachspeicher
etwas beitragen zu • etwas groß herausstellen
ein Produkt ist klimaneutral

[2] *Frau Maier leitet die Filiale einer Burgerkette. Sie macht sich oft Gedanken über die Selbstdarstellung ihres Unternehmens.* Foto, Autorentext.

3 Beschreibe das Problem, das Frau Maier schildert, mit eigenen Worten [2]. Kennst du ähnliche Beispiele?

Die Rolle der Medien

Die Medien spielen eine Rolle bei der Verbreitung des Greenwashings, wenn sie unkritisch über die sogenannten „grünen" Produkte berichten, ohne die Behauptungen der Unternehmen zu hinterfragen. Andererseits können Social Media, Zeitungen, Fernsehberichte und Radioreportagen durch eine kritische Berichterstattung dazu beitragen, dass die Verbraucherinnen und Verbraucher aufmerksamer werden und ihre Kaufentscheidungen bewusster treffen. Und oft sind es die Medien, die Fälle von Greenwashing aufdecken.

Seriöse Berichterstattung kann dabei helfen, wirklich umweltfreundliche Maßnahmen von Unternehmen zu erkennen. Medien können darüber berichten, wenn Unternehmen auf eine nachhaltige und umweltfreundliche Produktion setzen, auf schädliche Chemikalien verzichten oder ihre Beschäftigten fair bezahlen.

4 Sieh dir den Werbeauftritt einer Fast-Food-Kette deiner Wahl an. Benenne, was als besonders umweltfreundlich und nachhaltig dargestellt wird.

5 Überprüfe im nächsten Schritt, ob die Selbstdarstellung zutreffend ist. Beachte dabei folgende Aspekte:
- Woher stammt das Fleisch (Stichworte: Tierwohl, Haltungsform)?
- Welche Verpackungen werden verwendet (Stichworte: Verpackung, Müll)?
- Wie sind die Arbeitsbedingungen der Beschäftigten? (Stichworte: Mindestlohn, Arbeitszeiten)?

Wähle einen der Arbeitsaufträge aus:

- Informiere dich bei der Verbraucherzentrale, wie du Greenwashing erkennen kannst. Erstelle eine Liste mit Tipps für deine Klasse.
- Entwirf ein Werbeplakat für eine umweltfreundliche Fast-Food-Kette.
- Wähle ein Unternehmen aus, dem Greenwashing nachgewiesen werden konnte. Schreibe eine Rede, in der du zum Boykott des Unternehmens aufrufst.

Sprachspeicher
eine Rolle spielen ▪ unkritisch berichten ▪ etwas hinterfragen

Heldinnen und Helden gesucht

Was kann ich für den Klimaschutz tun?

Schritte zum Klimaschutz
Mit einfachen Maßnahmen im Alltag fast 2500 kg/CO_2 im Jahr einsparen

Vegetarisch ernähren statt mit Fleisch/Wurst	1 010 kg/CO_2
Mit dem Rad statt mit dem Auto zur Schule/Arbeit fahren	470 kg/CO_2
Auf Ökostrom umsteigen	585 kg/CO_2
Sparduschkopf verwenden	215 kg/CO_2
Kleidung reparieren statt neue kaufen	210 kg/CO_2
Einsparung Summe	**2 490 kg/CO_2**

nach: Klimaschutz in einer Stunde, mein-klimaschutz.de, Stand: 9/2019

[1] *Einfache Maßnahmen für den Klimaschutz.* Grafik, 2019.

Alltagstaten

Auf den vorangegangenen Seiten finden sich bereits einige Beispiele, wie alle etwas für den Umweltschutz tun können. Es gibt aber auch kleine Dinge, die eine große Wirkung zeigen, wenn viele von uns sie umsetzen.

- Wer konsequent das Licht und elektrische Geräte ausschaltet, wenn diese nicht gebraucht werden, kann eine Menge Strom sparen.
- Sparsam ist es, wenn man das Trinkwasser nicht ungenutzt aus dem Hahn laufen lässt.
- In der Heizperiode sollte man nur kurz richtig lüften, aber nicht das Fenster stundenlang gekippt offen stehen lassen.
- Statt sich von den Eltern mit dem Auto fahren zu lassen, kann man öffentliche Verkehrsmittel oder das Fahrrad nutzen.
- Wer weniger Fleisch konsumiert, tut ebenfalls etwas für die Umwelt, weil bei der Fleischproduktion deutlich mehr CO_2 entsteht als beim Anbau von Pflanzen.

Vielleicht machst du das alles schon und möchtest noch mehr tun.

1 Was könntest du noch im Alltag tun, um die Umwelt zu schützen? Finde weitere Beispiele für Alltagstaten.

Ehrenamt für die Umwelt

Wer sich ehrenamtlich engagiert, setzt sich für Dinge ein, die ihm oder ihr wichtig sind. Ehrenamtlich bedeutet, dass es für die Tätigkeit keinen Lohn gibt. Stattdessen schenkt man der Gesellschaft die eigene Arbeit, um etwas für die Allgemeinheit zu tun. Viele Jugendliche sind als Ehrenamtliche in Sportvereinen, der freiwilligen Feuerwehr oder Kirchengemeinden tätig. Aber auch im Umweltschutzbereich gibt es die Möglichkeit, sich zu engagieren. Viele Umweltschutzorganisationen haben Angebote für Kinder und Jugendliche. So setzt sich die Greenpeace-Jugend nicht nur für Umweltschutz ein, sondern bietet für Jugendliche ab 14 Jahren auch die Möglichkeit, sich gegen Diskriminierung und Rassismus einzusetzen. Die BUND-Jugend ist die Jugendorganisation des Bunds für Umwelt und Naturschutz (BUND), in der sich junge Menschen bis 27 Jahren für die Umwelt einsetzen. Die Jugendlichen des Naturschutzbundes (NABU) nennen sich NAJU (Naturschutzjugend).

2 Informiere dich im Internet, wie Jugendliche in den verschiedenen Jugendorganisationen der Umweltverbände mitarbeiten können. Finde heraus, ob es Ortsgruppen in deiner Nähe gibt.

Sprachspeicher
das Ehrenamt • sich ehrenamtlich engagieren > sich für eine Sache einsetzen

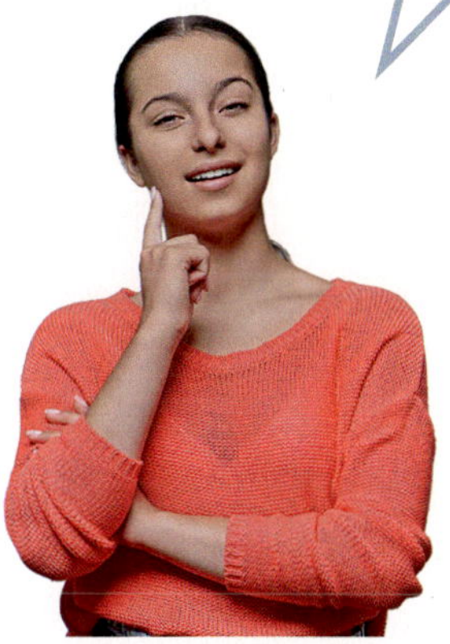

[2] *Beispiele für den Einsatz von Jugendlichen für die Umwelt.* Fotos.

3 Phileas will auf eine Demonstration für mehr Umweltschutz gehen. Simon meint, dass man auf einer Demonstration sich gar nicht aktiv für den Umweltschutz einsetzt. Wer hat deiner Meinung nach recht?

Politik macht Umweltschutz

Auch in der Politik gibt es Möglichkeiten, sich als Jugendliche für den Umweltschutz starkzumachen. Neben der Teilnahme an Demonstrationen können sich Jugendliche auch in den Jugendorganisationen der Parteien für den Umweltschutz einsetzen. Gerade in der Kommunalpolitik gibt es viele Möglichkeiten, Umweltprojekte vor Ort zu gestalten.

Einen Umweltclub gründen

Phileas, Simon und Laura wollen sich gerne für mehr Umweltschutz in ihrem Ort einsetzen. Sie gründen einen Umweltclub in der Schule und planen verschiedene Aktionen. Sie möchten Erwachsene auf die Wichtigkeit des Umweltschutzes aufmerksam machen und sich selbst mit ihren Ideen einbringen.

4 Welche Aktionen könnten Phileas, Simon und Laura planen?

Wähle einen der Arbeitsaufträge aus:

- Finde heraus, welche Umweltorganisationen es in Deutschland gibt. Wähle eine aus. Notiere, welches Ziel sie hat, und zeichne ihr Logo in dein Heft.
- Finde heraus, welche Umweltorganisationen es in Deutschland gibt. Wähle eine aus und stelle sie in einem Steckbrief vor.
- „Ohne die Zusammenarbeit vieler Menschen in vielen Staaten kann die Klimaerwärmung nicht gebremst werden." Nimm Stellung zu dieser Aussage.

Sprachspeicher

eine Debatte führen • debattieren • ein Streitgespräch nach bestimmten Regeln führen

Methode Eine Dilemmafrage erörtern

Dilemmafragen stellen uns vor die Herausforderung, eine schwierige Entscheidung treffen zu müssen, bei der kein offensichtlich richtiger oder falscher Weg existiert. Es besteht ein deutlicher Widerspruch zwischen zwei Möglichkeiten und die Aufgabe besteht darin, eine gut begründete Entscheidung zu treffen. Es geht nicht darum, die richtige Entscheidung zu treffen, sondern die eigene Entscheidung gut zu begründen.
Um diese Entscheidung treffen und begründen zu können, brauchen wir gesicherte Informationen über das Thema. Diese sollten immer beide Seiten beleuchten, also Argumente dafür und dagegen aufzeigen.

Schritt	Sprachliche Formulierungshilfen/Tipps
1. Schritt Frage erfassen	
Was ist die Fragestellung?	Überlege, worin das Dilemma besteht: Warum ist die Frage schwer zu entscheiden?
2. Schritt Eigene, erste Positionierung	
▪ **Wie** würde ich entscheiden?	Du kannst dich spontan entscheiden. Wenn du mehr Informationen hast, kannst du dich auch noch mal umentscheiden.
▪ **Warum** würde ich so entscheiden?	Begründe deine Entscheidung.
3. Schritt Informationen recherchieren	
▪ Recherchiere Informationen zum Thema.	Achte darauf, vertrauenswürdige Internetseiten, Bücher, Zeitungen oder Zeitschriften zu verwenden.
4. Schritt In der Gruppe diskutieren	
▪ Stellt euch eure Meinungen gegenseitig vor.	Jeder/Jede präsentiert zunächst seine/ihre Meinung, die Gruppe kommentiert nicht.
▪ Vergleicht eure Meinungen miteinander.	Stellt Nachfragen zum Verständnis. Kommentiert die Aussagen der anderen.
▪ Könnt ihr eine gemeinsame Entscheidung treffen?	Notiert, in welchen Punkten ihr euch einig seid und in welchen nicht.
5. Schritt In der Klasse diskutieren	
▪ Präsentiert die Ergebnisse der Gruppen.	Jede Gruppe stellt vor, auch wenn dadurch Punkte doppelt genannt werden.
▪ Diskutiert eure unterschiedlichen Standpunkte.	Bestimmt eine Moderation, die auf die Einhaltung der Gesprächsregeln achtet.
6. Schritt Reflexion der eigenen Position	
▪ Reflektiere die verschiedenen Meinungen.	Du kannst deine Meinung noch mal ändern.
▪ Überarbeite deine eigene Position.	Vielleicht reicht es, deine Begründungen mit den neu gewonnenen Informationen zu überarbeiten.

[1] *Marvin stellt eine Dilemmafrage.* Foto.

1 Wende die Methode an, um diese Dilemmafrage [1] zu beantworten. Der Text und das Diagramm [2] liefern dir einige Argumente. Du kannst aber auch weitere Informationen recherchieren.

Für eine fleischlose Ernährung spricht:
Die Tierhaltung, besonders die Rinderzucht, trägt erheblich zur Produktion von Treibhausgasen bei. Methan, ein extrem wirkungsvolles Treibhausgas, wird in großen Mengen von Wiederkäuern wie Kühen produziert. Laut einer Studie der Ernährungs- und Landwirtschaftsorganisation der Vereinten Nationen ist die Viehwirtschaft für etwa 14,5 Prozent der globalen Treibhausgasemissionen verantwortlich. Durch den Fleischverzicht kann jeder und jede Einzelne dazu beitragen, diesen Anteil zu reduzieren.
Ein weiterer Punkt ist der hohe Wasserverbrauch in der Fleischproduktion. Um ein Kilogramm Rindfleisch zu produzieren, werden etwa 15 000 Liter Wasser benötigt, während für ein Kilogramm Weizen nur 1500 Liter Wasser verbraucht werden. Bei einer wachsenden Weltbevölkerung und zunehmender Wasserknappheit ist es wichtig, ressourcenschonende Ernährungsweisen zu finden. Interessanter Fakt: Eine vegetarische oder vegane Ernährung bedeutet nicht nur weniger Treibhausgasemissionen, sondern auch weniger Landnutzung. Wiesen und Felder, die für den Anbau von Tierfutter genutzt werden, könnten zur Produktion von pflanzlichen Lebensmitteln dienen.

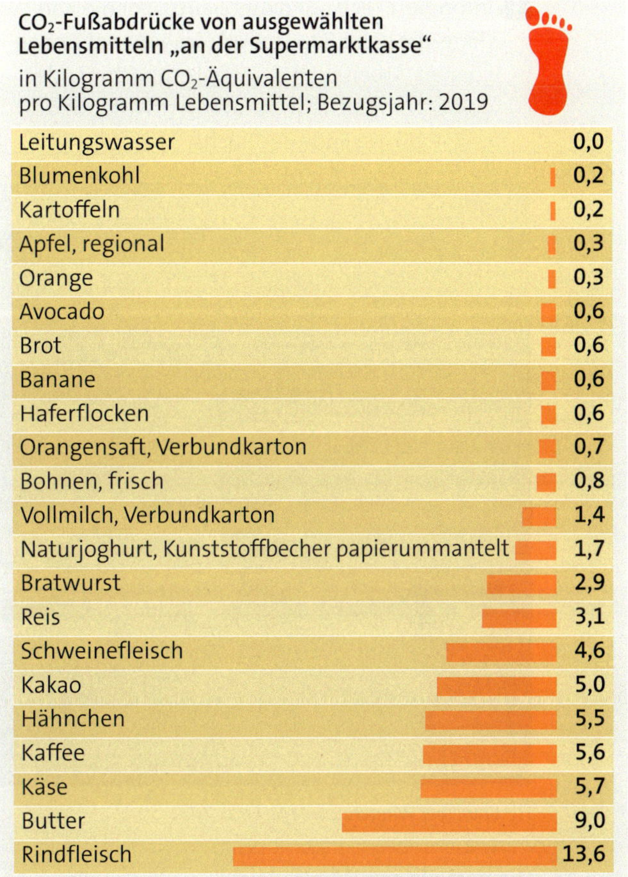

[2] *Reinhardt, Guido; Gärtner, Sven; Wagner, Tobias: Ökologische Fußabdrücke von Lebensmitteln und Gerichten in Deutschland, Institut für Energie- und Umweltforschung Heidelberg, Heidelberg, 2020, S. 8 ff, vereinfacht.*

Was für Fleisch spricht:
Ein zentraler Punkt ist die Frage der Nährstoffversorgung: Fleisch ist eine gute Quelle für wichtige Nährstoffe wie Eiweiß, Eisen, Zink und Vitamin B12. Besonders für Jugendliche, die sich noch im Wachstum befinden, kann durch Fleischkonsum sichergestellt werden, dass diese wichtigen Stoffe in ausreichender Menge durch die Ernährung aufgenommen werden.
Zudem spielt Fleisch in vielen Kulturen und Traditionen eine wichtige Rolle. Feste, Rituale und der soziale Zusammenhalt sind oft eng mit dem gemeinsamen Verzehr von Fleischgerichten verbunden. Das Problem in Deutschland ist, dass der Verbrauch von Fleisch zu hoch ist: Pro Kopf verzehren wir durchschnittlich wöchentlich rund ein Kilogramm Fleisch und Wurst.

Wahlseite Konflikt um Windräder

1 Informiere dich auf dieser Seite über die Konflikte, die beim Bau von Windrädern entstehen können. Arbeite mit deinem Lernpartner oder deiner Lernpartnerin zusammen. Nutzt den Lese-Profi am Ende des Buchs.

2 Legt eine Tabelle mit den Argumenten für und gegen Windräder an und präsentiert diese in der Klasse.

[1] *Bau einer Windkraftanlage.* Foto, 2022.

Die Vorteile von Windrädern

Durch Windräder wird **Strom** erzeugt, ohne schädliche Abgase zu produzieren. Der Vorteil: Der Wind kostet nichts. Das hilft, die **Umwelt** zu schützen und den **Klimawandel** zu bekämpfen. Windenergie gehört zu den **nachhaltigen Energiequellen**, denn Wind gibt es fast immer. Durch den Bau und den Betrieb von Windrädern können neue **Arbeitsplätze** entstehen.

Die Nachteile von Windrädern

Sie erzeugen nur Strom, wenn **Wind weht**. Windräder können eine **Gefahr** für Tiere darstellen. So können **Vögel und Fledermäuse** verletzt oder getötet werden, wenn sie in die Rotorblätter fliegen. Außerdem machen Windräder **Geräusche**. Dadurch können Tiere aus ihrem gewohnten **Lebensraum** vertrieben werden. Manche Menschen sagen auch, dass Windräder hässlich seien und die **Landschaft verschandeln** würden.

Was kann man machen?

Es gibt Argumente **für** und **gegen** den Bau von Windrädern. Deshalb ist es wichtig, einen **Kompromiss** beim Bau neuer Windräder zu finden. In Deutschland ist z. B. geregelt, dass Windräder **nicht zu nahe** an Wohngebieten stehen dürfen, um die Menschen nicht zu stören. Außerdem muss der Umweltschutz beachtet werden, damit **Tiere und Pflanzen** möglichst wenig gestört werden.

Eine andere Möglichkeit ist es, Windräder **im Meer vor der Küste** zu bauen. Ein zusätzlicher Vorteil dieses Standorts ist, dass es auf dem Meer **sehr viel Wind** gibt.

Wenn über den Bau von Windrädern diskutiert wird, sind viele Menschen dafür, solange die Windräder nicht in ihrer Nähe aufgestellt werden. Hier zeigt sich, dass Menschen oft **grundsätzlich** für Umweltschutz sind, aber nicht bereit sind, **persönliche Einschränkungen** in Kauf zu nehmen.

Tipps für die Erarbeitung

- Notiere dir Stichworte und schreibe sie in eine Tabelle.

Tipp für die Präsentation

- Erkläre, warum auf dem Meer und in Küstennähe besonders viele Windkraftanlagen stehen.

Wahlseite Handyrecycling

1 Informiere dich auf dieser Seite über Recycling und Reparatur von Handys.

2 Präsentiere deine Ergebnisse in geeigneter Form in der Klasse.

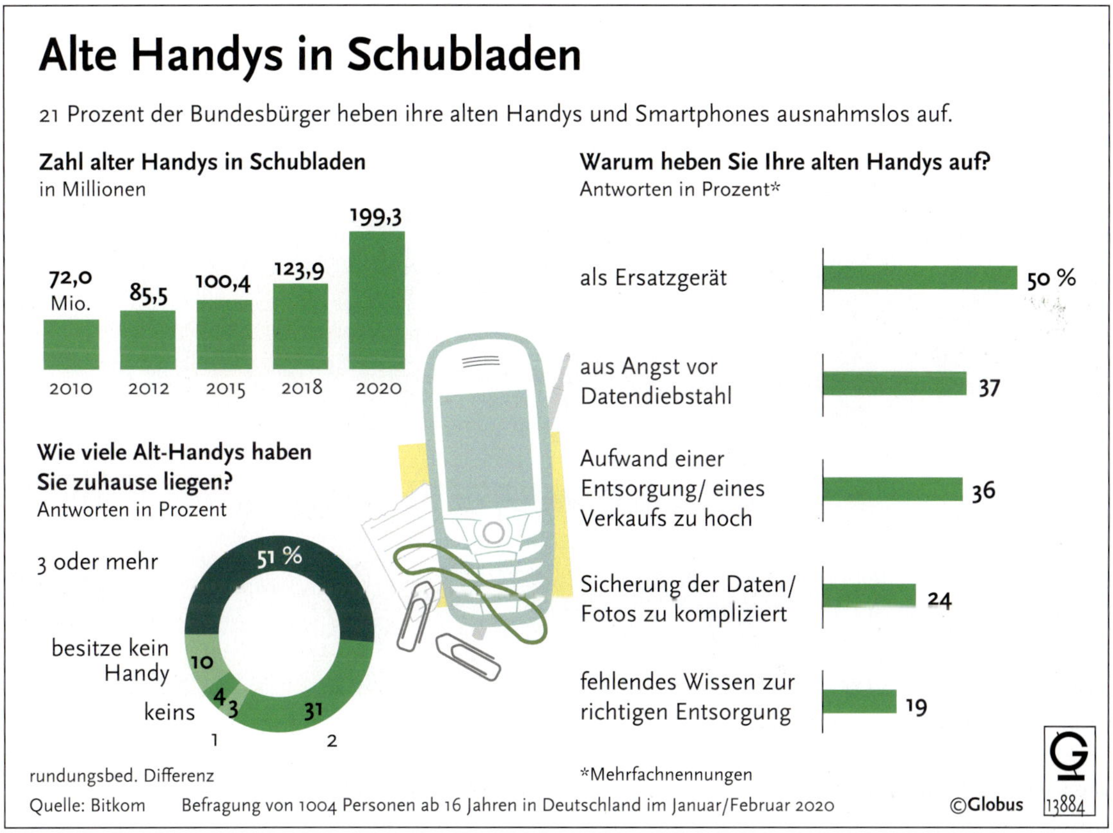

[1] *So viele alte Handys werden aufgehoben.* Schaubild, 2020.

Handys für den Müll

Wie oft ist dir dein Smartphone schon heruntergefallen? Die Lebensdauer eines Smartphones wird von der Verbraucherzentrale auf 2,5 Jahre geschätzt. Diese hängt natürlich sehr davon ab, wie wir mit unseren Handys umgehen. Auch der Akku beeinflusst die Lebensdauer, da er bei den meisten Handys nicht ausgetauscht werden kann. Lässt die Leistung des Akkus nach, kommen wir kaum um den Neukauf herum. Nicht mehr genutzte Handys landen dann häufig in der Schublade. Dabei könnten sie sehr gut recycelt werden. Wertstoffhöfe nehmen Handys an. Durch das Recycling der alten Geräte können wichtige Edelmetalle wie Gold, Silber, Kupfer und Palladium wiederverwertet werden.

Recht auf Reparatur

Seit 2024 haben Bürgerinnen und Bürger innerhalb der Europäischen Union ein Recht auf Reparatur. Seit Jahren weisen Verbraucherverbände darauf hin, dass viele Geräte viel zu schnell entsorgt werden. Oft könnte eine Reparatur das Gerät wieder funktionsfähig machen, aber sie ist deshalb unattraktiv, weil sie teurer ist als die Neuanschaffung des Geräts. Das neue Gesetz verpflichtet die Hersteller zur rechtzeitigen und günstigen Reparatur innerhalb der Gewährleistungszeit. So soll es sich lohnen, ein Gerät reparieren zu lassen, anstatt es wegzuwerfen.

Tipp für die Erarbeitung
- Werte das Schaubild [1] aus.
- Finde heraus, wo du in deiner Nähe dein Handy reparieren lassen könntest.

Tipp für die Präsentation
- Mache eine Umfrage in der Klasse: Wie viele alte Handys habt ihr noch daheim?

☒ Wahlseite Verzicht auf Konsum?

1 Informiere dich auf dieser Seite über den Verzicht auf Konsum.

2 Präsentiere deine Ergebnisse in geeigneter Form in der Klasse.

[1] *In einem Secondhandladen.* Foto, 2024.

Die Sache mit dem Konsum

Das Thema Wirtschaft und Umwelt hat Mohammad, Aron und Elisa auf eine Idee gebracht. Sie unterhalten sich in der Pause: „Habt ihr einmal darüber nachgedacht, wie viel Zeug wir eigentlich kaufen und dann irgendwann wieder wegwerfen?", fragt Elisa. „Ja“, antwortet Mohammad, „unser ständiger Konsum hat einen Rieseneinfluss auf die Umwelt.“ „Und viele Sachen, die wir wegschmeißen, sind nicht kaputt oder könnten ganz leicht ausgebessert werden“, meint Aron. Die drei schauen sich an. „Denkt ihr dasselbe wie ich?“, fragt Elisa. Die beiden Jungs grinsen und nicken.

Weniger ist mehr

Das klingt zunächst erstmal einfach, aber es ist tatsächlich so: Wenn wir nur die Sachen kaufen, die wir wirklich brauchen, reduzieren wir nicht nur unseren Müll, sondern auch die Ressourcen, die zur Herstellung gebraucht werden.

Secondhand kaufen

Wenn wir wirklich etwas Neues brauchen, lohnt es sich bei vielen Produkten, nach gebrauchten Angeboten zu schauen. Das ist nicht nur günstiger, sondern auch viel nachhaltiger, weil wir den Lebenszyklus der Produkte verlängern und weniger neue Sachen produziert werden müssen. Im Internet gibt es verschiedene Plattformen zum Kauf und Verkauf von gebrauchten Produkten. Auch auf Flohmärkten kann man tolle Sachen finden.

Reparieren statt wegwerfen

Viele Dinge kann man leicht reparieren. Zum Beispiel kann man Kleidung selbst ausbessern oder jemanden fragen, der sich damit auskennt. Für Technik gibt es Reparaturcafés, wo man mit ein bisschen Hilfe das Handy oder den Laptop wieder zum Laufen bringt. Das spart Geld und schont die Umwelt.

Tipp für die Erarbeitung
- Welche Idee könnten Mohammad, Elisa und Aron haben?
- Plant dieses Event für eure Schule.

Tipp für die Präsentation
- Führt die geplante Aktion durch. Vielleicht könnt ihr noch mehr Klassen eurer Schule zum Mitmachen gewinnen.

☒ Wahlseite Verteilungskämpfe um Wasser

1 Informiere dich auf dieser Seite über Verteilungskämpfe um Wasser.

2 Präsentiere deine Ergebnisse in geeigneter Form in der Klasse.

[1] *Mädchen in Afrika transportieren Trinkwasser von einem entfernten Bohrloch in ihr Dorf.* Foto, 2022.

Das Recht auf sauberes Wasser

Wasser ist die wichtigste Ressource für alle Menschen. Das Recht auf sauberes Trinkwasser ist seit dem Jahr 2010 ein Menschenrecht. Jeder Mensch sollte Zugang zu genügend sauberem Wasser für den täglichen Bedarf wie Trinken, Kochen und Hygiene haben. Fehlt dieser Zugang, sind die Folgen schwerwiegend. Weltweit haben über zwei Milliarden Menschen keinen Zugang zu sauberem Wasser, sie nutzen Wasser aus Flüssen oder anderen verunreinigten Quellen. Durch verschmutztes Trinkwasser können Krankheiten übertragen werden, die nicht selten zum Tod führen. Ohne Wasser können Menschen nicht überleben. Deshalb ist der Zugang zu sauberem Wasser eines der 17 Nachhaltigkeitsziele der UNO-Agenda 2030 (s. Seite 254).

Trinkwasser wird zur teuren Ware

In den letzten Jahren wurde das Menschenrecht auf sauberes Trinkwasser immer wieder verletzt, weil Unternehmen oft große Mengen Wasser aus natürlichen Quellen entnehmen und es für viel Geld weiterverkaufen. Dies führt dazu, dass in den betroffenen Regionen nicht genug Wasser für die lokale Bevölkerung übrig bleibt. Wasser wird zu einer teuren Ware, die sich arme Menschen nicht leisten können.

Verteilungskämpfe um das „blaue Gold“

Die Knappheit an Wasser führt sogar zu Streit zwischen Staaten. Meist geht es dabei um den Bau von Staudämmen – z.B. am Nil, Euphrat und Tigris – und darum, wie viel Wasser abgelassen wird. Wegen der großen Bedeutung des Wassers wird es auch „das blaue Gold“ genannt.

Durch den Klimawandel verstärkt sich die Wasserknappheit in einigen Gebieten der Erde besonders schnell. Die Bekämpfung des Klimawandels muss also Maßnahmen und Gesetze einschließen, die gewährleisten, dass das Menschenrecht auf Zugang zu sauberem Trinkwasser überall auf der Welt gewährleistet werden kann. Unternehmen, die dies missachten, sollten zur Rechenschaft gezogen werden können.

Wer verbraucht wie viel Süßwasser?

Den höchsten Verbrauch mit etwa 70 Prozent des aus dem natürlichen Kreislauf entnommenen Süßwassers hat die Landwirtschaft. Die Industrie verbraucht etwa 20 Prozent und die privaten Haushalte 10 Prozent.

Tipp für die Erarbeitung

- Beschreibe, was passieren würde, wenn bei dir zu Hause kein Wasser aus dem Wasserhahn käme.

Tipp für die Präsentation

- Recherchiere im Internet unter UNICEF und Weltwassertag weitere Fakten.

Die Klimakonferenzen

Wer trägt die Verantwortung für das Klima?

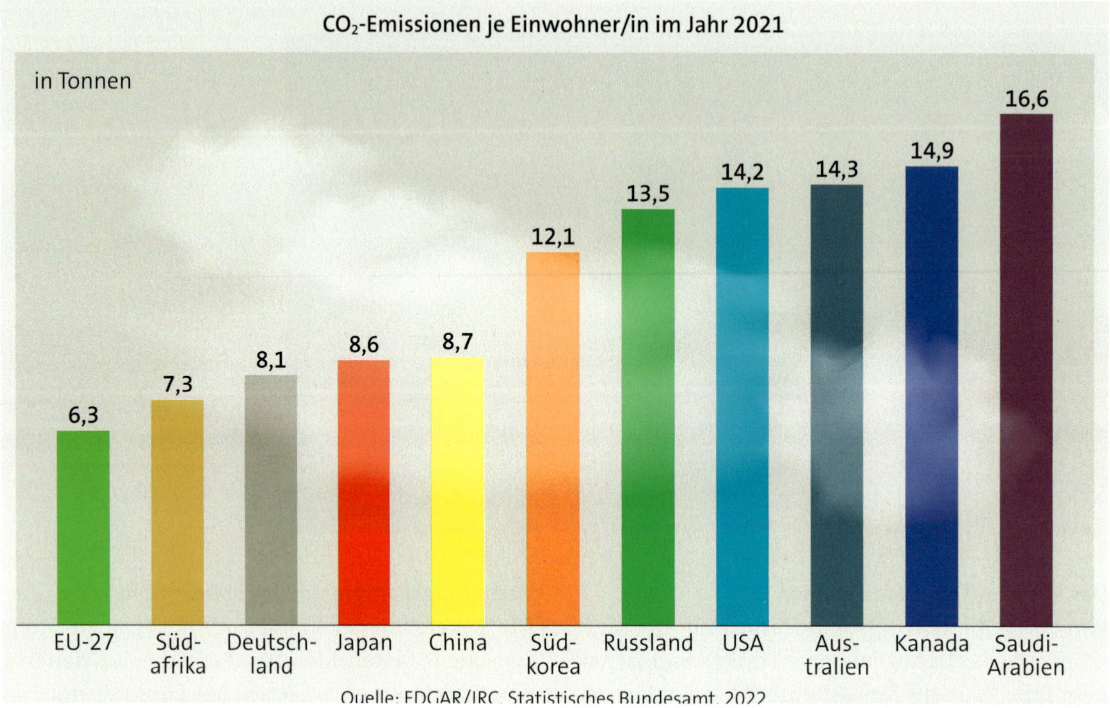

[1] *Diese Staaten verursachen mehr als 80 Prozent aller CO_2-Emmissionen. Ein Ausstoß von 1 Tonne CO_2/pro Kopf wäre klimaneutral haben Wissenschaftlerinnen und Wissenschaftler errechnet.* Grafik.

Weltklimakonferenzen

Nicht nur die Mehrheit der deutschen Politiker und Politikerinnen hat erkannt, dass etwas gegen den Klimawandel getan werden muss. Nahezu alle Staaten sind sich ihrer Verantwortung für eine Veränderung bewusst. Es wird immer klarer, dass die Bekämpfung des Klimawandels nur gemeinsam gelingen kann.

Bereits im Jahr 1979 gab es eine erste Weltklimakonferenz. Seit dem Jahr 1995 findet jedes Jahr eine UN-Klimakonferenz statt. Auf diesen Konferenzen diskutieren die Länder, welche Maßnahmen sie ergreifen können, um weniger Treibhausgase zu produzieren. Ein Erfolg war die Pariser Klimakonferenz im Jahr 2015, auf der eine Begrenzung der Erderwärmung vereinbart wurde [2]. Die Vertreter der Staaten reden auch darüber, wie sie den Menschen helfen können, sich an die Veränderungen des Klimas anzupassen. Hitzewellen, Stürme oder Überschwemmungen werden zunehmen.

Wer ist wie betroffen vom Klimawandel?

Die Folgen des Klimawandels sind nicht überall auf der Welt gleich zu spüren. Der Anstieg des Meeresspiegels zeigt auf Inseln im Pazifik bereits deutliche Auswirkungen. Kommt es zu Schäden durch Extremwetter, haben ärmere Länder kaum finanzielle Mittel für den Wiederaufbau. Ein weiteres Problem ist, dass die Maßnahmen gegen den Klimawandel mit hohen Kosten verbunden sind. Industrieländer können diese Kosten aufbringen, einige Schwellenländer ebenfalls. Entwicklungsländern fehlt dazu grundsätzlich das Geld. Außerdem muss berücksichtigt werden, dass die Industrieländer und einige Schwellenländer die meisten klimaschädlichen Gase produzieren [1]. Gleichzeitig leiden die Entwicklungsländer am stärksten unter den Folgen des Klimawandels. Sie argumentieren, dass die reichen Länder den größten Teil der Verantwortung für die Bekämpfung des Klimawandels tragen müssten.

Sprachspeicher

klimaneutral > keine Auswirkung auf das Klima • an einer Konferenz teilnehmen • sich an etwas anpassen

finanzielle Mittel > Geld

1 Stelle gegenüber: Welche Länder sind für den Großteil des CO_2-Ausstoßes zuständig und welche Länder leiden unter den Folgen des Klimawandels?

2 Fasse zusammen, wie die Klimaziele erreicht werden sollen. Beachte dazu den Text sowie Material [2] und [3].

Artikel 2

(1) Das Ziel dieses Übereinkommens ist es, die weltweite Antwort auf den Klimawandel zu stärken und dabei nachhaltige Entwicklung und Armutsbekämpfung zu fördern. Dies soll erreicht werden durch:

a) die Begrenzung der Erderwärmung auf unter 2 °C gegenüber dem vorindustriellen Niveau, mit dem Ziel, den Anstieg auf 1,5 °C zu begrenzen, um die Risiken des Klimawandels zu reduzieren

b) die Förderung der Anpassung an die negativen Auswirkungen des Klimawandels und die Förderung einer klimaresistenten Entwicklung, die die Nahrungsmittelproduktion nicht gefährdet

c) die Ausrichtung finanzieller Mittel auf eine emissionsarme und klimaresistente Entwicklung

(2) Dieses Übereinkommen basiert auf dem Grundsatz der Gerechtigkeit und der gemeinsamen, aber unterschiedlichen Verantwortlichkeiten und Fähigkeiten, unter Berücksichtigung nationaler Unterschiede.

[2] *Artikel 2 des Klimaschutzabkommens von Paris, sprachlich vereinfacht.*

* *die* **Energieeffizienz:** Wenn mit dem Einsatz von Energie möglichst viel Ertrag erzielt wird. Beispiel: Ein moderner Kühlschrank benötigt weniger Strom zum Kühlen als ein alter. Die Steigerung der Energieeffizienz ist ein wichtiger Beitrag zum Klimaschutz.

Maßnahmen zur Erreichung der Klimaziele:

1. Investitionen in erneuerbare Energien wie Wind- und Solarenergie, um den Anteil an fossilen Brennstoffen zu verringern
2. Förderung von Maßnahmen, um weniger Energie zu verbrauchen, dazu gehören z.B. gute Dämmungen von Häusern
3. Erhöhung der Nutzung von öffentlichen Verkehrsmitteln und Förderung von umweltfreundlichen Alternativen wie Elektrofahrzeugen
4. Schutz und Wiederaufforstung von Wäldern, da Bäume CO_2 absorbieren und speichern
5. Förderung von nachhaltiger Landwirtschaft und Reduzierung von Emissionen aus der Viehzucht
6. Steigerung der Energieeffizienz* und Verringerung von Emissionen in der Industrie durch neue Entwicklungen und strengere Umweltauflagen

[3] *Übersicht der Maßnahmen zur Erreichung der Klimaziele.*

3 „Der Klimawandel kann nur eingedämmt werden, wenn alle Länder zusammenarbeiten." Nimm Stellung zu dieser Aussage.

Wähle einen der Arbeitsaufträge aus:

- Welche Maßnahme zur Erreichung der Klimaziele [3] hältst du für besonders wichtig? Begründe deine Meinung.
- Gestalte eine Mindmap zum Thema „Bekämpfung des Klimawandels". Berücksichtige staatliche Maßnahmen und Dinge, die du machen kannst.
- Informiere dich über das Klimaschutzkonzept an deinem Wohnort. Überlege dir eigene Ideen zum Klimaschutz und reiche sie ggf. ein.

Sprachspeicher

die Begrenzung der Erderwärmung • etwas vermuten

resistent sein > widerstandsfähig sein

Üben

Das kann ich!

Versuche zunächst, die Aufgaben dieser Doppelseite zu lösen, ohne im Kapitel nachzusehen. Wenn du Hilfe brauchst, kannst du bei den Aufgaben nachschlagen. Dort sind in Klammern die Seiten angegeben.

- *die* erneuerbaren Energien
- *die* Nachhaltigkeit
- *der* Klimawandel
- *die* Energiewende
- *die* Fast Fashion

- zu niedrigsten Produktionskosten hergestellte, minderwertige Kleidung
- Anstieg der globalen Durchschnittstemperatur durch zu viel Ausstoß von klimaschädlichen Gasen
- Umstieg auf Energiearten, die klimafreundlich sind
- Verbrauch von der Menge an Ressourcen, die nachwachsen oder sich erneuern kann
- Energiequellen, die nie versiegen

[1] *Begriffe und ihre Bedeutung.* Tabelle.

[2] *Beispiele von Anlagen, in denen erneuerbare Energien genutzt werden.* Fotos.

[3] *Karikatur von Markus Grolik, 2024.*

Die wahren Kosten der Fast Fashion
Der jährliche Aufwand menschlicher und ökologischer Ressourcen für die Bekleidungsindustrie:
79 Milliarden Kubikmeter Wasser
1459 Millionen Tonnen Treibhausgasimmissionen
98 Millionen Tonnen Erdöl
92 Millionen Tonnen Müll
85 Millionen Hektar Boden
60 Millionen Textilarbeiterinnen und -arbeiter
43 Millionen Tonnen Chemikalien
27 Millionen Textilarbeiterinnen und -arbeiter mit arbeitsbedingten Krankheiten

[4] *Christliche Initiative Romero e. V.: Fast Fashion. Die Folgen in Zahlen, Teil 3, Münster, 2019. S. 6.*

[5] *Ein Beispiel für weniger Konsum.* Foto, 2024.

[6] *Während der 28. UN-Klimakonferenz in Dubai 2023.* Foto.

Sachkompetenz

1 Ordne den Begriffen aus [1] die passende Erklärung zu.

2 Erkläre den Begriff „erneuerbare Energien“ mithilfe der Fotos [2]. (S. 220)

3 Lege eine Tabelle an, in der du die ökologischen und menschlichen Kosten von Fast Fashion [4] auflistest. Sortiere nach Wichtigkeit. (S. 226/227)

menschliche Kosten	ökologische Kosten
...	...
...	...

4 Erkläre den Begriff „Greenwashing“. Beachte dabei auch die Karikatur [3]. (S. 228/229)

5 Beschreibe die Folgen des menschengemachten Klimawandels. (S. 222/223)

6 Liste auf, mit welchen Alltagstaten du zum Klimaschutz beitragen kannst [5]. (S. 230/231)

7 Nenne die Ziele der Klimakonferenzen [6]. (S. 238/239)

Methodenkompetenz

8 Wende die Methode „Eine Dilemmafrage erörtern“ auf folgende Fragestellung an: „Sollten Jugendliche heute noch einen Führerschein machen?“ (S. 232/233)

Urteilskompetenz

9 Nimm Stellung zu folgender Aussage: „Die Bekämpfung des Klimawandels sollte das wichtigste Ziel für die Politik auf der ganzen Welt sein.“
Berücksichtige bei deiner Stellungnahme auch die „Agenda 2030“ auf Seite 254. (S. 238/239)

Teste dich

Kriege und Frieden

Krieg in der Ukraine

Am 24. Februar 2022 griff Russland die Ukraine an. Seitdem wehrt sich die Ukraine. Zehntausende Soldaten aus beiden Ländern kamen bereits ums Leben. Mit Raketen und Bomben werden ukrainische Städte beschossen. Das Leid der Menschen ist groß.

1 Beschreibe das Bild. Welche Gedanken und Gefühle haben die Menschen dort?
2 Was weißt du vom Krieg in der Ukraine?
3 Formuliere Fragen, die du zum Thema „Kriege und Frieden" hast.

Schauplatz Krieg in der Ukraine

[1] *Ukrainerinnen und Ukrainer demonstrieren in Kiew für die Annäherung der Ukraine an Europa.* Foto, 1.12.2013

[2] *Seit Kriegsbeginn wehren sich ukrainische Soldaten gegen die russischen Angreifer.* Foto, 24.6.2024.

[3] *Russische Angriffe zerstören vor allem die Wohngebiete ukrainischer Städte.* Foto, Kiew, 7.11.2022.

1 Beschreibe die Fotos [1–3]. Was weißt du über den Krieg in der Ukraine? **Starthilfe:** *Ich weiß, dass in der Ukraine Krieg ist und …*

Wunsch nach Unabhängigkeit von Russland

Die Ukraine war bis 1991 **Teil der Sowjetunion**. Seit ihrer Unabhängigkeit gab es in der Ukraine immer wieder Spannungen. Der Osten des Landes grenzt an Russland. Dort sprechen viele Ukrainer russisch. Sie wollen, dass ihr Land mit Russland zusammenarbeitet. Im Westen der Ukraine wird hauptsächlich ukrainisch gesprochen. Die Menschen dort wünschen sich mehrheitlich, dass ihr Land der Europäischen Union beitritt und sich von Russland abwendet.

Im Mai 2013 verschärfte sich der Streit. **Hunderttausende Ukrainer demonstrierten**. Nach den Protesten übernahm eine demokratisch gewählte Regierung die Amtsgeschäfte. Seitdem verfolgt die Ukraine zwei Ziele: den Beitritt zur Europäischen Union und die militärische Zusammenarbeit mit westlichen Staaten. Beides will Russland verhindern. Im Jahr 2014 **besetzte Russland** die **Halbinsel Krim**. Im selben Jahr spalteten sich in der Ostukraine die Gebiete Luhansk und Donezk (Donbass-Region) ab, um unabhängig zu werden. Von Russland unterstützte Separatisten* kämpften dort gegen das ukrainische Militär. Seit 2014 herrschte in der Ukraine **Bürgerkrieg**. Im Herbst 2021 zog Russland Truppen an der Grenze zur Ukraine zusammen.

Kriegsausbruch

Am 24.2.2022 griff Russland die Ukraine an. Damit verstößt Russland gegen das Völkerrecht. Das Völkerrecht fordert, dass alle Staaten die Grenzen anderer Staaten achten müssen. Der russische Präsident Putin verteidigt seinen **Angriffskrieg**. Für ihn gehört die Ukraine zu Russland. Mithilfe der Armee will er dort die wirtschaftliche und militärische Kontrolle erlangen. Seitdem verteidigt sich die Ukraine und kämpft gegen russische Truppen.

* *die* **Separatisten:** Gruppe von Menschen, die ein Gebiet von einem Staat abtrennen wollen

2 Stelle die Ereignisse in der Ukraine an einem Zeitstrahl dar.

3 Erläutere den Konflikt zwischen der Ukraine und Russland.

[4] *Russische Angriffe auf die Ukraine in den ersten Kriegswochen.* Karte.

4 Beschreibe die Karte. **Starthilfe:** *Im Süden und Osten ...*

Folgen des Kriegs

Die meisten Länder der Welt verurteilten den völkerrechtswidrigen Angriffskrieg Russlands. Die EU sowie die USA und Kanada reagierten sofort mit Sanktionen gegen Russland. Sanktionen sind nichtmilitärische Strafmaßnahmen, die Russland zur Beendigung des Kriegs zwingen sollen. Hierzu zählen ein eingeschränkter Handel mit russischen Unternehmen, Ausschluss russischer Banken vom Finanzmarkt, Importverbot für Öl aus Russland, Einreiseverbot bestimmter russischer Politiker und Unternehmer in die EU.

Durch die Kämpfe verlieren auf beiden Seiten Zehntausende Soldaten ihr Leben. Gezielte russische Angriffe zerstören Wohnhäuser, Schulen und Krankenhäuser. Millionen Ukrainer sind auf der Flucht in den Westen und suchen Schutz. In der Ukraine sind Kriegsverbrechen an Zivilisten geschehen. Ukrainer berichten von Vergewaltigungen, Plünderungen und Mord an Unbewaffneten. Russland bestreitet dies. Unabhängige ausländische Ermittler recherchieren aktuell die Hintergründe. Sie wollen die Schuldigen finden und vor ein Gericht stellen, sodass sie bestraft werden.

5 Erläutere die Folgen des Kriegs. **Starthilfe:** *Verwende dabei folgende Begriffe: Sanktionen – das Leben verlieren – Kriegsverbrechen.*

Die Rolle von Deutschland

Deutschland ist nicht angegriffen worden. Die Ukraine ist kein Verbündeter von Deutschland. Deshalb kämpfen keine deutschen Soldaten dort. Deutschland unterstützt die Ukraine jedoch mit militärischer Ausrüstung und Waffen. Seit Kriegsbeginn wurden Gewehre, Artillerie, Drohnen und Panzer an die Ukraine geliefert. Außerdem wurden über 5 Milliarden Euro gegeben, damit sich die Ukraine militärisch ausrüsten kann. Diese finanziellen Hilfen leisten auch andere westliche Staaten.

6 Beschreibe die Rolle Deutschlands.

Wähle einen der Arbeitsaufträge aus:

- Liste auf, welche Sanktionen viele Länder gegen Russland verhängt haben.
- Verfasse den Tagebucheintrag eines ukrainischen Soldaten an der Front.
- „Sanktionen können einen Krieg nicht beenden." Diskutiert diese Aussage.

Orientierung

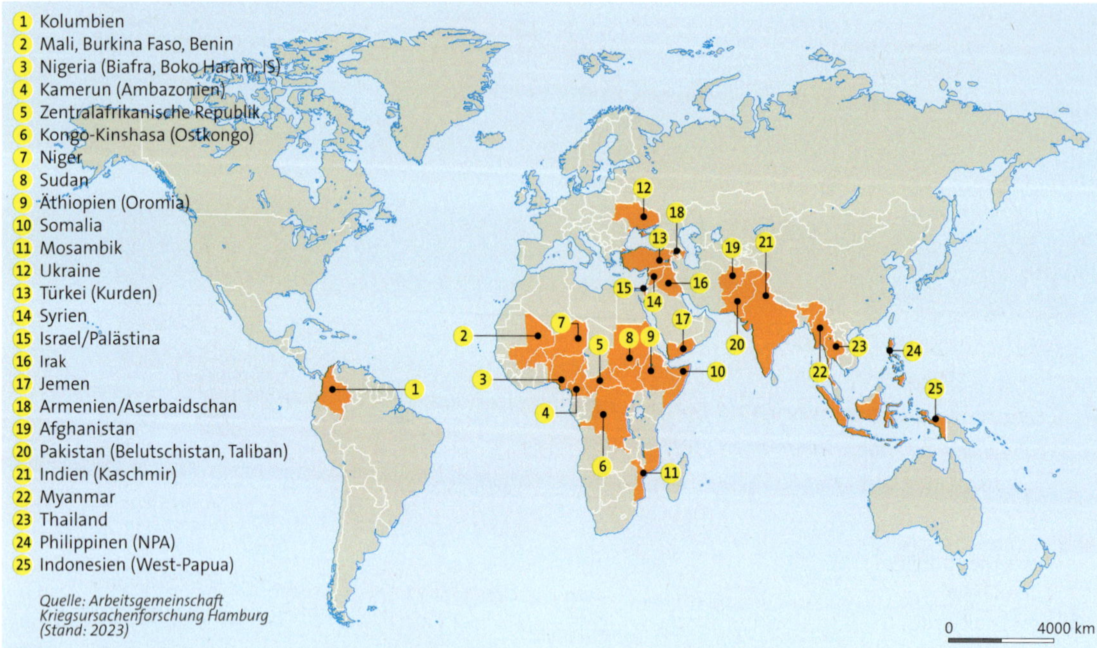

[1] *Aktuelle Kriege und Konflikte.* Karte.

1 Beschreibe die Karte und werte sie aus:
- Auf welchen Kontinenten gibt es die meisten/wenigsten bewaffneten Konflikte?
- Über welchen Krieg weißt du etwas? Berichte.

Konflikte und Kriege

Konflikte zwischen Gruppen entstehen, wenn Interessen und Vorstellungen unvereinbar erscheinen. Werden dann Waffen eingesetzt, um seine Ziele durchzusetzen, spricht man von Krieg.
Kriege und Konflikte können sowohl zwischen Staaten als auch innerhalb eines Staats, etwa zwischen Volksgruppen, ausbrechen. Dann spricht man vom Bürgerkrieg.
Folgende Gründe können für den Ausbruch eines Kriegs verantwortlich sein: Streit um Grenzen und Gebiete, Kampf um die Vormachtstellung in einer Region, Furcht vor Bedrohung durch den anderen, Durchsetzung wirtschaftlicher Interessen (z.B. Bodenschätze), religiöse Konflikte, falsche Beurteilung der Absichten des anderen.

2 Unterscheide die Begriffe Krieg und Konflikt voneinander. **Starthilfe:** *Im Gegensatz zum Krieg ...*

3 Nenne Gründe für einen Kriegsausbruch.

Terror – das Verbreiten von Angst

Terror kommt aus dem Lateinischen und bedeutet Angst und Schrecken. Wer Terror ausübt, tut dies in aller Öffentlichkeit und mit Gewalt, um andere Menschen einzuschüchtern. Terroristen wollen mit ihren Gewalttaten etwas erreichen. Sie richten sich gegen Regierungen und gesellschaftliche Gruppen.
Terroristen entführen Menschen, verüben Bombenanschläge oder Attentate. Ein Attentat ist der Versuch, eine bekannte oder wichtige Persönlichkeit gezielt zu töten, z.B. einen Politiker. Oftmals stellen Terroristen keine Forderung an die Regierung mehr. Sie wollen den Menschen zeigen, dass niemand vor ihnen sicher ist.
Es gibt aber auch Staaten, die mit Terror ihre Gegner bekämpfen. Ein Beispiel aus der Geschichte dafür ist das nationalsozialistische Deutschland, in dem politische Gegner und Minderheiten gezielt vom Staat verfolgt, gefoltert und getötet wurden. Das nennt man Staatsterrorismus.

4 Erläutere die Ziele des Terrorismus. **Starthilfe:** *Benutze diese Begriffe: Angst und Schrecken – Öffentlichkeit – Attentate.*

5 Erkläre den Begriff Staatsterrorismus. **Starthilfe:** *Der Staat will seine politischen ...*

Kriegsverbrechen

Im Kriegsrecht ist vorgeschrieben, wie sich Kriegsparteien und ihre Soldaten zu verhalten haben. Es ist verboten, die Zivilbevölkerung grausam zu behandeln. Gemeint sind damit Vergewaltigung, Plünderung von Wohnungen und Geschäften oder Zwangsarbeit. Auch die gezielte Zerstörung von Wohn- und Krankenhäusern, Schulen oder Kindergärten sind Kriegsverbrechen. Eines der schlimmsten Verbrechen ist Völkermord. Das ist das systematische und geplante Töten eines Volks oder einer Volksgruppe.
Wer Kriegsverbrechen begeht, kann vor dem Internationalen Strafgerichtshof angeklagt und zu einer langen Haftstrafe verurteilt werden.

[2] *Der Internationale Strafgerichtshof ist in Den Haag, Niederlande.* Foto, 2019.

6 Benenne einzelne Kriegsverbrechen.

Die Menschenrechte

Unter Menschenrechten versteht man grundlegende Rechte, die jedem Menschen unabhängig von Geschlecht, Religion oder Volkszugehörigkeit zustehen. Dazu gehören das Recht auf Leben, persönliche Würde, Freiheit und Gleichheit vor dem Gesetz. Die meisten Staaten haben die Menschenrechte in ähnlicher Form in ihr Rechtssystem, also in ihre Verfassung aufgenommen. In Deutschland sind sie seit 1949 im Grundgesetz festgeschrieben (s. Seite 160/161) und in der Charta der Grundrechte der EU.

7 Erkläre den Begriff „Menschenrechte".
Starthilfe: *Denke an grundlegende Rechte, das Recht auf Leben, das Grundgesetz ...*

Kriege und Frieden

Schicksale im Krieg

Wie erleben die Menschen in der Ukraine den Kriegsalltag?

Die Schule meiner Kinder ist durch die Bombenangriffe zerstört worden. Trotzdem ist jeden Tag Unterricht. Er findet jetzt in Räumen unter der Erde statt. Viele Schülerinnen und Schüler sind nicht mehr da. Sie sind mit ihren Eltern geflohen.

Meine Frau ist nach Kriegsbeginn mit den Kindern nach Polen gezogen. Ich darf das Land nicht verlassen. Ich warte wie andere Männer auf meine Einberufung zum Militär. Ich habe Angst vor der Front. Angst zu sterben. Angst, nie mehr meine Frau und die Kinder zu sehen.

[1] *Schule im Untergrund.* Foto, 2024.

[2] *Einberufung zum Militär.* Foto, 2024.

[3] *Ein schwer beschädigtes Haus in einem Dorf nahe der Front.* Foto, 2024.

[4] *Auf einer Straße in Kiew nach einem Raketenbeschuss.* Foto, 2023.

Als die russischen Soldaten näher kamen, sind fast alle Dorfbewohner geflohen. Meine Frau ist nach einem Schlaganfall schwer krank und braucht meine Hilfe. Wohin hätten wir gehen sollen? Wir müssen hier in der Nähe der Front aushalten und leben.

In Kiew sind keine Kämpfe mit Soldaten und Panzern. Mein Mann ist Soldat. Ich gehe jeden Tag zur Arbeit. Wenn es einen Luftalarm gibt, müssen wir in die U-Bahn-Stationen. Da sind wir sicher. Nach zwei Jahren Krieg bin ich erschöpft. Die Angst um meinen Mann und die Müdigkeit nach nächtlichem Luftalarm belasten mich seelisch und körperlich.

1 Beschreibe die Fotos [1 – 4]. **Starthilfe:** *Auf Bild [1] sehe ich, wie ...*

2 Unterscheide die verschiedenen Lebenssituationen der Betroffenen. > **Sprachspeicher**

3 Lest die Aussagen der Menschen mit verteilten Rollen. Erläutert die Belastungen und Schwierigkeiten, die sie im Krieg aushalten müssen.

Sprachspeicher

2: Schule, Einberufung zum Militär, Dorfbewohnerin/Dorfbewohner Luftalarm, Angst

einberufen werden > aufgefordert werden, seine Wehrpflicht zu erfüllen, zum Militärdienst gehen müssen

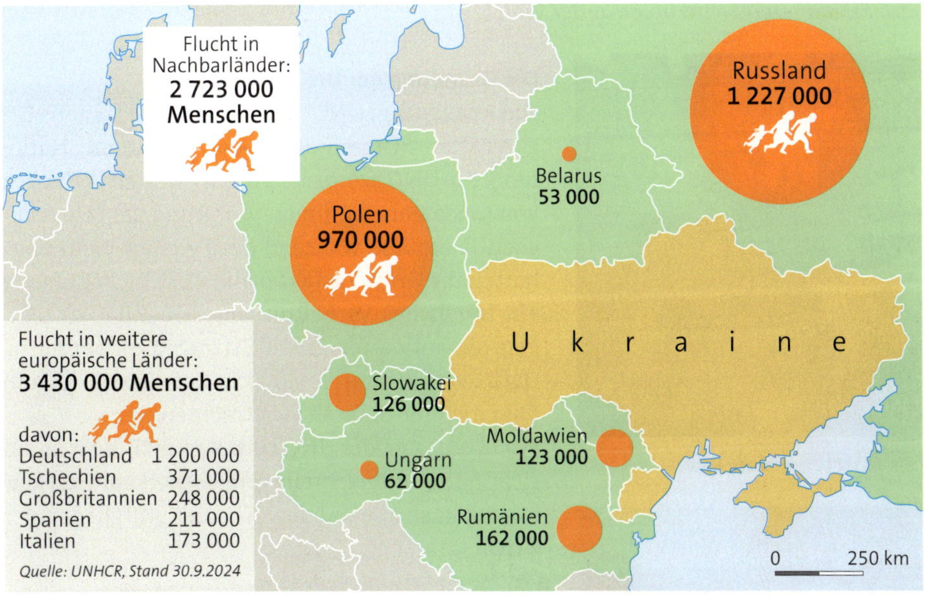

[5] *Wohin Menschen aus der Ukraine fliehen.* Karte/Grafik, 2024.

4 Werte die Karte [5] aus:
- Welche Nachbarländer hat die Ukraine?
- Wohin fliehen die meisten Ukrainer?
- Wie viele Ukrainer sind noch weiter als bis in die Nachbarländer geflüchtet?
- Überraschen dich manche Zahlen? Begründe.

Flucht aus der Ukraine

Momentan befinden sich über 1,2 Millionen ukrainische Kriegsflüchtlinge in Deutschland. Mehr als ein Viertel von ihnen sind Kinder und Jugendliche unter 18 Jahren. Etwa zwei Drittel der Erwachsenen sind Frauen. Mittlerweile wohnen über 80 Prozent der Geflüchteten in privaten Wohnungen und Häusern. Die übrigen sind in Flüchtlingsheimen untergebracht. Kriegsflüchtlinge aus der Ukraine dürfen seit September 2023 für drei Jahre in Deutschland bleiben. Sie sind krankenversichert und dürfen einer Arbeit nachgehen.

5 Fasse stichpunktartig die Situation ukrainischer Kriegsflüchtlinge in Deutschland zusammen. > Sprachspeicher

6 Beschreibe die jeweiligen Lebenssituationen ukrainischer Kriegsflüchtlinge [6]. > Sprachspeicher

Als Kriegsflüchtling in Deutschland

Olga, 46 Jahre: „Anfangs wohnten wir bei Bekannten. Nun haben wir eine kleine Wohnung. Ich arbeite halbtags. Jeden Tag telefoniere ich mit meinem Mann in der Ukraine. Ich will irgendwann zurück in die Heimat."

Dascha, 12 Jahre: „Ich gehe hier seit zwei Jahren zur Schule. Ich habe die Sprache gelernt und Freunde gefunden. Der Krieg ist weit weg für mich."

Oleg und Melina, beide 75 Jahre: „Wir durften aus der Ukraine ausreisen. Wir haben alles verloren, was wir uns aufgebaut haben. Unser Haus, unsere Freunde, einfach alles."

[6] *Das könnten Kriegsflüchtlinge sagen.* Autorentext.

Wähle einen der Arbeitsaufträge aus:

- Notiere Fragen, die du einem geflüchteten Kind aus der Ukraine stellen würdest.
- Gestalte eine Mindmap zum Kriegsalltag in der Ukraine.
- „Jeder Krieg reißt Familien auseinander." Nimm Stellung zu dieser Aussage.

Sprachspeicher

5: Kinder und Jugendliche, Frauen, Wohnungen, einer Arbeit nachgehen

6: Sprache, Freunde, telefonieren, Verlust

Im Einsatz für den weltweiten Frieden – die UNO

Wie sorgt die UNO für Frieden und Sicherheit auf der Welt?

[1] *Im Einsatz nach einem Erdbeben in Haiti.* Foto.

[2] *Einsatz im Südsudan.* Foto.

[3] *Aufspüren von Landminen im Libanon.* Foto.

1 Beschreibe die Fotos [1–4]. Was erfährst du über die UNO?

Die Gründung der UNO

Die Abkürzung „UNO" steht für United Nations Organization (Organisation der Vereinten Nationen). Die UNO wurde nach dem Zweiten Weltkrieg von 51 Staaten gegründet. Aufgrund der schrecklichen Ereignisse während des Zweiten Weltkriegs hatten die Gründerstaaten die Absicht, in Zukunft ein friedliches Verhältnis untereinander zu pflegen. Sie entwarfen einen Vertrag: die UN-Charta. Darin verpflichteten sie sich, auf Gewalt gegenüber anderen Staaten zu verzichten.
Wenn ein Land der UNO beitreten will, muss es die UN-Charta unterschreiben und anerkennen. Heute sind fast alle Länder der Welt Mitglieder der UNO.

2 Erläutere, mit welchen Absichten die UNO gegründet wurde. > Sprachspeicher

UN-Charta Artikel 1, von 1945

Die Vereinten Nationen setzen sich folgende Ziele:
1. den Weltfrieden und die internationale Sicherheit zu wahren […]. Bedrohungen des Friedens zu verhüten und zu beseitigen, Angriffshandlungen und andere Friedensbrüche zu unterdrücken und internationale Streitigkeiten oder Situationen, die zu einem Friedensbruch führen könnten, durch friedliche Mittel nach den Grundsätzen der Gerechtigkeit und des Völkerrechts zu bereinigen oder beizulegen;
2. freundschaftliche, auf der Achtung vor dem Grundsatz der Gleichberechtigung und Selbstbestimmung der Völker beruhende Beziehungen zwischen den Nationen zu entwickeln und andere geeignete Maßnahmen zur Festigung des Weltfriedens zu treffen;
3. eine internationale Zusammenarbeit herbeizuführen, um internationale Probleme wirtschaftlicher, sozialer, kultureller und humanitärer Art zu lösen und die Achtung vor den Menschenrechten […] zu festigen.

[4] *Charta der Vereinten Nationen, Auszug, gekürzt.*

Sprachspeicher
2: friedliches Verhältnis, Verzicht auf Gewalt, UN-Charta

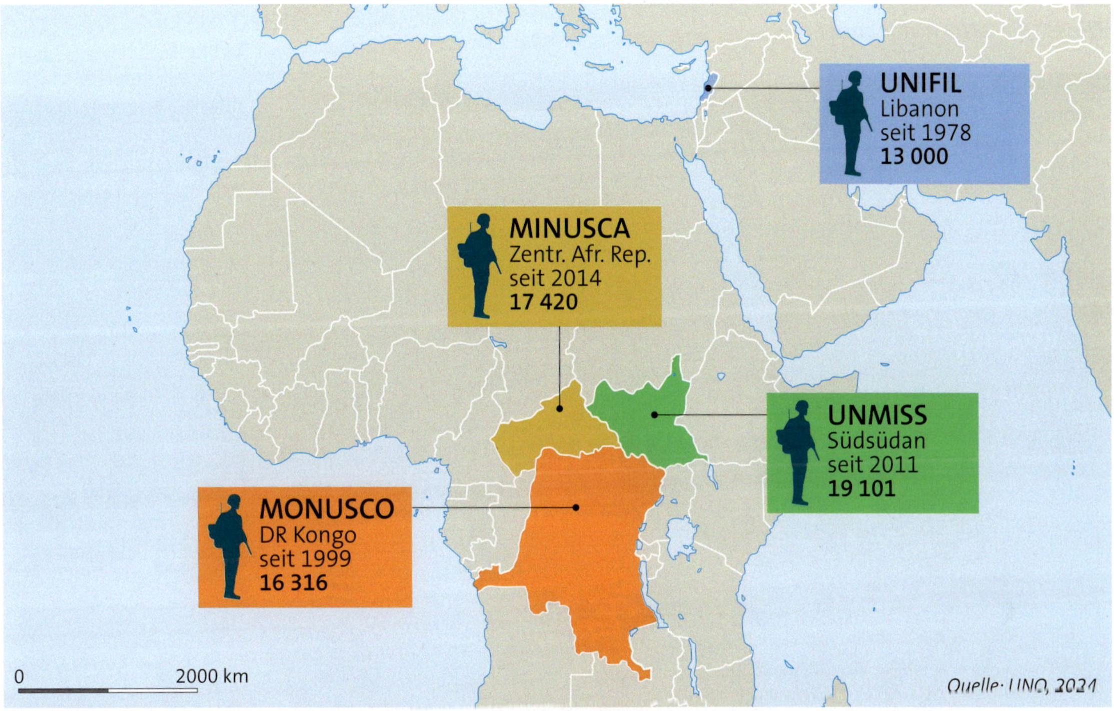

[5] *Die vier größten Friedensmissionen der UNO im Jahr 2024.* Karte.

3 Fasse die Ziele der UNO zusammen.
> Sprachspeicher

4 Beschreibe die Karte [5] und werte sie aus:
- Auf welchem Kontinent sind die meisten UNO-Soldaten im Einsatz?
- Was weißt du über die Friedensmissionen der UNO?

Blauhelmmissionen

Manchmal ist es nötig, dass die UNO Soldaten in eine Krisenregion schickt. Diese Einsätze werden „Friedensmissionen" genannt. UN-Soldaten sollen bewaffnete Konflikte verhindern und Sicherheit für die Bevölkerung schaffen.
Da die UNO keine Armee hat, stellen ihre Mitgliedstaaten Soldaten zur Verfügung. Wegen ihrer blauen Helme nennt man sie „Blauhelmsoldaten". Nur der UN-Sicherheitsrat (s. Seite 252) darf mittels einer Resolution (= eines einstimmigen Beschlusses) entscheiden, wann sie eingesetzt werden. Jede Mission muss vier Bedingungen erfüllen:

- Das Land, in dem der Einsatz stattfindet, muss zustimmen.
- „Blauhelmsoldaten" sind unparteiisch. Sie bieten allen Hilfe und Schutz.
- Sie stammen nicht aus einem der Länder, die an dem Konflikt beteiligt sind.
- Sie dürfen ihre Waffen nur zur Selbstverteidigung einsetzen.

5 Erläutere, unter welchen Bedingungen eine Blauhelmmission stattfinden darf. **Starthilfe:** *Eine Blauhelmmission muss vier Bedingungen erfüllen, nämlich ...*

Wähle einen der Arbeitsaufträge aus:

- Beschreibe die Rolle der Blauhelmsoldaten.
- Formuliere die Rede eines Vorgesetzten, der Blauhelmsoldaten über ihre Rechte und Pflichten im Einsatz belehrt.
- „Um Frieden zu schaffen, muss man auch einmal bewaffnete Soldaten schicken!" Diskutiert diese Aussage kritisch.

Sprachspeicher
3: ein friedliches Verhältnis pflegen, auf Gewalt verzichten, Weltfrieden und Sicherheit wahren, Streitigkeiten beilegen
Konflikte verhindern ▪ Sicherheit schaffen ▪ Soldaten schicken ▪ Waffen einsetzen

So arbeitet die UNO

Wie ist die UNO aufgebaut?

[1] *Bei einer Sitzung des UN-Sicherheitsrats am 24.9.2024.* Foto.

1 Beschreibe das Foto [1]. Vermute, welche Aufgaben der UN-Sicherheitsrat hat.

Die Generalversammlung

Einmal im Jahr schicken die 193 Mitgliedstaaten Abgesandte zu einem Treffen nach New York. In der Generalversammlung können Empfehlungen an Staaten gegeben werden. Staaten können andere um Hilfe bitten oder Probleme der Weltgemeinschaft werden angesprochen. Es wird dann beispielsweise beraten, wie ein Krieg zwischen zwei Staaten beendet oder Menschen in Krisenregionen geholfen werden kann. Die Generalversammlung entscheidet auch darüber, ob neue Mitglieder aufgenommen werden oder ob die UN-Charta geändert wird. Außerdem finden verschiedene Wahlen statt.

2 Benenne die Aufgaben der Generalversammlung. > **Sprachspeicher**

Der UN-Sicherheitsrat

Das mächtigste Organ der UNO ist der Sicherheitsrat. Hier werden Beschlüsse gefasst. Der Sicherheitsrat bemüht sich um die friedliche Beilegung von Konflikten, indem er zwischen den verfeindeten Parteien vermittelt. Sind jedoch Menschenleben in Gefahr oder geschehen Kriegsverbrechen, dann kann beschlossen werden, sogenannte „Blauhelmsoldaten" dorthin zu schicken.
Der Sicherheitsrat besteht aus fünf ständigen Mitgliedern. Diese sind: China, Russland, USA, Großbritannien und Frankreich. Zehn weitere Mitglieder werden alle zwei Jahre von der Generalversammlung in den Sicherheitsrat gewählt.
Die fünf ständigen Mitglieder haben ein Einspruchsrecht bei Beschlüssen. Entscheidungen müssen also immer von allen fünf ständigen Mitgliedern, den sogenannten „Vetomächten", akzeptiert werden.

3 Begründe, warum der Sicherheitsrat ein wichtiges Organ der UNO ist. > **Sprachspeicher**

Sprachspeicher

2: Empfehlungen geben, um Hilfe bitten, Krisenregionen unterstützen, über die Aufnahme neuer Mitglieder entscheiden, Wahlen

3: Beschlüsse fassen, „Blauhelmsoldaten", ständige Mitglieder, Einspruchsrecht

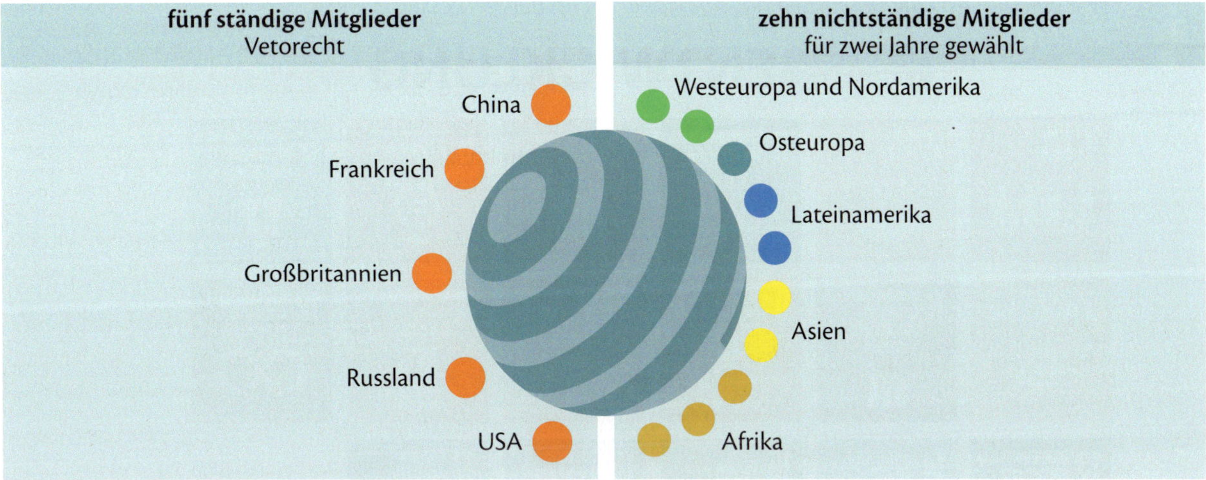

[2] *Zusammensetzung des UN-Sicherheitsrats.* Infografik.

4 Erkläre die Infografik [2]. **Starthilfe:** *In der Abbildung kann man erkennen, dass ...*

Kritik an der UNO

Im Jahr 1994 schaffte es die UNO nicht, den Völkermord in Ruanda (siehe Seite 256) zu stoppen. Es waren zwar Blauhelmsoldaten als Beobachter im Land, doch sie durften nur eingreifen, wenn sie selbst angegriffen wurden. Die UNO zog ihre Soldaten später sogar ab, als einige Blauhelmsoldaten getötet wurden und die Situation immer gefährlicher wurde. Man warf der UNO Untätigkeit und zögerliches Handeln vor.
Ein weiterer Kritikpunkt ist das Vetorecht im Sicherheitsrat. In viele Konfliktregionen, in denen die Menschen eigentlich Schutz bräuchten, werden keine Blauhelme geschickt, weil eines der ständigen Mitglieder seine Zustimmung verweigert. So scheiterte eine Blauhelmmission im ukrainischen Bürgerkrieg am Veto Russlands. Das Vetorecht ist auch der Grund, warum die UNO keine Blauhelmsoldaten in die Ukraine schicken darf. Momentan verweigern Russland und China ihre Zustimmung für einen solchen Einsatz.

5 Erläutere die Kritikpunkte an der UNO. **> Sprachspeicher**

Der Internationale Gerichtshof

Der Internationale Gerichtshof in Den Haag, Niederlande, ist ein Teil der UNO. Er wurde 1946 gegründet und besteht aus 15 Richterinnen und Richtern, die aus unterschiedlichen Ländern kommen und für neun Jahre gewählt sind.
Der Internationale Gerichtshof kann nur von Staaten angerufen werden. Um einen Streit zu lösen, müssen die beteiligten Staaten vor Verhandlungsbeginn dem Verfahren zustimmen. Die Entscheidung des Gerichtshofs ist dann für die jeweiligen Staaten verbindlich. Das Gericht kann aber nichts ausrichten, wenn der Staat das Urteil nicht akzeptiert.

6 Erläutere die Aufgaben des Internationalen Gerichtshofs. **> Sprachspeicher**

Wähle einen der Arbeitsaufträge aus:

- Notiere, welche Aufgaben die Generalversammlung der Vereinten Nationen hat.
- Schreibe einen Steckbrief zum UN-Sicherheitsrat.
- Verfasse einen Lexikonartikel zum Begriff „Vetorecht“.
- „Ist der Sicherheitsrat wirklich so mächtig, wenn Beschlüsse nur einstimmig gefasst werden?“ Nimm Stellung zu dieser Frage.

Sprachspeicher
5: Untätigkeit, zögerliches Handeln, Vetorecht
6: Streitigkeiten zwischen Staaten, um Hilfe bitten, Zustimmung notwendig

Die Agenda 2030

Wie will die UNO die Lebensbedingungen aller Menschen verbessern?

[1] *Die UN-Nachhaltigkeitsziele: Agenda 2030.* Schaubild.

1 Beschreibe die Abbildung [1] und werte sie aus:
- Welche Ziele werden formuliert, die die UNO umsetzen möchte?
- Welche dieser Ziele sind dir wichtig? Begründe.

17 Ziele

Im Jahr 2015 formulierte die UNO 17 Ziele, um die Zukunft der Menschen zu sichern. Die Mitgliedstaaten der UNO haben sich verpflichtet, allen Menschen ein menschenwürdiges Leben zu ermöglichen und gleichzeitig die natürlichen Lebensgrundlagen der Erde zu bewahren. Die Ziele sollen bis zum Jahr 2030 erreicht werden.

Nachhaltigkeit

Die 17 Ziele der UNO verfolgen eine weltweite nachhaltige Entwicklung. Das bedeutet, dass die Bedürfnisse der Menschen in der Gegenwart befriedigt werden sollen, ohne dass die Lebensgrundlagen zukünftiger Generationen verbraucht oder geschädigt werden. Die 17 Ziele der UNO, die auch als „Agenda 2030" bezeichnet werden, richten sich an alle Regierungen, Firmen und Unternehmen, an die Wissenschaft sowie an jede und jeden Einzelnen. Der Wohlstand aller soll gefördert werden, gleichzeitig muss aber auch die Erde geschützt werden. Themen wie die Bekämpfung von Armut und Analphabetentum sind genauso wichtig wie Klimawandel und Umweltschutz.

Nachhaltigkeitsziele in Gefahr

Laut einem Bericht der UNO sind die Erreichung der Nachhaltigkeitsziele aktuell in Gefahr. Besonders den Menschen in den ärmsten Ländern kann nicht ausreichend geholfen werden. Verantwortlich dafür sind viele Krisen:
- Die Kriege in der Ukraine und in Nahost haben zu Millionen Flüchtlingen zusätzlich geführt.
- Die hohen Kosten für Energie belasten finanziell alle Menschen und Unternehmen.
- Die Verschmutzung der Weltmeere sowie die Folgen des Klimawandels führen zu Missernten und fehlenden Nahrungsmitteln.
- Infolge von Naturkatastrophen und Bürgerkriegen sind in Asien und Afrika Millionen Menschen auf der Flucht.

2 Erläutere die Absicht der 17 Nachhaltigkeitsziele der UNO. > Sprachspeicher

3 Begründe, warum deren Umsetzung aktuell in Gefahr ist.

Sprachspeicher
ein Ziel formulieren • ein Ziel erreichen • *die* nachhaltige Entwicklung

2: Zukunft der Menschen, Nachhaltigkeit, Ressourcen, Wohlstand

[2] *Eine wieder instand gesetzte Wasserstellen. Der Zugang zu sauberem Trinkwasser für Hunderte Haushalte wirkt sich positiv auf die Gesundheit ganzer Gemeinden aus.* Foto.

Umsetzung der Agenda 2030: Beispiele

Die Welthungerhilfe ist eine Nichtregierungsorganisation, deren Ziel es ist, besonders die ärmsten Menschen auf der Welt mit Nahrung und Trinkwasser zu versorgen. Die Welthungerhilfe hat im Jahr 2022 in 37 Ländern bei über 600 Projekten etwa 20 Millionen Menschen geholfen. Mit ihrem Engagement wollen die Mitarbeiterinnen und Mitarbeiter der Welthungerhilfe ihren Beitrag zur Umsetzung der Nachhaltigkeitsziele der UNO leisten.

Ein Schwerpunkt der Arbeit liegt im Bereich der Landwirtschaft. Die Welthungerhilfe schafft Arbeitsplätze und entwickelt zusammen mit den Menschen vor Ort standortgerechte Strategien für eine nachhaltige und effiziente Landwirtschaft. Die Ernährungssicherung der Bevölkerung, die Steigerung der Einkommen und der Schutz natürlicher Ressourcen sind dabei die wichtigsten Ziele.

Bau von Krankenhäusern in Liberia

Ein funktionierendes Gesundheitswesen und gesunde Nahrungsquellen gehören zusammen. In der Vergangenheit haben Bürgerkriege und Wirtschaftskrisen beides im afrikanischen Liberia fast vollständig zerstört. Mit der finanziellen und personellen Unterstützung der Welthungerhilfe werden seit 2019 auch Krankenhäuser gebaut oder renoviert sowie medizinisches Fachpersonal ausgebildet.

Zugang zu sauberem Wasser im Jemen

Seit Beginn des Bürgerkriegs in Jemen im Jahr 2014 ist die Lage für die Menschen dramatisch. Mehr als vier Millionen sind auf der Flucht und müssen in Lagern oder Notunterkünften leben. Etwa 20 Millionen Menschen haben keinen regelmäßigen Zugang zu sauberem Trinkwasser. Die Welthungerhilfe unterstützt seit 2022 Projekte für den Bau von Brunnen oder für die Instandhaltung von Sanitäranlagen in Schulen und Krankenhäusern.

4 Erläutere in eigenen Worten das Projekt der Welthungerhilfe in Liberia. > **Sprachspeicher**

5 Fasse kurz zusammen, wie den Menschen im Jemen geholfen wird. > **Sprachspeicher**

Wähle einen der Arbeitsaufträge aus:

- Notiere die Nummern der Nachhaltigkeitsziele der UNO [1], die sich besonders um die Zukunft der Kinder kümmern.
- Erstelle eine Mindmap über die Welthungerhilfe.
- „Einige Staaten und Unternehmen sind mit ihrem Handeln der UNO bei der Umsetzung der Nachhaltigkeitsziele im Weg!“ Nimm Stellung dazu.

Sprachspeicher

4: Krankenhäuser, medizinisches Fachpersonal

die Agenda > eine Liste von Dingen, die zu erledigen sind

5: Flucht, Trinkwasser, Sanitäranlagen

Ursachen für Kriege

Warum brechen immer wieder Kriege und bewaffnete Konflikte aus?

[1] *Im Dezember 1979 marschieren Soldaten der Sowjetunion in das Nachbarland Afghanistan ein.* Foto.

[2] *Im Jahr 1994 bricht im afrikanischen Ruanda der Bürgerkrieg zwischen den verfeindeten Volksgruppen der Hutu und Tutsi aus.* Foto.

[3] *Beim Überfall irakischer Truppen auf Kuwait im Jahr 1991 brennen die Ölfelder.* Foto.

1 Beschreibe die Fotos [1 – 3]. Vermute, warum es zu Kriegen kommt.

Krieg um Macht und Einfluss

Mit ihrem Eingreifen wollte die Sowjetunion im Jahr 1979 die kommunistischen Kräfte im Bürgerkrieg in Afghanistan unterstützen. Die Afghanen erhielten jedoch geheime Waffenlieferungen von den USA und setzten sich zehn Jahre lang erfolgreich gegen die fremde Besatzung zur Wehr. Anstelle der USA, die nicht offen gegen die Sowjetunion Krieg führen konnte, bekämpften die Afghanen die sowjetischen Soldaten, die 1989 endgültig wieder abzogen (vgl. S. 98).

Bürgerkrieg in Ruanda

Zwischen April und Juli 1994 kam es in Ruanda zu einem Völkermord, der rund eine Million Menschen das Leben kostete. Angehörige der Hutu-Mehrheit töteten in rund 100 Tagen einen Großteil der in Ruanda lebenden Tutsi-Minderheit. Seit Jahrhunderten gab es zwischen diesen Volksgruppen immer wieder Feindseligkeiten und Rivalitäten, die sich 1994 entluden.

Kampf um Rohstoffe

1990 überfiel der irakische Machthaber Saddam Hussein das kleine Nachbarland Kuwait und besetzte es. Es war sein Ziel, Zugriff auf die wertvollen Ölquellen Kuwaits zu bekommen. Mit diesem Überfall sah Saddam Hussein die einzige Möglichkeit, die hohe Verschuldung des Irak in den Griff zu bekommen.

Weitere Gründe für Konflikte und Kriege

Folgende Gründe können die Ursachen für Kriege und Konflikte zwischen Staaten sein: Streit um Grenzen und Gebiete, Furcht vor einer Bedrohung durch den anderen, Kampf um die Vormachtstellung in einem Teil der Erde, Durchsetzung wirtschaftlicher Interessen, religiöse Konflikte.

2 Fasse stichpunktartig mögliche Ursachen für Kriege und bewaffnete Konflikte zusammen.
> Sprachspeicher

Sprachspeicher
2: Stellvertreterkrieg, Bürgerkrieg, Streit um Grenzen, Furcht vor Bedrohung, religiöse Konflikte

[4] *Das World Trade Center in New York am 11. September 2001.* Foto.

3 Beschreibe das Bild. Berichte, was du über Terrorismus weißt. **Starthilfe:** *Auf dem Bild sieht man zwei Wolkenkratzer, die ...*

Internationaler Terrorismus

Am 11. September 2001 gab es in den USA einen Terroranschlag. Terroristen entführten vier Passagierflugzeuge. Eine Maschine wurde in das Pentagon gesteuert, den Sitz des US-Verteidigungsministeriums. Ein Flugzeug stürzte ab. Zwei weitere wurden absichtlich in das weltberühmte World Trade Center in New York gesteuert. Die Gebäude waren ein Symbol für die Wirtschaftsmacht der USA.

Augenzeugen berichten vom 11. September:
Sanitäter: „Menschen, deren Kleidung komplett verbrannt ist, sind uns entgegengetaumelt. Sie bluteten am ganzen Körper und waren voller Todesangst!“
Polizistin: „In den Türmen oberhalb der Einschlagsstelle winkten die Menschen aus den Fenstern. Sie weinten und schrien, weil sie wussten, dass ihre Lage hoffnungslos war. Sie würden bald im Feuer sterben.“

[5] *Aussagen von Augenzeugen.* Autorentext.

Bilanz der Anschläge vom 11. September

Nach offiziellen Angaben verloren bei den Terroranschlägen 2996 Menschen ihr Leben. Unter den Opfern befanden sich elf Deutsche. Schätzungen zufolge wurden über 6000 Menschen verletzt. Über 3200 Kinder verloren an diesem Tag mindestens ein Elternteil.

4 Gib die Ereignisse vom 11. September stichpunktartig wieder. > **Sprachspeicher**

Wähle einen der Arbeitsaufträge aus:

- Liste die Kriege und die bewaffneten Konflikte auf. Nutze dazu die Jahreszahlen.
- Erstelle einen Lexikonartikel über den Begriff „Stellvertreterkrieg“.
- Gestalte eine Mindmap über den 11. September 2001 in New York.

Sprachspeicher
4: Passagierflugzeuge, Absturz, World Trade Center, Explosion, Einsturz

Die NATO – ein Militärbündnis

Was geschah nach dem Terroranschlag vom 11. September 2001?

[1] *US-amerikanische Soldaten in Afghanistan.* Foto.

[2] *Taliban-Kämpfer in Afghanistan.* Foto.

[3] *Abzug der Deutschen Bundeswehr.* Foto.

1 Beschreibe die Fotos [1 – 3]. Was weißt du über den Einsatz deutscher Soldaten in Afghanistan?
Starthilfe: *Auf dem Foto [1] kann ich erkennen, dass ...*

Einmarsch in Afghanistan

Die Täter der Anschläge waren schnell ermittelt: Osama bin Laden und seine Terrorgruppe al-Qaida. Er hielt sich in Afghanistan auf. Seine Organisation betrieb dort Ausbildungslager, in denen Terroristen den Umgang mit Waffen lernten.
In Afghanistan herrschten die Taliban. Es sind radikale, streng gläubige Muslime, die Andersgläubige verachten und unterdrücken. Sie weigerten sich, Osama bin Laden an die USA auszuliefern und die Terrorcamps zu schließen.
Deshalb begann im Oktober 2001 der Krieg der USA und ihrer Verbündeten gegen die Taliban. Die Taliban wurden schnell besiegt und vertrieben. Die USA und ihre Verbündeten errichteten in Afghanistan Stützpunkte. Sie suchten gezielt nach Terroristen. Osama bin Laden wurde elf Jahre später bei seiner Festnahme von US-Soldaten getötet.

Die Bundeswehr in Afghanistan

Fast alle Länder stuften die Terroranschläge als Angriff auf die USA ein. Als Mitglied der NATO forderten die USA die militärische Unterstützung seiner Bündnispartner ein. Deswegen schickte auch Deutschland Soldaten nach Afghanistan.
Nach der Niederlage der Taliban errichtete die Bundeswehr in Afghanistan Militärlager. Von dort aus unterstützten ab Dezember 2001 deutsche Soldaten die Afghanen beim Wiederaufbau ihres Landes. Ziel war es, den Menschen ein Leben in Frieden und Sicherheit zu ermöglichen.
Ab 2003 wurden die Taliban wieder stärker. Sie griffen ausländische Soldaten aus dem Hinterhalt an. Viele starben oder kehrten traumatisiert aus dem Einsatz zurück. Im Jahr 2021 zogen sich alle Soldaten der NATO aus Afghanistan zurück. Die Taliban übernahmen wieder die Herrschaft.

2 Begründe, warum die USA und ihre Verbündeten in Afghanistan einmarschierten.

3 Beschreibe den Einsatz deutscher Soldaten in Afghanistan. > **Sprachspeicher**

Sprachspeicher
3: Militärlager errichten, Wiederaufbau des Landes unterstützen, Angriffe der Taliban, Abzug traumatisiert > stark seelisch verletzt

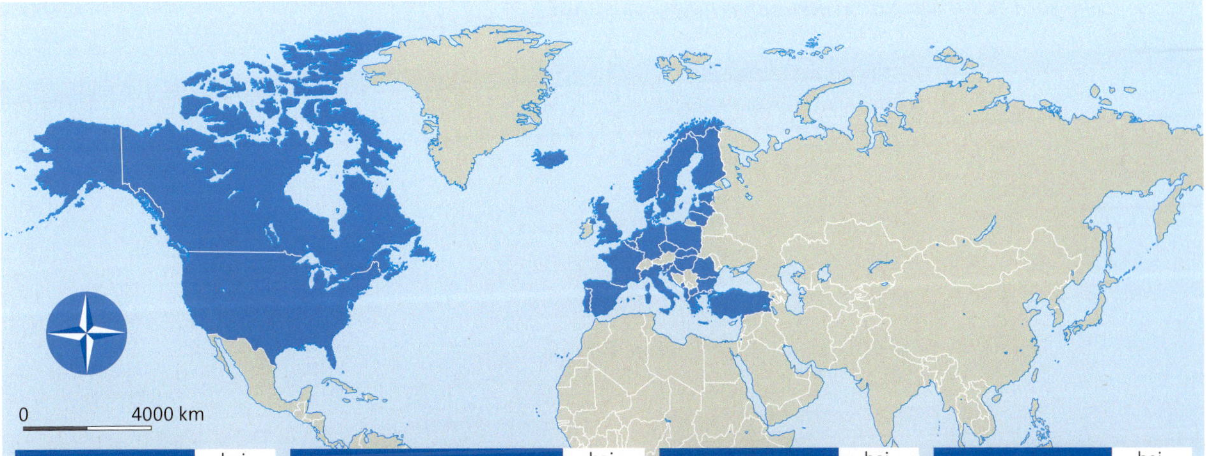

NATO-Mitglied	bei-getreten
Großbritannien	(1949)
USA	(1949)
Belgien	(1949)
Kanada	(1949)
Dänemark	(1949)
Frankreich	(1949)
Island	(1949)
Luxemburg	(1949)

NATO-Mitglied	bei-getreten
Niederlande	(1949)
Italien	(1949)
Norwegen	(1949)
Portugal	(1949)
Griechenland	(1952)
Türkei	(1952)
Bundesrepublik Deutschland	(1955)
Spanien	(1982)

NATO-Mitglied	bei-getreten
Ungarn	(1999)
Polen	(1999)
Tschechien	(1999)
Rumänien	(2004)
Slowakei	(2004)
Slowenien	(2004)
Bulgarien	(2004)
Estland	(2004)

NATO-Mitglied	bei-getreten
Lettland	(2004)
Litauen	(2004)
Albanien	(2009)
Kroatien	(2009)
Montenegro	(2017)
Nordmazedonien	(2020)
Finnland	(2024)
Schweden	(2024)

[4] *Die Mitglieder der NATO (Stand: 2024).* Karte.

4 Beschreibe die Karte [4] und werte sie mit einem Atlas aus:
- Welche europäischen Länder sind nicht Mitglied der NATO?

Mit vereinten Kräften

Seit der Gründung der NATO (s. Seite 84/85) helfen sich die Mitglieder militärisch und politisch. Das wichtigste Ziel ist dabei der Einsatz für Frieden und Freiheit auf der Welt. Von Beginn an gibt es eine Verpflichtung aller NATO-Mitglieder, sich im Falle einer militärischen Bedrohung gegenseitig zu helfen. In Artikel 5 des Vertrags steht:
„Die Parteien vereinbaren, dass ein ... Angriff gegen eine ... von ihnen als ein Angriff gegen sie alle angesehen werden wird ...“

5 Begründe, warum sich NATO am Einsatz in Afghanistan beteiligte.
Starthilfe: *„Da die Terroranschläge vom 11. September 2001 als ein Angriff auf die USA ...*

Ist die NATO in der Ukraine im Einsatz?

Die Ukraine ist kein Mitglied der NATO. Aus diesem Grund kämpfen auch keine Soldaten aus NATO-Mitgliedstaaten im Ukrainekrieg. Um ihr Bündnisgebiet notfalls gegen einen russischen Angriff zu verteidigen, hat die NATO aber Truppen in osteuropäische Mitgliedstaaten verlegt.
Um den russischen Angriff abwehren zu können, hat die Ukraine die NATO um Hilfe gebeten. Aus diesem Grund liefern NATO-Mitgliedstaaten Waffen, Munition und Ausrüstung. Die Ukraine möchte in der Zukunft Mitglied der NATO werden.

6 Erläutere, wie die NATO der Ukraine hilft.

Wähle einen der Arbeitsaufträge aus:

- Notiere Daten und Fakten über die Taliban.
- Erstelle einen Zeitstrahl über den NATO-Einsatz in Afghanistan.
- Kein NATO-Soldat kämpft in der Ukraine. Begründe dies anhand des NATO-Vertrags Artikel 5.

Sprachspeicher
sich für Frieden und Freiheit einsetzen • bei einer Bedrohung sich gegenseitig helfen

Üben

Palästina – gelobtes Land?!

Wie kam es zur Migration von Juden nach Palästina?

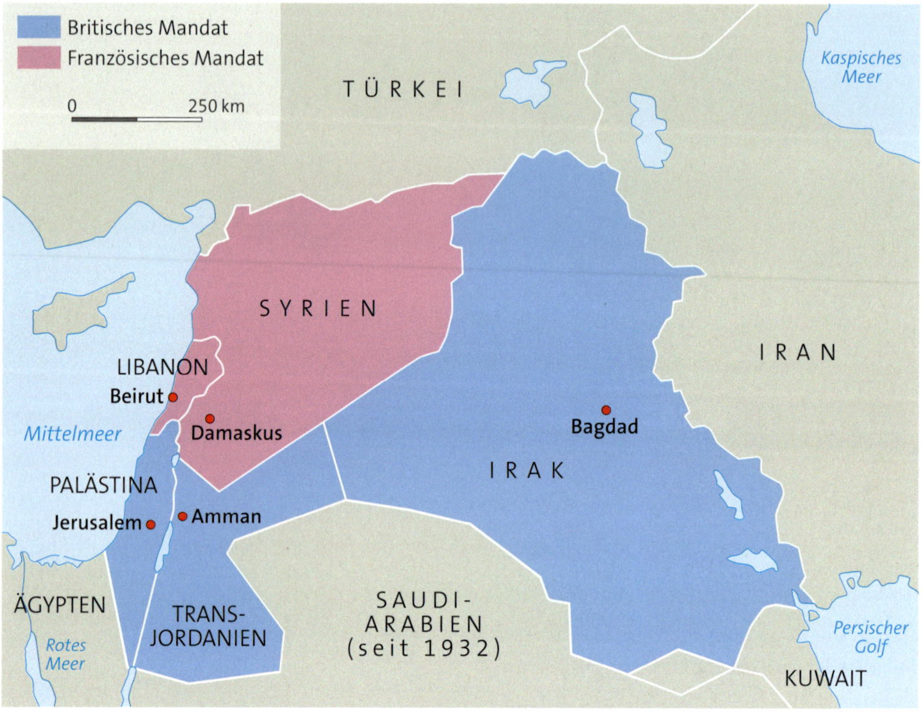

[1] *Die britischen und französischen Verwaltungszonen um 1922 nach dem Zerfall des Osmanischen Reichs.* Karte.

Was ist Palästina?

Unter Palästina versteht man heute das Gebiet des Staats Israel, das Westjordanland und den Gazastreifen. Der Name entstand aus dem Namen der Provinz des Römischen Reichs. Die Römer hatten auch dieses Gebiet 63 v. Chr. erobert und einen großen Teil der dort seit langer Zeit heimischen Juden wegen ihres Widerstands in andere Provinzen und Regionen vertrieben. Der jüdische Tempel in Jerusalem wurde zerstört. Wie im gesamten Römischen Reich bekannten sich im vierten Jahrhundert die meisten Menschen auch dort zum Christentum.

Mit dem Untergang des Römischen Reichs breitete sich der Islam über die Region aus. Im 7. Jahrhundert fiel Palästina unter muslimische Herrschaft. Die meisten Menschen dort sprachen bald Arabisch. Jerusalem war auch für Muslime eine heilige Stadt – wie für Juden und Christen. Mit den Kreuzzügen ab Ende des 11. Jahrhunderts wechselten sich christliche und muslimische Herrscher ab. 1517 wurde Palästina Teil des Osmanischen Reichs.

Jüdische Einwanderung nach Palästina

Ende des 19. Jahrhunderts nahm in Osteuropa und anderen Teilen der Welt der Antisemitismus zu. Um den Diskriminierungen und Verfolgungen zu entfliehen, zogen europäische Juden überwiegend in die USA, einige von ihnen auch nach Palästina. Sie gründeten dort jüdische Siedlungen. Zu dieser Zeit lebten in Palästina etwa eine halbe Million Menschen. Eine kleine Minderheit bildeten arabische Christen. Etwa 5 Prozent waren Nachfahren der Juden, die sich in der Antike nicht von den Römern haben vertreiben lassen. Über 90 Prozent waren Araber muslimischen Glaubens, die überwiegend von Landwirtschaft und Viehhaltung lebten.

1 Beschreibe auch mithilfe der Karte, wo sich die historische Region Palästina befindet. **Starthilfe:** *Palästina liegt südlich von Syrien, nördlich von …*

2 Erkläre, wie sich Ende des 19. Jahrhunderts die Bevölkerung in Palästina zusammensetzt. › Sprachspeicher

Sprachspeicher
eine heilige Stadt

2: jüdische Siedlungen, 90 Prozent Araber

[2] *Theodor Herzl (1860–1904), ein wichtiger Begründer des Zionismus.* Foto, 1897.

[3] *Britische Soldaten während eines Aufruhrs der arabischen Bevölkerung in Jerusalem gegen die jüdischen Einwanderer.* Foto, April 1920.

Der Zionismus entsteht

Die Antwort einiger Juden auf den Antisemitismus im 19. Jahrhundert (vgl. S. 140/141) in Osteuropa ist der Zionismus*. Ziel ist die Zusammenführung aller Juden und die Gründung eines eigenen Staats. Dieser soll sich in Palästina befinden, dem überlieferten Heimatland der Juden.

* *die* **Zionisten:** Das ist die Bezeichnung für Menschen, meist Juden, die die Existenz des jüdischen Staates Israel vehement befürworten und verteidigen. Zion ist der Name des Orts auf dem der erste jüdische Tempel stand. Für Gegner Israels sind Zionisten Juden, die ihr Land vergrößern und die Palästinenser vertreiben wollen. Sie gebrauchen das Wort „Zionist" als Codewort für „Jude".

Die britische Herrschaft

Mit dem Ende des Ersten Weltkriegs zerfällt das Osmanische Reich. Palästina wird unter die Kontrolle Großbritanniens gestellt. Im Jahr 1922 erteilt der Völkerbund Großbritannien ein Mandat über Palästina. Der Auftrag umfasst „die Errichtung einer ... Stätte für das jüdische Volk und die Wahrung der Rechte der nichtjüdischen Bevölkerung". In den 1920er-Jahren wandern über 100 000 Juden in Palästina ein. Sie kaufen den Arabern Land ab.

Flucht vor und zu Beginn des Nationalsozialismus

Im Nationalsozialismus werden die Juden diskriminiert und verfolgt. Während des Zweiten Weltkriegs werden Millionen in Vernichtungslagern ermordet. Hunderttausende Juden fliehen vor den Verbrechen der Nationalsozialisten und wandern nach Palästina aus. Die dort lebenden Juden gründen Siedlungen und Städte, bauen ein eigenes Bildungswesen und eine Armee auf. Der Anteil der jüdischen Bevölkerung steigt auf 33 Prozent. Es kommt zu Spannungen und gewalttätigen Auseinandersetzungen mit den ansässigen arabischen Palästinensern und der britischen Besatzungsmacht.

3 Erkläre die Ziele der Zionisten. **> Sprachspeicher**

4 Begründe, warum seit dem Ende des 19. Jahrhunderts immer mehr Juden in Palästina einwanderten. **Starthilfe:** *Da die Juden verfolgt wurden, ...*

Wähle einen der Arbeitsaufträge aus:

- Notiere Länder, in denen sich das historische Palästina befindet.
- Erstelle einen Zeitstrahl mit den wichtigsten Daten über Palästina.
- Diskutiert, warum Palästina sowohl von Arabern als auch von Juden als „gelobtes Land" bezeichnet werden kann.

Sprachspeicher

einen Staat gründen • *das* Mandat > (hier) Auftrag, ein Gebiet zu verwalten

3: Gründung eines eigenen Staats, Zusammenführung aller Juden

Israel – ein neuer Staat entsteht

Wie kam es zur Gründung von Israel?

[1] *Ankunft jüdischer Einwanderinnen und Einwanderer in Haifa, Palästina, nach dem Zweiten Weltkrieg.* Foto, 1947.

Einwanderung nach Palästina

Großbritannien hatte während seiner Herrschaft sowohl der arabischen als auch der jüdischen Seite Versprechungen über Palästina gemacht. Die Konflikte zwischen Juden und Arabern verschärften sich bereits in den 1930er-Jahren. Die Juden sahen in Palästina den Ursprung ihres Volks. Die arabischen Einwohner hingegen fürchteten, dass sie ihr Land an jüdische Siedler verlieren würden.

Großbritannien versuchte, den Konflikt zu entschärfen, und begrenzte die Zahl der jüdischen Einwanderer. Daraufhin wanderten jüdische Siedler illegal nach Palästina ein. In der Folge kämpften jüdische und arabische Gruppierungen gegeneinander, um die Vorherrschaft in Palästina. Beide kämpften aber auch gegen die Briten. Angesichts der Gewalt im Land bat Großbritannien die UNO um Hilfe: Was sollte mit Palästina geschehen?

Vorschlag der UNO

Seit dem Frühjahr 1947 befasste sich die UNO mit dem Palästinaproblem. Sie schlug vor, das britische Mandat zu beenden. Die Juden, die den Holocaust überlebt hatten, sollten einen eigenen Staat erhalten, in dem sie sicher leben konnten. Der Plan sah deshalb vor, Palästina in zwei Staaten aufzuteilen – ganz ähnlich wie zeitgleich Indien und Pakistan. Die Juden in Palästina sahen sich am Ziel ihrer zionistischen Bewegung. Die Führung der arabischen Bevölkerung in Palästina und die arabischen Nachbarstaaten lehnten den Plan der UNO jedoch ab.

1 Begründe, warum Großbritannien die UNO um Hilfe bat. **Starthilfe:** *Aufgrund der Gewalt in Palästina ...*

2 Erläutere den Vorschlag der UNO zur Zukunft Palästinas. **> Sprachspeicher**

Sprachspeicher

ein Konflikt verschärft sich > ein Konflikt wird stärker

2: Ende des britischen Mandats, Zwei-Staaten-Lösung, Ablehnung

[2] *David Ben Gurion (Mitte) verliest die israelische Unabhängigkeitserklärung in Tel Aviv während der Zeremonie zur Gründung des Staats Israel.* Foto, 14.5.1948.

[3] *Palästinenser auf der Flucht im Oktober 1948.* Foto.

Gründung des Staats Israel

Wenige Stunden bevor die britische Mandatsherrschaft ablief, verlas David Ben Gurion, der das erste Staatsoberhaupt wurde, am 14. Mai 1948 die Unabhängigkeitserklärung des Staats Israel. Darin heißt es: „Der Name des Staats lautet Israel. Der Staat Israel wird der jüdischen Einwanderung und der Sammlung der Juden im Exil offenstehen." Seit seiner Gründung ist Israel ein demokratischer Rechtsstaat, in dem außer Juden auch christliche und muslimische Araber leben.

Beginn des Nahostkonflikts

Wenige Stunden nach seiner Gründung wurde Israel von Ägypten, Irak, Jordanien und Syrien angegriffen. Die arabischen Staaten wollten den neu gegründeten Staat Israel vernichten. Wenige Monate dauerten die Kämpfe. Völlig überraschend besiegte die israelische Armee jedoch seine übermächtig erscheinenden Nachbarn. Israel verteidigte nicht nur das Land, sondern konnte noch weitere Gebiete hinzugewinnen. Nach dem militärischen Sieg Israels flüchteten etwa 700 000 Palästinenser aus ihrer Heimat, 800 000 Juden zogen aus arabischen Ländern nach Israel. Die Palästinenser bezeichnen diesen ersten Nahostkrieg* als „Nakba" – Katastrophe, Unglück.

Die meisten palästinensischen Araber flohen in den Gazastreifen, das Westjordanland und in Nachbarländer, wo sie in Flüchtlingslagern leben mussten. Ihre Häuser und ihr Land wurden vom israelischen Staat beschlagnahmt. Das Westjordanland wurde von Jordanien annektiert, den Gazastreifen besetzte Ägypten. Ein arabischer Staat Palästina wurde nicht gegründet. Millionen Palästinenser leben seitdem über die ganz Welt verstreut.

* *das* **Nahostgebiet:** geografische Bezeichnung für arabische Staaten in Vorderasien und Israel

3 Erläutere, warum sich Israel unmittelbar nach seiner Gründung im Krieg befand.
> Sprachspeicher

4 Beschreibe die Folgen des Kriegs.

5 Beschreibe stichpunktartig, wie es den meisten Palästinensern nach dem Krieg erging.
> Sprachspeicher

Wähle einen der Arbeitsaufträge aus:

- Notiere Fragen, die du zur Gründung Israels hast.
- Erstelle eine Tabelle mit wichtigen Daten und Fakten über Israel.
- „Großbritannien hat sowohl den Palästinensern als auch den Juden falsche Hoffnungen gemacht!" Nimm dazu Stellung.

Sprachspeicher

3: Angriff der arabischen Nachbarn, Sieg

5: Flucht, „Nakba", Flüchtlingslager

Üben

Nahostkonflikt: Streit um Land und Heimat

Warum verfestigte sich der Konflikt zwischen Israel und den Palästinensern?

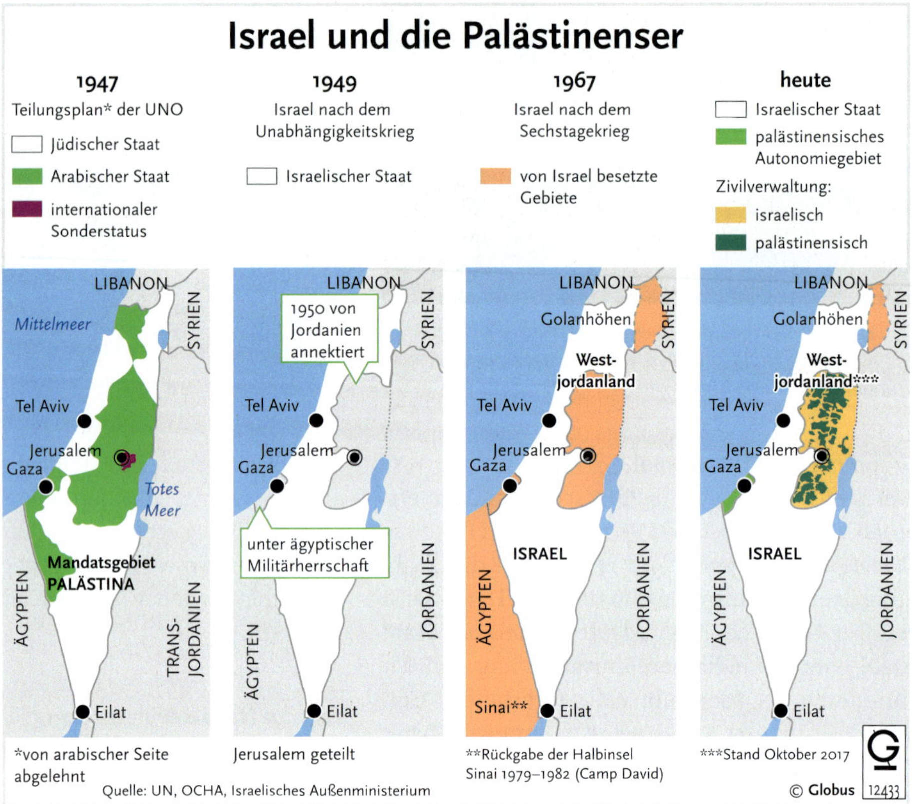

[1] *Territoriale Entwicklung in Palästina/Israel 1947 bis heute.* Karten.

1 Beschreibe die Darstellung. Was weißt du über den Nahostkonflikt?

Zwischen Krieg und Frieden

Seit seiner Gründung befand sich Israel immer wieder in Kriegen mit seinen arabischen Nachbarstaaten. Am 5. Juni 1967 begann der sogenannte Sechs-Tage-Krieg. Jordanien, Ägypten und Syrien verbündeten sich gegen Israel. Israel entschloss sich zu einem Überraschungsangriff, siegte und besetzte zahlreiche Gebiete. Dazu gehörten das Westjordanland und der Gazastreifen.

Radikale Gruppen der Palästinenser riefen zum Widerstand gegen Israel auf. Immer wieder verübten Terroristen Bombenanschläge und Selbstmordattentate oder entführten israelische Staatsbürger. Das Ziel der Terroristen ist bis heute die Vertreibung der Juden aus Palästina und die Zerstörung des israelischen Staats.

2 Erkläre, wie es zum Sechs-Tage-Krieg kam.

Israelische Siedler im Westjordanland

Seit 1967 hält Israel das Westjordanland besetzt. Seitdem werden dort immer mehr jüdische Siedlungen und Dörfer errichtet. Die ansässigen Palästinenser müssen weichen und werden umgesiedelt. In vielen Fällen erhalten sie keine angemessene Entschädigung für ihr Land. Völkerrechtlich sind die israelischen Siedlungen illegal. Ein Teil der israelischen Siedler ist religiös motiviert. Sie sehen das Westjordanland als Ursprung Israels. Zudem sind Immobilien günstig.

3 Stelle stichpunktartig die Situation im Westjordanland dar. > **Sprachspeicher**

Sprachspeicher

eine Entschädigung erhalten > Geld für einen Schaden bekommen • *die* Annexion > gewaltsame und widerrechtliche Aneignung eines fremden Gebiets

3: besetzt, jüdische Siedlungen, umgesiedelt, illegale Siedlungen

[2] *Blick von Israel Richtung Gazastreifen, im Vordergrund die Sperranlagen.* Foto, 24.7.2024.

Leben im Gazastreifen

Der Gazastreifen ist ein schmaler Küstenstreifen zwischen Israel und Ägypten. Er ist 40 Kilometer lang und zwischen 6 und 14 Kilometer breit. Hier leben über zwei Millionen Menschen. Aus dem Gazastreifen zog sich Israel 2005 zurück und räumte alle jüdischen Siedlungen. Seitdem wird der Gazastreifen von Palästinensern eigenständig verwaltet.

Im Jahr 2006 gewann die Hamas die Wahlen. Übersetzt bedeutet Hamas „islamische Widerstandsbewegung". Ihre Mitglieder kontrollieren das Leben der Palästinenser im Gazastreifen. Die Hamas bekämpft Israel und wird von den meisten Ländern als Terrorgruppe eingestuft. Immer wieder beschießt sie aus dem Gazastreifen Israel mit Raketen oder schickt Terrorkommandos in israelische Städte. Um seine Bürgerinnen und Bürger zu schützen, hat Israel daher eine Sperranlage um den Gazastreifen errichtet und kontrolliert die Grenzen zu Israel.

Stimmen zur israelischen Besatzung und den Siedlungen

Menachem Begin (1913–1992), Ministerpräsident Israels von 1977 bis 1983, sagte 1977 über das Westjordanland:

„Dies sind befreite Gebiete, die dem jüdischen Volk gehören. Die neue Regierung wird junge Leute auffordern, zu kommen und das Land zu besiedeln."

[3] *zit. n.: Brecher, Daniel Cil: Die Ideen der Siedler als Irrweg der jüdischen Geschichte, Deutschlandfunk, 27.8.2007.*

Zipi Livni (*1958), ehemalige Außen- und Justizministerin Israels, sagte 2020 in einem Interview mit der Taz:

„Eine Annexion [im Westjordanland] steht im Widerspruch zu den israelischen Interessen, sie beeinträchtigt die Möglichkeiten, zu einer Einigung mit den Palästinensern und überhaupt mit der arabischen Welt in der Region zu kommen."

[4] *zit. n.: Knaul, Susanne: Zipi Livni über Israels Annexionspläne „Ein schwerer Schlag" taz.de/Zipi-Livni-ueber-Israels-Annexionsplaene/!5695256/, 21.7.2020; Zugriff: 1.10.2024.*

Jassir Arafat (1929–2004), ehemaliger Anführer der Palästinenser, sagte 1987 in einem Interview mit dem Spiegel:

„Die Welt kann nicht schweigend zusehen und die Hände in den Schoß legen, wenn eine Dreiviertelmillion Palästinenser ... im Gazastreifen ... zusammengepfercht wird."

[5] *zit. n.: Der Spiegel: „Uns zwingt niemand in die Knie", 28.12.1987, https://www.spiegel.de/spiegel/a-110707.html, Zugriff, 1.10.2024.*

4 Beschreibe das Foto [2]. Was weißt du über den Gazastreifen? **Starthilfe:** *Auf dem Bild sieht man ...*

5 Erläutere, warum Israel eine Sperranlage um den Gazastreifen errichtet hat. **> Sprachspeicher**

6 Fasse die unterschiedlichen Aussagen [3 – 5] über den Nahostkonflikt kurz zusammen.

Wähle einen der Arbeitsaufträge aus:

- Überlege, welche alltäglichen Probleme die Menschen in Israel und im Gazastreifen wohl haben.
- Erstelle eine Mindmap über das Leben der Menschen im Gazastreifen.
- Formuliere Lösungsvorschläge zum Nahostkonflikt im Sinne beider Konfliktparteien.

Sprachspeicher

das Terrorkommando > eine Gruppe von Terroristen, die einen Anschlag verüben will • eine Sperranlage errichten • zusammenpferchen > auf engem Raum zusammendrängen

5: schmaler Küstenstreifen, dicht besiedelt, Verwaltung durch Palästinenser, Hamas, Terrorkommandos, Raketen, Schutz

Krieg im Gazastreifen

Gibt es nach dem Terroranschlag der Hamas noch eine friedliche Lösung des Nahostkonflikts?

[1] *Israelische Soldaten bei einem Einsatz im Gazastreifen.* Foto, 13.9.2024.

1 Beschreibe das Bild. Was weißt du über den Krieg im Gazastreifen?

Überfall auf israelische Dörfer und Städte

Terroristen der Hamas sowie weiterer extremistischer Gruppen überfielen am 7. Oktober 2023 Israel. Sie durchbrachen die Grenzanlagen am Gazastreifen und griffen im Grenzgebiet israelische Siedlungen an. Über 1200 Menschen kamen dabei ums Leben.

Die Terroristen misshandelten und töteten vor allem Frauen, alte Menschen und Kinder. Als die Terroristen nach dem Massaker in den Gazastreifen zurückkehrten, verschleppten sie etwa 240 Personen als Geiseln. Es war der schlimmste Terroranschlag in der Geschichte Israels.

Israel forderte umgehend die Freilassung der Entführten. Dies wurde von den Terroristen abgelehnt. Drei Wochen später marschierte Israels Armee im Gazastreifen ein.

2 Fasse stichpunktartig die Ereignisse vom 7. Oktober 2023 zusammen. > **Sprachspeicher**

3 Schildere die unterschiedlichen drei Aussagen über den Krieg im Gazastreifen [2].

Krieg im Gazastreifen

Israel will die Geiseln befreien sowie die Terrorgruppe Hamas zerschlagen. Seitdem kommt es im dicht besiedelten Gazastreifen zu Kämpfen zwischen israelischen Soldaten und der Hamas. Der Nahostkonflikt droht zu eskalieren.

Palästinensischer Bewohner des Gazastreifens: „Wir sind keine Terroristen. Wir wollen nur in Frieden leben. Ich bin mit den Verbrechen der Hamas auch nicht einverstanden. Jetzt wird alles bombardiert und zerstört."

Benjamin Netanjahu, Ministerpräsident Israels: „Die israelischen Verteidigungskräfte werden sofort ihre ganze Kraft darauf richten, die Hamas zu zerstören. Wir werden sie zerstören und üben Vergeltung für diesen schwarzen Tag."

Amnesty International: „Wir fordern einen Waffenstillstand, um Verluste unter der Zivilbevölkerung zu verhindern, und Zugang der Menschen zu Hilfsgütern."

[2] *Stimmen zum Gazakrieg.*

Sprachspeicher

2: Hamas, Überfall, Geiseln, Einmarsch

das Massaker > Blutbad, Massenmord

eskalieren > etwas steigert sich, wird stärker

Ausweitung des Kriegs
Ende September 2024 griff Israel den Libanon an, weil von dort aus die Terrorgruppe Hisbollah Raketen auf Israel abfeuerte. Nach Schätzungen der UNO sind seit Beginn des Kriegs bis zu 40 000 Menschen im Gazastreifen umgekommen, 1,9 Millionen sind Flüchtlinge (Stand: September 2024).

Unterschiedliche Lösungsvorschläge
Den Nahostkonflikt langfristig zu lösen und einen nachhaltigen Frieden herzustellen, ist dringend notwendig. Israelis und Palästinenser haben ein Recht darauf, in gegenseitiger Achtung friedvoll miteinander zu leben. Weil neben Israelis und Palästinensern aber auch viele Mächte der Region und der ganzen Welt dort Interessen verfolgen, ist es eine Aufgabe für alle verantwortungsvollen Politikerinnen und Politiker, Vorschläge zu machen, wie man den Nahostkonflikt lösen kann.

Die Zweistaatenlösung
Bei der Zweistaatenlösung soll es neben dem Staat Israel auch einen eigenständigen Palästinenserstaat geben. Problematisch daran ist, dass unklar ist, wer für alle Palästinenser darüber verhandeln darf. Die Hamas als Terrorgruppe kommt dafür nicht infrage. Auch ist völlig unklar, wo die Grenzen zwischen diesen beiden Staaten dann verlaufen würden.

Die Einstaatenlösung
Bei der Einstaatenlösung gibt es einen unabhängigen Staat, in dem Israelis und Palästinenser gemeinsam miteinander leben. In diesem haben alle die israelische Staatsbürgerschaft und die gleichen Rechte. Viele Israelis lehnen diesen Vorschlag ab, da sie in einem rein jüdischen Staat leben wollen. Tatsächlich leben aber schon lange auch Araber friedlich und gleichberechtigt in Israel.

4 Fasse die beiden Lösungsvorschläge zum Nahostkonflikt in eigenen Worten zusammen.
> Sprachspeicher

5 Begründe, welcher Vorschlag umgesetzt werden könnte und welcher nicht.

Frieden kann es nur geben, wenn es Frieden für alle Menschen in der Region gibt. Daher muss man alles daransetzen, eine Zweistaatenlösung auf den Weg zu bringen, auch wenn die Lage derzeit mehr als aussichtslos erscheint.

[3] *Annalena Baerbock, deutsche Außenministerin.* Foto, 2024. Norddeutscher Rundfunk, Tagesschau: Forderungen nach Zweistaatenlösung werden lauter, 22.1.2024.

Nur die Gleichberechtigung aller Bürger kann den Konflikt zwischen Juden und Arabern beenden. Aus dem jüdischen Staat und seinen besetzten Gebieten muss eine föderale, binationale Republik werden*

[4] *Omri Boehm, israelischer Philosoph.* Foto, 2024. René Wildangel: „Die Republik Haifa" – Ein Staat für alle, Interview mit dem israelischen Philosophen Omri Boehm. Qantara.de, 25.1.2021.

* *die* **föderale, binationale Republik:** ein Bundesstaat, in dem zwei Nationen zusammenleben

Wähle einen der Arbeitsaufträge aus:

- Recherchiere die aktuelle Situation in Israel und im Gazastreifen. Nutze dazu die Onlineseiten von Tageszeitungen.
- Verfasse den Tagebucheintrag eines israelischen Soldaten, der die Grenze zum Gazastreifen bewacht.
- „Eine Lösung in Nahost ist momentan nicht in Sicht." Begründe, warum eine Lösung so schwer ist.

Sprachspeicher
4: Zweistaatenlösung, eigenständiger Palästinenserstaat, gemeinsamer Staat, gleiche Rechte und Pflichten

Wahlseite Reisediplomatie

1 Lies den Text und nutze den Lese-Profi auf der letzten Seite im Buch. Arbeite gemeinsam mit deinem Lernpartner oder deiner Lernpartnerin.

2 Legt gemeinsam eine Tabelle zum Thema „Reisediplomatie“ an. Was will Deutschland, was will die USA erreichen?

[1] *Die deutsche Außenministerin Annalena Baerbock (Mitte) besuchte den Grenzübergang zum Gazastreifen in Rafah. Sie führte Gespräche in Israel, den palästinensischen Gebieten, in Ägypten und im Libanon.* Foto, 9.1.2024.

[2] *Der US-amerikanische Präsident Joe Biden (links) traf sich in Israel zu Gesprächen mit dem israelischen Ministerpräsidenten Benjamin Netanjahu.* Foto, 18.10.2023.

[3] *Seit Beginn des Kriegs reiste der US-amerikanische Außenminister Antony Blinken mehrmals in die Region, um sich für einen Waffenstillstand und die Freilassung der Geiseln einzusetzen.* Foto, 18.8.2024.

Reise ins Kriegs- und Krisengebiet Nahost

Politiker und Politikerinnen führen im Ausland **Gespräche und Verhandlungen**. Man nennt das **Diplomatie**. Die Existenz und Sicherheit Israels wird von der Bundesregierung unterstützt. Deshalb reiste die Außenministerin im Januar 2024 nach Israel. Sie informierte sich über die **Lage im Nahen Osten**. Sie traf sich mit **Angehörigen verschleppter Geiseln** und besuchte ein **palästinensisches Dorf** im Westjordanland, das immer wieder von israelischen Siedlern bedrängt wird. Sie forderte von der Weltgemeinschaft, dass man sich **noch mehr um die Palästinenser kümmern muss**, die im Gazastreifen unter dem Krieg leiden. Gleichzeitig teilte sie den **Standpunkt der deutschen Regierung** mit, dass man **fest an der Seite Israels** im Kampf gegen die Hamas stehe.

Die USA: Partner, Vermittler und Kritiker im Nahostkonflikt

Seit Beginn des Konflikts standen die **USA fest an der Seite Israels**. Als Partner sicherten sie **Unterstützung** zu, versuchten aber auch, **Einfluss** auf das Vorgehen Israels zu nehmen. In mehreren Besuchen in der Region machten der Präsident und der Außenminister der USA ihren **Standpunkt** und ihre **Ziele** deutlich:

- **Zerschlagung** der Terrorgruppe Hamas
- **Befreiung der Geiseln** durch Verhandlungen
- **humanitäre Hilfen** für die Palästinenser im Gazastreifen und sofortiger **Waffenstillstand**
- **keine Ausweitung des Konflikts** auf die Nachbarländer in der Region

Im März 2024 **kritisierte** der US-Präsident öffentlich das Vorgehen des israelischen Militärs. Er forderte **den israelischen Regierungschef** auf, „den unschuldigen Leben größere Aufmerksamkeit zu schenken“.

Tipps für die Erarbeitung
- Nennt die handelnden Personen.
- Für was treten die Personen ein?

Tipps für die Präsentation
- Lasst die Klasse die Bilder beschreiben.
- Lasst die Klasse über den Sinn der Reise Vermutungen äußern.

Wahlseite Amnesty International

1 Informiere dich auf dieser Seite über Amnesty International.

2 Präsentiere deine Ergebnisse in geeigneter Form in der Klasse.

[1] *Eine Kundgebung von Amnesty International in Berlin.* Foto.

Aufgaben

Amnesty International ist eine private Organisation, die keine wirtschaftlichen Interessen verfolgt. Sie wurde 1961 von dem englischen Rechtsanwalt Peter Benenson gegründet und erhielt 1977 den Friedensnobelpreis.
Amnesty International hat es sich zur Aufgabe gemacht, sich für Menschenrechte einzusetzen. Überall dort, wo Menschenrechte eingeschränkt oder massiv verletzt werden, werden die Mitglieder von Amnesty International aktiv. Sie recherchieren und dokumentieren Menschenrechtsverstöße. Sie machen die Öffentlichkeit auf diese Verstöße aufmerksam, um so den Opfern zu ihrem Recht zu verhelfen oder deren Situation zu verbessern.
Neben politischen Gefangenen kümmern sich die Mitglieder von Amnesty International auch um Geflüchtete, Arbeitslose und Obdachlose. Sie veranstalten Kundgebungen und Mahnwachen, organisieren Unterschriftenaktionen und schreiben Protestbriefe an Regierungen. Aktuelle Themen sind die Meinungsfreiheit in der Türkei oder Weißrussland, die Todesstrafe weltweit, der Umweltschutz in Südamerika und der Rassismus.

Zahlen

Amnesty International hat zwei Millionen Mitglieder in über 150 Ländern. Ihr jährliches Budget von etwa 50 Millionen Euro finanziert sich aus Spenden und Mitgliedsbeiträgen. Ihre regelmäßigen Berichte zur Lage der Menschenrechte finden bis in die höchsten Regierungsebenen Gehör. So wird Druck auf die Verantwortlichen ausgeübt.

Erfolge

Durch den engagierten Einsatz der Mitglieder, Aktivistinnen und Aktivisten gelingt es immer wieder, das öffentliche Interesse auf Menschenrechtsverletzungen zu lenken. Im Jahr 2022 konnten so einige Erfolge verzeichnet werden:

- in Ägypten wurde nach 18 Monaten eine Aktivistin, die wegen „Missbrauch sozialer Medien“ verhaftet worden war, wieder freigelassen.
- Recherchen belegten, dass russische Soldaten in der Ukraine Kriegsverbrechen begangen haben.

Tipp für die Erarbeitung

- Benenne die Aufgaben von Amnesty International. Erkläre wichtige Begriffe.

Tipp für die Präsentation

- Versuche, deine Mitschülerinnen und Mitschüler von einer Teilnahme an einer Kundgebung zu überzeugen.

Wahlseite Pro-Palästina-Kundgebungen

1 Informiere dich auf dieser Seite über die Pro-Palästina-Kundgebungen.

2 Präsentiere deine Ergebnisse in geeigneter Form vor der Klasse.

[1] *Auf einer Pro-Palästina-Kundgebung in Berlin.* Foto, 2024.

Demonstrationen für Palästina

Unmittelbar nach dem Beginn des Gazakriegs gingen in einigen deutschen Großstädten Zehntausende Menschen auf die Straße. Sie demonstrierten gegen Krieg und für ein friedliches Miteinander von Israelis und Palästinenser im Nahostkonflikt. Das Recht auf Kritik oder Protest ist ein Menschenrecht und durch die Versammlungs- und Meinungsfreiheit für alle geschützt.

Bei einigen Kundgebungen kam es jedoch zu Straftaten: Es wurden antisemitische Parolen gebrüllt sowie Symbole und Flaggen der Terrororganisation Hamas gezeigt. Es wurde offen zu Gewalt gegen Israel aufgerufen – bis hin zur Forderung nach seiner Vernichtung.

Drohungen und Gewalttaten gegen Juden und Israelis

In einigen Teilen der Bevölkerung in Deutschland hat die israelfeindliche Stimmung zugenommen. Es gibt immer mehr antisemitische Vorfälle:

- Es wurden Aufkleber mit der Aufschrift „Search und destroy Zionists" geklebt.
- Bei einer Demonstration wurden jüdische Gemeindemitglieder als „Kindermörder" beschimpft.
- Unbekannte setzten am Büro eines Politikers eine Israelflagge in Brand.
- An einer Universität wurden vermehrt antisemitische Schriftzüge wie „Die Juden sind euer Unglück" gefunden.
- Juden und Jüdinnen waren Anfeindungen und Bedrohungen ausgesetzt.

Die Mehrheit der Bevölkerung ist sich einig: Demonstrieren für den Frieden ist erlaubt, aber die Verbreitung von Hass und Antisemitismus sind verboten, Gewalttaten sind ein Verbrechen.

Tipps für die Erarbeitung

- Vermute, welche Stimmung auf dieser Demonstration herrscht.
- Nenne Formen des Antisemitismus.

Tipps für die Präsentation

- Lass die Klasse das Bild beschreiben.
- Überlege, warum die israelfeindliche Stimmung in Teilen der Bevölkerung zunimmt.

☒ Wahlseite Frieden

1 Informiere dich auf dieser Seite über den Begriff „Frieden".

2 Präsentiere deine Ergebnisse in geeigneter Form in der Klasse.

*Frieden ist ein Zustand innerhalb eines Systems größerer Gruppen von Menschen, besonders von Nationen, bei dem keine organisierte, kollektive Anwendung oder Androhung von Gewalt stattfindet. **Negativer Frieden** ist also die Abwesenheit von Krieg oder direkter Gewalt.*

*Frieden bedeutet, dass es keine Ungleichheit und Armut innerhalb einer Gesellschaft gibt. **Positiver Frieden** bedeutet, dass die Gewalt abnimmt und die Gerechtigkeit zunimmt. Positiver Frieden ist ein Prozess, an dem sich alle beteiligen können. Wenn wir im Kleinen, also in der Familie oder in der Schule, friedlich miteinander leben, dann tragen wir alle zum positiven Frieden bei.*

[1] *Der norwegische Wissenschaftler Johan Galtung (1930–2024) begründete die Friedensforschung.* Foto. Text nach: Galtung, Johan: Strukturelle Gewalt, Rowohlt, Reinbek bei Hamburg, 1975, S. 32 ff., gekürzt, vereinfacht.

Der Unterschied zwischen „wahrem Frieden" und „schlechten Frieden"

Für viele Gelehrte vergangener Jahrhunderte waren die Menschen dafür verantwortlich, dass es nicht friedlich zuging. Der Mensch sei von Natur aus dazu bestimmt, in Konflikte zu geraten und Kriege zu führen. Außerdem führe der Waffenstillstand nach einem Krieg nur zu einem schlechten und unechten Frieden.

Nur wenn ein echter Friedensbund von allen Kriegsparteien ausgehandelt wird, besteht die Chance auf einen wahren und echten Frieden. An diesen müssen sich dann alle halten und darin ihre zukünftigen Konflikte lösen.

Seit dem Ende des Zweiten Weltkriegs ist es ein grundsätzliches Ziel der meisten Staaten, dass sie mit ihrem Handeln und ihrer Politik Kriege verhindern. Mit der UNO wurde sogar eine Organisation geschaffen, um den weltweiten Frieden zu sichern und zu stabilisieren.

Frieden neu denken

Das Konzept „positiver Frieden" zielt auf einen dauerhaften Frieden ab. Es soll nicht nur direkt Gewalt und Krieg eingestellt werden, sondern Gerechtigkeit unter den Menschen hergestellt werden. Heute entstehen Konflikte durch sogenannte indirekte Ursachen, wie z. B. Menschenrechtsverletzungen, Diskriminierung von Volksgruppen, die ungleiche Verteilung von Rohstoffen und Ressourcen oder aus Armut.

Wenn diese Ursachen beseitigt wären, dann gäbe es keine Kriege oder Konflikte mehr.

[2] *Ein Friedenssymbol.* Foto.

Tipp für die Erarbeitung

- Unterscheide zwischen positivem und negativem Frieden nach Johan Galtung.

Tipp für die Präsentation

- Zeige der Klasse das Friedenssymbol [2]. Sammele die Äußerungen dazu.

Methode Analyse von Social-Media-News

Wie behalte ich den Überblick?
Jugendliche sind täglich mit Nachrichten aus den unterschiedlichsten Medien konfrontiert. Am häufigsten nutzen Heranwachsende mittlerweile die zahlreichen Plattformen sozialer Netzwerke. Dabei ist es schwierig, den Überblick zu behalten und die Inhalte zu strukturieren, um sich dann eine objektive Meinung bilden zu können. Die Projektidee der Analyse von Social-Media-News soll dabei helfen, wichtige Informationen zu reflektieren und kritisch zu beleuchten. Ziel ist es, Falschinformationen von den überprüften und genau recherchierten Nachrichten unterscheiden zu können.

1. Schritt Vorbereitung und Einführung

Fragen an die Schülerinnen und Schüler:
- Welche Medien nutzt ihr, um euch zu informieren?
- Wie oft nutzt ihr diese Medien?
- Konfrontation mit zwei fiktiven Schlagzeilen, um sich der Thematik anzunähern, z. B.: „Sachbeschädigung am Spielplatz“ oder „Chaos am Kinderspielplatz! Eine Horde Jugendlicher randaliert!“
- freie Äußerungen der Schülerinnen und Schüler dazu besprechen

2. Schritt Analyse

Ziel: Analyse und Vergleich von Informationen zum selben Thema aus unterschiedlichen Quellen
Thema: Inhalte zu einem aktuellen Weltgeschehen, von dem ständig berichtet wird

Sammeln von Nachrichten zum gewählten Thema über einen Zeitraum von vier Wochen, Analyse der Medien anhand dieser Leitfragen:
- Wer hat darüber berichtet? Zu welchem Zeitpunkt?
- Wird die Meinung von unabhängigen Organisationen berücksichtigt?
- Gibt es Aussagen von Augenzeugen?
- Gibt es Fotos? Haben diese etwas mit dem Inhalt zu tun?
- Wird sachlich oder emotional berichtet?

3. Schritt Reflexion

- Vergleich der Antworten auf die Leitfragen
- gemeinsame Diskussion über die Unterschiede in den Artikeln und über die mögliche Veränderung der Berichterstattung
- Auswirkungen auf das eigene Leseverhalten in Social Media besprechen

[1] *Es ist nicht einfach, den Überblick in der Welt der Nachrichten zu behalten.* Foto.

17.10.2023, 20:32 Uhr
Hamas-Ministerium: Zahlreiche Tote nach Angriff auf Krankenhaus
Nach einem Angriff auf einen Krankenhauskomplex in Gaza-Stadt sind nach Angaben der Hamas zahlreiche Menschen gestorben. Wie das Gesundheitsministerium der im Gazastreifen herrschenden radikalen Palästinenserorganisation am Abend mitteilte, wurde das Gelände des Krankenhauses Ahli Arab in der Innenstadt von Gaza getroffen. ...

[2] *www.tagesschau.de/newsticker/liveblog-israel-dienstag-100.html#Krankenhaus, Zugriff: 7.10.2024.*

Blogger aus Gaza-Stadt am 18.10.2023:
Fast 1000 tote Frauen und Kinder! Israel bombardiert Unschuldige!

[3] *Nachricht eines Bloggers.* Autorentext.

Hamas über Social-Media-Kanäle am 18.10.2023:
- Israel bombardiert ohne Warnung Krankenhäuser
- mehr als 500 Tote und riesige Zerstörungen

[4] *Nachricht der Hamas.* Autorentext.

[5] *Ausgebrannte Autos auf dem Gelände des Al-Ahli-Krankenhauses im Zentrum von Gaza-Stadt am Morgen nach der Explosion.* Foto, 18.10.2023.

Israelische Armee am 24.10.2023 über einen Kurznachrichtendienst:
Ein misslungener Raketenangriff der Terrororganisation Islamischer Dschihad traf das Al-Ahli-Krankenhaus in Gaza-Stadt.

[6] *Nachricht der israelischen Armee.* Autorentext.

Deutsche Nachrichtenagentur am 24.10.2023:
- Augenzeugen berichten von 10 bis 50 Toten
- keine großen Schäden am Krankenhausgebäude

[7] *Meldung einer Nachrichtenagentur.* Autorentext.

27.11.2023, 8:04 Uhr
Raketenfehlschuss wohl Ursache für Explosion an Klinik
Die Menschenrechtsorganisation Human Rights Watch hat die Explosion im Al-Ahli-Krankenhaus im Gazastreifen am 17. Oktober mit vielen Toten und Verletzten untersucht und erste mögliche Schlussfolgerungen dazu veröffentlicht. Nach Auswertung von öffentlich verfügbaren Fotos und Videos, Satellitenbildern sowie Interviews mit Zeugen und Experten will die Organisation Hinweise gefunden haben, „dass scheinbar raketengetriebene Munition, wie sie üblicherweise von palästinensischen bewaffneten Gruppen eingesetzt wird, das Krankenhausgelände traf“. ...

[8] *www.tagesschau.de/ausland/asien/nahost-gaza-al-ahli-krankenhaus-100.html, Zugriff: 7.10.2024.*

1 Beantworte mithilfe dieser Quellen [2 – 8] die Leitfragen der Medienanalyse.

2 Diskutiert gemeinsam die Unterschiede in der Berichterstattung.

3 Welche Ziele verfolgen die Verfasser der Nachrichten jeweils?

4 Sammelt weitere aktuelle Erkenntnisse zur Explosion am Al-Ahli-Krankenhaus.

Das kann ich!

Versuche zunächst, die Aufgaben dieser Doppelseite zu lösen, ohne im Kapitel nachzusehen. Wenn du Hilfe brauchst, kannst du bei den Aufgaben nachschlagen. Dort sind in Klammern die Seiten angegeben.

K	R	I	E	G	S	V	E	R	B	R	E	C	H	E	N
A	D	S	A	N	K	T	I	O	N	E	N	E	R	T	A
V	B	N	M	K	L	F	R	I	E	D	E	N	E	R	T
H	A	M	A	S	W	U	K	R	A	I	N	E	E	R	O
Y	X	V	E	T	O	R	E	C	H	T	W	E	R	T	Z
Q	W	E	R	T	E	R	R	O	R	I	S	M	U	S	0
S	G	A	Z	A	S	T	R	E	I	F	E	N	N	Y	X
V	P	A	L	A	E	S	T	I	N	A	E	R	O	R	T
D	H	Z	T	G	F	D	C	V	B	N	M	E	R	T	Z
Z	I	O	N	I	S	M	U	S	W	N	A	K	B	A	E

[1] *Kreuzworträtsel.* Bitte nicht in das Buch schreiben.

[2] *Konflikte und Kriege.* Fotos.

[3] *Nahost-Dialog.* Karikatur von Klaus Stuttmann, 2024.

die Unabhängigkeit der Ukraine

der Bürgerkrieg

die russische Besetzung der Krim

die Ukraine als Teil der Sowjetunion

der Angriff der russischen Truppen

die Demonstrationen in Kiew

die Militärhilfe durch die NATO

[4] *Ereignisse bis zum Krieg in der Ukraine.*

der Zionismus	Hass, Feindlichkeit und Diskriminierung gegenüber Juden
der positive Frieden	Zusammenführung aller Juden und Gründung eines eigenen Staats
der Antisemitismus	Abnahme der Gewalt und Zunahme von Gerechtigkeit

[5] *Begriffe und ihre Bedeutung.*

A „Die NATO wurde nach dem Zweiten Weltkrieg gegründet, damit sich die Mitglieder des Bündnisses im Falle einer militärischen Bedrohung gegenseitig helfen können."
B „Die NATO schickt keine Soldaten in die Ukraine, weil sich die Mitglieder mehrheitlich gegen eine Teilnahme an diesem Krieg ausgesprochen haben."
C „Die UNO wurde nach dem Zweiten Weltkrieg gegründet, um den Weltfrieden und die internationale Sicherheit zu wahren."
D „Der Sicherheitsrat der UNO stimmt mit der Mehrheit seiner Stimmen über Blauhelmmissionen ab."
E „Der Einsatz von Blauhelmsoldaten in der Ukraine, die dort für Frieden sorgen werden, ist sehr wahrscheinlich."

[6] *Richtige oder falsche Aussagen?* Autorentext.

Sachkompetenz

1 Finde im Kreuzworträtsel [1] dreizehn Begriffe aus dem Kapitel und schreibe sie in dein Heft.

2 Formuliere für die Begriffe aus [1] aussagekräftige Erklärungen. Beispiel: Reisediplomatie: „Verantwortliche Politikerinnen und Politiker sammeln vor Ort Informationen und führen zahlreiche Gespräche."

3 Liste wesentliche Dinge auf, die du mithilfe von [2] über die Ursachen von Kriegen und Krisen weißt. (S. 256/257)

4 Bringe die Ereignisse aus [4] in die zeitlich richtige Reihenfolge. (S. 244/245)

5 Ordne die Begriffe aus [5] in deinem Heft richtig zu. Formuliere weitere wichtige Begriffe aus diesem Kapitel.

Methodenkompetenz

6 Benenne wichtige Schritte der Methode „Analyse von Social-Media-News". (S. 272/273)

7 Halte mithilfe der Stichworte aus [4] einen Kurzvortrag über den Krieg in der Ukraine. (S. 244/245)

Urteilskompetenz

8 „Die Zweistaatenlösung ist der einzige Ausweg aus dem Nahostkonflikt!" Nimm Stellung zu dieser Aussage. (S. 260–267)

9 Lies die Aussagen in [6]. Entscheide jeweils, ob diese richtig oder falsch sind. Begründe deine Entscheidung und stelle die Aussagen ggf. richtig. (S. 250/251, 259)

10 Analysiere die Karikatur [3] und beurteile das Problem von Gewalt und Gegengewalt. (S. 210/211)

Handlungskompetenz

11 Wende die Methode der „Analyse von Social-Media-News" auf diese Themen an:
- Tote Zivilisten in Butscha im Frühjahr 2022
- Angriffe auf ukrainische Kraftwerke seit 2022 (S. 272/273)

12 Gestalte ein Plakat zum Thema „Der Nahostkonflikt". (S. 260–267)

Teste dich

Lexikon

A

Abgeordneten, *die:* Politikerinnen und Politiker, die im Parlament (z. B. Landtag, Bundestag, Europäisches Parlament) sitzen, um dort die Interessen ihrer Partei und der Menschen, die sie gewählt haben, zu vertreten

Achsen|mächte, *die:* Verbündete des Deutsches Reichs während des Zweiten Weltkriegs wie Italien, Japan und weitere Länder

Agenda, *die:* Tagesordnung einer Sitzung oder die Themenschwerpunkte für ein Vorhaben

Alliierten, *die:* Verbündete; im Ersten Weltkrieg traten beispielsweise England, die UdSSR, die USA und Frankreich als Alliierte gegen Deutschland auf. Im Zweiten Weltkrieg waren das die Gegner des Deutschen Reichs, Italiens und Japans. Dazu zählten: Großbritannien, USA, Sowjetunion, China und weitere Staaten. Frankreich wurde später in den Kreis der Alliierten aufgenommen.

Antisemitismus, *der:* Ein anderer Begriff für Judenfeindschaft; der Antisemitismus war ein zentrales Merkmal des Nationalsozialismus und führte letztlich zur Ermordung von rund sechs Millionen Juden in Europa.

B

Beamte, *der:* Beauftragter Verwalter des Königs, später Beauftragter des Staats; die Aufgabe ist das Erfüllen staatlicher Aufgaben, wie z. B. Steuern einziehen, Gesetze durchsetzen.

Berliner Mauer, *die:* Das war eine fast unüberwindbare Grenzbefestigung, die den westlichen Teil Berlins von 1961 bis 1989 umschloss. Sie wurde am 9. November 1989 wieder geöffnet und dann abgebaut.

Bundeskanzler/Bundeskanzlerin, *der/die:* Regierungschef/-chefin der Bundesrepublik Deutschland; sie oder er wird vom Bundestag gewählt, gibt die Leitlinien der Politik vor und schlägt Ministerinnen sowie Minister vor.

Bundesrat, *der:* Die Vertreter und Vertreterinnen der 16 Bundesländer bilden den Bundesrat. Er ist an der Gesetzgebung beteiligt, bestimmte Gesetze brauchen seine Zustimmung.

Bundestag, *der:* Bezeichnung für das deutsche Parlament mit Sitz in Berlin; im Bundestag sitzen ▶ Abgeordnete, die den oder die ▶ Bundeskanzler/Bundeskanzlerin wählen, über Gesetze abstimmen und die Regierung kontrollieren.

D

DDR, *die:* Deutsche Demokratische Republik, sie wurde 1949 in der sowjetischen Besatzungszone gegründet. Sie war eine Diktatur. Sie löste sich 1990 auf. ▶ Wiedervereinigung

Demokratie, *die:* (von griechisch *demos* = Volk und *kratein* = herrschen) Eine Staatsform, in der das Volk über die Politik des Staats bestimmt; es finden regelmäßig allgemeine, freie und geheime Wahlen statt. Vom Volk gewählte Abgeordnete sitzen im Parlament und vertreten die Interessen ihrer Wählerinnen und Wähler.

Deportation, *die:* Verschleppung von Menschen in andere Gebiete oder Länder

Diktatur, *die:* Eine Staatsform, in der eine Person bzw. ein enger Personenkreis über die Politik des Staats bestimmt; das Parlament ist weitgehend ausgeschaltet.

Diversität, *die:* Ein anderes Wort für Vielfalt; Diversität ist auch ein Ansatz, um allen Menschen gleichermaßen eine Teilhabe an der Gesellschaft zu ermöglichen.

E

Ehren|amt, *das:* eine Tätigkeit, die ohne Bezahlung ausgeübt wird und bei der das gesellschaftliche Engagement im Vordergrund steht

Energie|wende, *die:* Umbau der Energieversorgung, sodass die Energie aus erneuerbaren Quellen stammt

Entnazifizierung, *die:* ein Prozess nach dem Zweiten Weltkrieg mit dem Ziel, die deutsche Gesellschaft von allen Einflüssen des Nationalsozialismus zu befreien

Ermächtigungs|gesetz, *das:* Durch das Gesetz erhielt die Regierung unter Hitler das Recht, auch ohne Zustimmung des Reichstags Gesetze zu erlassen.

Europäische Kommission, *die:* Sie ist die ▶ Exekutive der Europäischen Union. Sie setzt sich aus Mitgliedern (Kommissaren) aus allen EU-Staaten zusammen. Geleitet wird sie von einem Präsidenten oder einer Präsidentin.

Europäische Parlament, *das:* Sie ist die Vertretung der vom Volk gewählten Abgeordneten aus allen Staaten der Europäischen Union mit Hauptsitz in Straßburg. Die Wahl dazu findet alle fünf Jahre statt.

Exekutive, *die:* Neben ▶ Judikative und ▶ Legislative eine der drei „Gewalten" im Staat; sie ist die vollziehende oder ausübende Gewalt. Neben der Bundesregierung gehören alle Behörden des Bundes, der Länder und der Gemeinden zur Exekutive.

F

Faschismus, *der:* Eine Weltanschauung mit extremen rassistischen und fremdenfeindlichen Gedanken; das eigene Volk wird aufgewertet, andere Völker abgewertet, Minderheiten und Andersdenkende werden verfolgt.

Fast Fashion, *die:* Die „schnelle Mode" bezeichnet einen Prozess der Textilproduktion und Bekleidungsindustrie mit dem Ziel, schnell und preiswert Kleidung auf den Markt zu bringen.

G

Generation, *die:* die Zeitspanne, bis Kinder wieder Kinder bekommen, also rund 30 Jahre in Europa

Gesetz, *das:* Das ist eine feste, verbindliche Regel, die vom Parlament (Gesetzgeber) beschlossen wird. Gesetze müssen von allen, die in einem Staat leben, befolgt werden.

Gestapo, *die:* Abkürzung für Geheime Staatspolizei; sie war die politische Polizei des Naziregimes, die alle politischen Gegner und Minderheiten verfolgte.

Gewalten|teilung, *die:* Gesetzgebende Gewalt (Parlamente), ausführende Gewalt (Regierungen und Verwaltungen) und Recht sprechende Gewalt (Gerichte) werden von unterschiedlichen Personen ausgeübt. Die Gewalten sind so aufgeteilt, dass sie sich gegenseitig kontrollieren und in der Machtausübung begrenzen.

Ghetto, *das:* abgetrenntes Stadtviertel, in dem die jüdische Bevölkerung vor allem während des NS-Regimes leben musste

Globalisierung, *die:* Der Begriff bezeichnet die weltweiten Verflechtungen in der Wirtschaft, Politik, Kommunikation und Umweltfragen unter den Staaten der Erde.

Grund|gesetz, *das:* Das ist die Verfassung der Bundesrepublik Deutschland. Darin stehen die wichtigsten Gesetze für das Zusammenleben in Deutschland. Es ist in sogenannte Artikel unterteilt. Die Artikel 1–19 sind die Grundrechte, wie z. B. das Recht auf Meinungsfreiheit.

H

Hitler|jugend, *die:* kurz HJ, die Jugendorganisation der NSDAP

Hoch|verrat, *der:* eine Straftat, die auf einen Umsturz der Staatsordnung abzielt und den Staat gegenüber anderen Staaten schwächt

Holocaust, *der:* (von griechisch: *holokauston* = vollständig verbrannt) Der Begriff bezeichnet den Massenmord an den Juden während des Nationalsozialismus. Insgesamt fielen etwa 6 Millionen europäische Juden dem Holocaust zum Opfer.

I

Ideologie, *die:* Das ist eine fest verwurzelte Weltanschauung, die oft zur Staatsideologie wird. Sie verspricht Lösungen für die Probleme einer Gesellschaft.

Imperialismus, *der:* (von lat.: imperare = herrschen) Bestreben eines Staats, seine Herrschaft auf andere Länder auszudehnen; die Zeit, in der europäische Mächte nach 1870 bis 1918 Weltreiche errichten wollten, wird „Zeitalter des Imperialismus" genannt.

Industrialisierung, *die:* Wirtschaftlicher und gesellschaftlicher Wandlungsprozess, der zuerst in England um 1750 und dann auf dem europäischen Kontinent (in Deutschland um 1840) einsetzte; es kam vermehrt zur Anwendung von Maschinen.

Inflation, *die:* Preissteigerung; das Geld verliert an Wert, man kann immer weniger Waren für dasselbe Geld kaufen.

J

Judikative, *die:* Die Recht sprechende Gewalt im Staat, also alle Richter und Gerichte; die Judikative ist eine der drei „Gewalten" neben der ► Exekutive und der ► Legislative.

K

Kalte Krieg, *der:* Konfrontation der Atommächte USA und Sowjetunion von 1947 bis 1989; beide Staaten versuchten, nach dem Zweiten Weltkrieg ihren Einflussbereich auszudehnen. Sie bedrohten sich gegenseitig mit Atomwaffen. Es kam aber nicht zum „heißen Krieg", deshalb spricht man vom „Kalten Krieg".

Kapitulation, *die:* Erklärung einer besiegten Staatsmacht über ihre Niederlage; sie wird nach dem Ende des Kriegs beschlossen und unterzeichnet.

Klima|wandel, *der:* die weltweit auftretende Erwärmung des Klimas auf der Erde

Koalition, *die:* eine Regierung, die aus zwei oder mehreren Parteien besteht

Kolonialismus, *der:* Die Beherrschung eines Landes durch ein Volk aus einer anderen Kultur; die Kolonisierung von weiten Teilen der Welt durch die europäischen Seemächte begann im 15. Jahrhundert. Erst in der zweiten Hälfte des 20. Jahrhunderts endete der Kolonialismus in Afrika.

Kommunismus, *der:* Weltanschauung nach Karl Marx und Friedrich Engels mit dem Ziel einer herrschaftsfreien und klassenlosen Gesellschaft

Konzentrations|lager, *das:* Lager aus der Zeit des Nationalsozialismus, in dem Minderheiten und politische Gegner gefangen gehalten wurden; die Insassen (Frauen, Männer, Kinder) waren völlig rechtlos, sie wurden misshandelt, mussten schwere Zwangsarbeit verrichten. Viele wurden getötet. ► Vernichtungslager

L

Land|tag, *der:* Er ist die Volksvertretung in den Bundesländern. Er wird von den Bürgerinnen und Bürgern des Bundeslands für vier oder fünf Jahre gewählt. In den Stadtstaaten heißt diese Volksvertretung Abgeordnetenhaus (Berlin) oder Bürgerschaft (Bremen und Hamburg).

Legislative, *die:* Die gesetzgebende Gewalt in einem Staat, also das Parlament; die Legislative ist eine der drei „Gewalten" neben der ► Exekutive und der ► Judikative.

M

Mandat, *das:* Ein politisches Mandat ist der Auftrag, den ► Abgeordnete durch ihre Wahl bekommen.

Massen|medien, *die:* Das sind Medien wie Internet, Fernsehen, Radio, Kino, Zeitungen oder Bücher, die Informationen innerhalb kurzer Zeit an eine große Gruppe von Menschen übermitteln.

Meinungs- und Presse|freiheit, *die:* In einer Demokratie ist es wichtig, dass die Medien unabhängig von der Politik sind und frei berichten können. Nur so können Medien ihren Beitrag zur Meinungsbildung leisten. Die Bürgerinnen und Bürger dürfen in ihrer Meinungsfreiheit nicht beschränkt werden. Die Meinungs- und Pressefreiheit wird in der Bundesrepublik Deutschland durch das Grundgesetz Artikel 5 garantiert.

Menschen|rechte, *die:* Rechte, die jedem Menschen gleichermaßen zustehen; dazu gehört z. B. das Recht auf Leben, Religionsfreiheit und Meinungsfreiheit. Menschenrechte können nicht verkauft oder abgegeben werden.

Militarismus, *der:* Bezeichnung für eine Politik der Hochrüstung eines Staats, z. B. Deutschlands in der Zeit vor dem Ersten Weltkrieg, bei der alle anderen staatlichen Ausgaben zugunsten der Rüstungsausgaben zurückgestellt werden; das militärische Denken bestimmt dann auch den Alltag der Menschen.

Minister|präsident/Ministerpräsidentin, *der/die:* ein politisches Amt, welches in der Bundesrepublik Deutschland den Regierungsvorsitz in einem Bundesland bedeutet

Monarchie, *die:* (von griech. = Alleinherrschaft) In der Staatsform der Monarchie übt eine einzelne Person, der König / die Königin, die Herrschaft aus.

N

Nachhaltigkeit, *die:* Leitbild für eine zukunftsfähige, langfristige und für alle Menschen tragfähige Entwicklung mit gleichrangigen Zielen (Wirtschaftswachstum, intakte Umwelt, sozialer Zusammenhalt); ursprünglich kommt der Begriff aus der Forstwirtschaft. Dort bedeutete er, dass nicht mehr Bäume gefällt werden sollen als nachwachsen.

Nationalismus, *der:* Politische Bewegung, die darauf beruht, dass sich die in einem bestimmten Gebiet zusammenlebenden Menschen ihrer Gemeinsamkeiten (z. B. Sprache, Kultur, Geschichte) bewusst werden; der Nationalismus führte im 19. Jahrhundert zur Bildung der Nationalstaaten.

NSDAP, *die:* Abkürzung für Nationalsozialistische Deutsche Arbeiterpartei; sie wurde 1920 gegründet. Radikaler Antisemitismus, Nationalismus und die Ablehnung von Demokratie bestimmten ihr Programm. Seit 1921 war Adolf Hitler ihr Vorsitzender. Die Partei war seit Ende 1933 die einzige erlaubte Partei im Deutschen Reich. Sie wurde nach dem Ende des Zweiten Weltkriegs verboten.

O

Oktober|revolution, *die:* In der Oktoberrevolution 1917 übernahmen die Bolschewiki nach einem kurzen militärischen Aufstand die Macht in Russland und errichteten eine sozialistische Ordnung. ► Sowjetunion

Opposition, *die:* eine Partei oder eine Gruppe von Parteien, die im Parlament vertreten sind und sich gegen die Regierung stellen

P

Partei, *die:* eine politische Organisation, in der sich Menschen mit der gleichen politischen Überzeugung zusammenschließen

Pogrom, *das:* eine gewalttätige Aktion (Hetze und Verfolgung) gegen Menschen, die einer Minderheit angehören

Produktions|mittel, *die:* für die Herstellung von Produkten benötigte Dinge wie Maschinen, Gebäude, Grundstücke, Werkzeuge, Rohstoffe etc.

Propaganda, *die:* die gezielte Beeinflussung der öffentlichen Meinung durch die Verbreitung bestimmter Inhalte, die oft nicht wahr sind

R

Rassismus, *der:* eine abwertende und verachtende Denkweise über andere Menschen aufgrund ihrer Hautfarbe oder ihrer Herkunft

Rechts|staat, *der:* Ein Staat, in dem die Bürgerinnen und Bürger vor Willkür geschützt sind und die Grundrechte gelten; alle müssen sich an bestehende Gesetze halten – auch Verwaltung und Rechtsprechung. Es gibt eine Gewaltenteilung. Der Gegensatz ist eine ► Diktatur.

Regime, *das:* eine Regierung, die diktatorisch ist

Reparationen, *die:* Ein Begriff aus dem Völkerrecht; er bezeichnet die Entschädigungen, die ein Staat nach einer Niederlage im Krieg an den Sieger entrichten muss.

Republik, *die:* (von lat. *res publica* = „öffentliche Sache") eine Staatsform, in der das Volk die Macht ausübt

Ressourcen, *die:* Sammelbegriff für Rohstoffe, die einen wirtschaftlichen Wert haben, z. B. Erdgas, Erdöl, Windkraft

Revolution, *die:* (von lat.: *revolutio* = Umdrehung) der meist gewaltsame Umsturz einer bestehenden politischen und gesellschaftlichen Ordnung

S

SA, *die:* Sturmabteilung, bewaffnete Kampforganisation der Partei NSDAP; sie ging als Schlägertrupp aggressiv gegen politische Gegner vor, verfolgte z. B. Mitglieder der SPD, der KPD und der Gewerkschaften.

Sowjetunion, *die:* Staat, der nach der ► Oktoberrevolution und anschließendem Bürgerkrieg 1922 gegründet wurde; er umfasste weite Teile des Russischen Reichs. Die Kommunistische Partei beherrschte den Staat, der eine Diktatur war. Die Sowjetunion löste sich Ende 1991 auf.

Sozial|versicherung, *die:* Eine staatlich geregelte Versicherung für Bürger und Bürgerinnen gegenüber verschiedenen Risiken. In Deutschland entstand sie im Zuge von Otto von Bismarcks Gesetzgebung, die die Lebensbedingungen von Arbeitenden verbessern sollte. Sie beinhaltete Kranken-, Unfall- und Altersversicherungen. 1927 wurde die Arbeitslosenversicherung eingeführt, 1995 folgte die Pflegeversicherung.

SS, *die:* Abkürzung für Schutzstaffel der Partei NSDAP. Der SS gehörten Kampfverbände und Wachmannschaften der Konzentrationslager an. Die Mitglieder der SS verübten Kriegsverbrechen und waren am ► Holocaust maßgeblich beteiligt.

Staat, *der:* eine Form des Zusammenlebens, bei der eine Gruppe von Menschen – das Staatsvolk – in einem abgegrenzten Gebiet nach einer bestimmten Ordnung lebt

Stasi, *die:* Das Ministerium für Staatssicherheit der DDR, auch „Stasi" genannt, war der Geheimdienst und die Geheimpolizei der DDR.

Streik, *der:* Arbeitskampf durch Verweigerung der Arbeit, um Forderungen der Arbeitnehmer durchzusetzen

T

Terror, *der:* Gewalttat, die Angst verbreiten soll und meist politische oder religiöse Gründe hat

Terrorismus, *der:* Der Begriff bezeichnet kriminelle Gewaltaktionen (Morde, Attentate, Entführungen) einer fanatischen, politischen Gruppe, um politische, religiöse oder ideologische Ziele zu erreichen.

Toleranz, *die:* eine Haltung, die Ansichten und Handlungen Andersdenkender anerkennt und gelten lässt

V

Vereinte Nationen (UN), *die:* politische Organisation von 193 Staaten mit Sitz in New York

Verfassung, *die:* Sie legt fest, welche Aufgaben und Rechte die Bürger und Bürgerinnen haben und wer den Staat regiert. Sie kann eine geschriebene Form haben, wie etwa das Grundgesetz der Bundesrepublik Deutschland. Geschriebene Verfassungen gibt es erst seit etwa 200 Jahren.

Vernichtungs|lager, *das:* Diese Lager wurden in der Zeit des Nationalsozialismus in Polen und Weißrussland errichtet, um insbesondere den systematischen Massenmord der Juden Osteuropas durchzuführen. Diese Lager wurden ab Ende 1941 eingerichtet und Millionen Menschen wurden dort getötet.

Versailler Vertrag, *der:* der Friedensvertrag von Versailles beendete 1919 den Ersten Weltkrieg zwischen Deutschland und seinen Gegnern

W

Währungs|reform, *die:* Einführung einer neuen Währung – hier der D-Mark – in den westlichen Besatzungszonen und in Westberlin ab dem 20. Juni 1948

Wieder|vereinigung, *die:* bezeichnet den Anschluss der DDR an die Bundesrepublik Deutschland am 3. Oktober 1990

Z

Zeitzeuge, *der* / Zeitzeugin, *die:* eine Person, die über die Zeit und deren Ereignisse, die sie persönlich miterlebt hat, berichten kann

Zwangs|arbeit, *die:* Während des Zweiten Weltkriegs wurden Kriegsgefangene oder andere Personen aus den besiegten Gebieten unter Androhung einer Strafe gegen ihren Willen zu bestimmten Tätigkeiten gezwungen. In der NS-Zeit wurden Millionen von Menschen der Zwangsarbeit unterworfen. Als besonders unmenschlich gilt die Form der Ausbeutung von Häftlingen in den Konzentrationslagern.